Ola 3
La Nueva Era
en Network Marketing

www.timemoneynet.com

OLA 3
La Nueva Era
en
Network Marketing

RICHARD POE

Time & Money Network Editions

BUENOS AIRES - ARGENTINA

Título original WAVE 3 THE NEW ERA IN NETWORK MARKETING

Traducción al castellano:
Iris Mier
    Es traducción autorizada de la Edición redactada en idioma inglés publicada
por PRIMA COMMUNICATIONS INC., Rocklin, California, U.S.A.

Queda hecho el depósito que establece la ley 11723

1995 by Richard Poe
2000, 2001 por Jorge H. Tamariz Navarro, con sello Editorial
    Time & Money Network Editions

    Primera edición: abril de 2000
    Primera reimpresión: febrero de 2001
    Segunda reimpresión: Agosto de 2001
    Tercera reimpresión: Enero 2004

Edita: TIME & MONEY NETWORK EDITIONS
    Av. Rivadavia 6351, piso 20° D (1406) Buenos Aires, Argentina
    Tel/fax: (54-11) 4631-1280

    Edición efectuada bajo licencia de PRIMA COMMUNICATIONS, INC., con
    derechos exclusivos para América Latina, España y el mundo.

I.S.B.N. 987-97024-3-3 TIME & MONEY NETWORK EDITIONS
I.S.B.N. 1-55958-501-3 PRIMA COMMUNICATIONS INC.

Impreso en Argentina – Printed in Argentina.

Hasta donde alcanza el conocimiento del autor, las declaraciones de ingresos
manifestadas en este libro por distribuidores individuales, son verdaderas. En
ningún caso dichos distribuidores intentaron que los montos expresados sean
mostrados como típicos de la industria en general o sus compañías en particular,
ni así lo quiso manifestar el autor. Por el contrario, el autor seleccionó los temas
de sus entrevistas, específicamente por sus inusuales y excepcionales logros.
Obviamente, los ingresos de un distribuidor promedio de Marketing Multinivel
son bastante más bajos. El autor no recomienda al lector ninguna compañía
como mejor que otra para asociarse, bajo ninguna instancia. Las diferentes
compañías son mencionadas en este libro tan sólo con propósitos ilustrativos.
Nadie debería seleccionar una oportunidad MLM excepto basando su elección
en la fortaleza de su propia y diligente investigación minuciosa.

CONSTRUYENDO SUEÑOS EN UN MUNDO QUE LOS DESTRUYE
10 estrategias infalibles para superar obstáculos y vivir los sueños
Dr. Steve Price

¿Existen sueños que se hayan vuelto realidad recientemente?

La mejor definición del contenido de este maravilloso libro la da el comentario del propio autor: "Parece que la mayoría cree en el mito de que las personas exitosas –a quienes llamo constructores de sueños- alcanzan sus aspiraciones gracias a la buena estrella, mientras que el resto debe conformarse con vivir en el mundo real.

¡Pero nada está más lejos de la verdad!

La verdad es que la vida de los constructores de sueños no carece de desafíos, pero ellos alcanzan sus metas gracias a que emplean un abundante número de estrategias que les permiten superar los obstáculos y realizar sus sueños."

El libro nos hace ver que no deberíamos dejar de soñar, aunque últimamente pocos de nuestros sueños se hayan hecho realidad. Lo que debemos hacer es aprender los secretos de los constructores de sueños, presentados aquí en 10 infalibles y probadas estrategias listas para ser puestas en práctica, a fin de que nosotros también podamos convertirnos en constructores de sueños, a pesar de que el mundo parezca empeñarse en destruirlos.

Su Primer Año en el *Network Marketing.* ¡Supere sus miedos, alcance el éxito y logre sus sueños!
Mark y Rene Yarnell

reuniones hogareñas

• Contactar, auspiciar y entrenar

• Porqué debe evitar gerenciar a sus asociados

• El valor de mantener la unión y fidelidad a la línea de auspicio

• Evitar expectativas irreales

• Lograr dejar cualquier actividad que no lo satisface anímica ni monetariamente, gracias a esta posibilidad ilimitada

• ¡Y posicionarse para el éxito de por vida!

Cómo mantener vivo el sueño...

El network marketing es una de las oportunidades de negocios de más rápido crecimiento en los Estados Unidos. expandiéndose a todo el mundo. Millones de personas como usted han dejado trabajos sin futuro por esta verdadera chance de lograr el sueño de establecer su propio negocio. Lo que muchos de ellos han encontrado, es que el primer año en el marketing multinivel puede resultar el más desafiante y, para muchos, el más desanimante.

En este libro, los autores, dos de los profesionales más respetados de la industria, le ofrecen a usted las estrategias que los ayudaron a superar esos obstáculos, comunes a todos en el inicio de la actividad. A través de motivadoras historias, y un análisis profesional de cada situación, los autores le dirán cómo:

• Sobreponerse al rechazo

• Permanecer enfocado

• Mantenerse entusiasmado

• Conducir exitosamente sus

"En este libro no encontrará fórmulas simples para hacerse rico rápidamente. La fórmula de los Yarnell demanda trabajo arduo y persistencia sobrehumana. Pero, para aquellos que la siguen, ofrece la esperanza realista de libertad económica genuina." Richard Poe – Destacado periodista especializado en marketing multinivel, autor de los *best sellers* "*OLA 3*" y "*OLA 4*".

"Esta será la Biblia del marketing multinivel." *Doug Wead – ex asistente del Presidente Bush, y líder exitoso de una de las más grandes compañías de MLM.*

...usted se debe a sí mismo leer este libro inspirador ...!

CONTENIDOS

Sección 1 Orientación

Sección 2 Organización

Sección 3 Oportunidad

PRÓLOGO

Es con el mayor placer y, también con orgullo que recomiendo este excitante e importante libro de Richard Poe.

Solía considerar al Network Marketing como la mayoría de los periodistas. Suponía que la mayoría de las compañías MLM* eran esquemas piramidales creados para embaucar a inocentes y crédulos. Imaginen mi consternación cuando uno de mis editores de *Success* comenzó a presionarme para que empezara a dar una cobertura seria sobre este polémico tema en la revista. Yo estaba escéptico, por decirlo de forma suave.

Por supuesto, tenía que admitir que el jefe redactor Richard Poe había ganado fama de tener razón. Durante algunos años, escribió una columna de última página para nosotros que se llamaba "The Pulse" (El Pulso), en la que predecía futuras tendencias con exactitud a veces asombrosa. También fue uno de los primeros defensores entre nuestro personal de otra industria con frecuencia mal interpretada, las *franquicias comerciales*. Poe elaboró la lista de oro anual de las 100 mejores compañías de franquicias para Success, la cual es hoy una de nuestras características más populares. Finalmente, el único artículo que Poe había escrito ya en El Pulso sobre *Network Marketing* había provocado una reacción entusiasta en muchos lectores. La pregunta era, ¿deberíamos hacer más?

Yo estaba temeroso que Poe hubiera llegado demasiado lejos esta vez. Temía que sus aparentemente ilimitadas reservas de entusiasmo hubieran nublado su juicio.

Algunas de las historias son simplemente demasiado buenas para

---

* *MLM: abreviatura de Multi Level Marketing; en castellano no existe una acepción definida, sin embargo se lo menciona como Marketing de Trabajo en Redes, Marketing Multinivel, Marketing de Redes, Distribución Interactiva. Como ocurre que en muchos casos en el idioma inglés se crean palabras que al ser traducidas al castellano no tienen un significado exacto, mayormente usaremos el término Network Marketing. (N. del Editor).*

ser verdad, le dije durante uno de los muchos intentos de Poe por cautivarme con historias espectaculares de éxito en MLM.

Pero a medida que pasó el tiempo, Poe empezó a convencerme con un bombardeo de hechos, cifras y estudios de casos creíbles. Simplemente existían demasiadas evidencias para ignorar. Algunos de mis redactores empezaron a alarmarse por mi creciente interés en el tema, y me pidieron tiempo para recopilar pruebas y presentarme el punto de vista negativo del Network Marketing. Les di todo el "tiempo" que necesitaran. Pero, los artículos negativos que obtuvieron a través de nuestro servicio on line Nexus, no me persuadieron. Por el contrario, la casi obsesiva actitud crítica en la mayoría de la cobertura periodística sobre MLM, me demostraba que la otra versión de la historia, el lado positivo, había sido tristemente negado, o quizás nunca contado. ¿Por qué no iba a ser Success la primera en contarlo?

Los lectores de Success son diferentes de la mayoría. Son empresarios. Esto significa que están orientados a la oportunidad, no temen arriesgarse, y siempre están en la búsqueda de nuevas ideas. No necesitan ni quieren tener la información censurada por editores de revistas paternalistas, bien intencionados, que intentan protegerlos del riesgo. Decidí que nuestros lectores estarían encantados de conocer esta interesante nueva industria.

El artículo, ampliamente investigado, que acabamos publicando en Success, fue el primer tratamiento positivo sobre el Network Marketing que aparecía en la portada de una de las principales publicaciones nacionales.

Nuestra conclusión en esta historia, era que el Network Marketing era un método poderoso de hacer negocios, y que iba a crecer en importancia en los próximos años. Basábamos esa tesis en entrevistas a prominentes expertos en el tema, como el doctor Srikumar Rao, presidente del Departamento de Marketing de la Universidad de Long Island e investigador por veinte años de compañías MLM.

Con el MLM, dijo Rao a Success, no hay empleados que supervisar, nóminas que pagar y puede salir de vacaciones durante seis meses y volver ganando dinero. A pesar de su entusiasmo, Rao demostró estar alerta sobre el lado oscuro del Network Marketing, la abundancia excesiva de estafadores y embaucadores. Pero también observaba, con su sensibilidad, que estos abusos no quitaban más valor al MLM del que le quitan unos pocos obsesivos del porno al uso legítimo de los servicios de números 900. Estoy profundamente de acuerdo con él.

La historia —que editó Poe— creó tal sensación entre nuestros lectores que nos vimos virtualmente obligados a instituir una cobertura regular sobre Network Marketing en la revista, a menos que quisiéramos dejar que nos destrozaran los ávidos lectores hambrientos por más información.

Poe dejó *Success* hace algún tiempo atrás para convertirse en escritor full time. Su presencia se echa mucho de menos. Poe es un maestro relator de historias. Atrae al lector hacia la página y lo atrapa con su entusiasmo contagioso. El Network Marketing necesitaba desde hacía tiempo un escritor como Poe, con la pasión para retratar esta industria, una de las más apasionantes de todas.

Poe es también un futurista nato. En mis años de trabajo con él, he observado que sus intuiciones son misteriosamente correctas, sobre todo en lo referente al pronóstico de tendencias futuras. La visión de Poe de una Revolución de la *Ola 3* cobra importancia no sólo para el Network Marketing, sino para toda la sociedad. Los sistemas y la tecnología de la *Ola 3* forman la esencia de las incubadoras de negocios, permitiendo que la gente común tenga acceso a ingresos residuales y a poseer su propio negocio . En ninguna parte he visto un debate tan exhaustivo y documentado sobre este fenómeno como en *Ola 3: La Nueva Era en Network Marketing*. Creo que *Ola 3* conducirá a muchos empresarios hacia el éxito. También ayudará a quienes no son empresarios a convertirse en personas de negocios autosuficientes. Y lo que es más importante aún, será una poderosa voz respecto a una industria valiosa negada por tanto tiempo. *Ola 3* es, seguramente, el libro mejor escrito, de mayor profundidad e importancia alguna vez publicado sobre un tema tan vital como es el *Network Marketing*.

Scott DeGarmo
Redactor Jefe y Editor, Revista *Success*

PREFACIO

"Ah... ¿es usted... Richard Poe? Quiero decir «el famoso» Richard Poe."

El temblor en la voz del que llamaba, impactado al contactar a una estrella, era inconfundible. Me había hecho famoso. O mejor dicho, había logrado una *micro-fama*. Cuando el artista pop Andy Warhol predijo que en el futuro todo el mundo disfrutaría de 15 segundos de fama, dudo que tuviera el Network Marketing en mente. Pero es evidente que esta industria no se equipara en la velocidad y abundancia con las que confiere celebridad —fugaz, limitada, pero increíblemente intensa— sobre aquellos a quienes favorece. Llamo a este fenómeno *micro-celebridad*.

"Realmente disfruté su artículo, señor Poe", continuó mi nuevo admirador con el acento pesado del oeste medio. "Es un buen, buen artículo."

No había necesidad de preguntar a qué artículo se refería. Para entonces, ya me estaba acostumbrando a este *tipo* de llamadas. Era mayo de 1990. Mi teléfono en la revista *Success* no había dejado de sonar en todo el mes. Un montón de hojas rosas de memos "mientras estuvo afuera" inundaban mi escritorio. Todas referidas a un simple artículo que había escrito, de una página, llamado Network Marketing: la forma más poderosa de llegar a los consumidores en los años 90.

La influencia del artículo se había extendido mucho más allá de los 400.000 lectores regulares de *Success*. En los meses siguientes, descubrí que miles, quizá millones de fotocopias habían sido entregadas para contactar distribuidores de compañías de Network Marketing, a veces llamadas compañías MLM o multinivel, por toda la nación. Expertos de esta industria calculan que de 6 a 7 millones de americanos trabajan full o part-time en el Network Marketing. En mayo de 1990, todos ellos parecían saber quién era Richard Poe.

"Bienvenido al Network Marketing", se rió John Fogg, editor de *Upline*, uno de los boletines líderes en MLM. "Usted está empezando a tomarle el gusto al poder del marketing boca a boca."

Y realmente era verdad. Meses después de que ese número desapareciera de los estantes de kioscos, las cartas continuaron llegando. Si había dos cosas que tenían en común eran la gratitud y el enojo. Los remitentes estaban agradecidos de que por fin una de las revistas de negocios "más influyentes" hubiera escrito algo positivo sobre su industria. Y estaban enojados por haber tenido que esperar tanto tiempo.

"¿Por qué los medios de comunicación no se enfocan más en el Network Marketing?"

"Me gustaría ver más historias en Success sobre MLM."

"¡Su reciente artículo en Success sobre MLM realmente me aceleró el pulso! ¿Dónde puedo encontrar más información?"

"Gracias por su gran artículo sobre Network Marketing. Pero, ¿qué puedo hacer seguidamente? ¿Existe algún libro sobre MLM?"

"Después de leer su artículo sobre MLM en Success, fui a la biblioteca a buscar más información. No pude encontrarla."

"Con gran satisfacción este hombre de 78 años ha leído su excelente artículo sobre MLM. He estado en este negocio desde los años 60. Por fin una revista de la reputación y talla de Success ha emitido una opinión favorable sobre nuestra industria."

¿Quién era esta gente? ¿Cuántos eran? ¿Por qué estaban tan apasionados con este tipo de marketing? Tenía que descubrir las respuestas.

Así comenzó una odisea personal de tres años, plagada de peligros, aventuras, intrigas y oportunidades increíbles. Como Henry Morton Stanley penetrando en el Africa más oscura, realicé mi travesía por una tierra desconocida, un país poblado de optimistas incurables, soñadores, extrovertidos, filósofos y multimillonarios. Me infiltré en reuniones en las que cientos de prospectos escuchaban ávidamente los discursos de contacto, con los ojos resplandecientes de sueños de libertad financiera. Me codeé con celebridades, batallé contra burocracias, soporté el ridículo frente a los colegas. Al final, encontré las respuestas a todas mis preguntas. Este libro es la culminación de esa búsqueda personal.

Todo comenzó una mañana de 1990 mientras me dirigía al trabajo y pasé por la Biblioteca Pública de Nueva York, en la esquina de la Quinta Avenida y la calle Cuarenta y Dos. Un joven de mirada furtiva con el cabello desordenado, estaba parado en la esquina repartiendo volantes (propagandas).

"¿Le gustaría dejar su trabajo, convertirse en su propio jefe, y acumular suficientes ingresos residuales en unos pocos años, como para mantenerse el resto de su vida?", decía el volante (o algo similar). "Si es así, llame a este número."

De hecho, llamé al número, no porque quisiera hacerme rico, sino porque, como redactor *senior* de *Success*, siempre estaba buscando alguna historia. Resultó que el hombre de la esquina era un distribuidor independiente de algo que se llamaba compañía de Network Marketing. Estaba intentando contactar gente para asociarlos en su red.

¿Por qué no escribir una columna sobre esta extraña nueva industria?, musité. Poco sospechaba lo que vendría luego.

Como dije anteriormente, el artículo tuvo una respuesta increíble. Atrapado entre el entusiasmo de nuestros lectores y el escepticismo de algunos redactores, el editor Scott DeGarmo propulsó un debate abierto sin exclusiones entre el personal para descubrir la verdad sobre el MLM y para decidir sobre la cuestión de si *Success* debería continuar su cobertura sobre esa industria. En la lucha darwiniana que siguió, algunos de mis colegas editores argumentaron que el Network Marketing era una estafa piramidal y que *Success* debía mantenerse al margen de ella. Tan acalorado se tornó el debate, que abandoné el tratamiento del tema durante más de un año, evitando siquiera mencionar las explosivas palabras *Network Marketing* en las reuniones de la editorial.

Pero los teléfonos seguían llamando. Los lectores seguían reclamándolo. Continué mi investigación con astucia, conduciendo entrevistas a escondidas, deslizándome hacia la fotocopiadora para reproducir los recortes pertinentes, conversando con consultores por teléfono y escondiendo gruesas pilas de datos y números de teléfono en las profundidades de mi archivo, a salvo de ojos curiosos.

Finalmente, un año y medio después de aquel primer artículo, Scott DeGarmo me pidió que publicara una nota de tapa sobre el Network Marketing, una descripción definitiva que introdujera al MLM en el mundo de los negocios legítimos. Ninguna otra revista de negocios profesional había hecho nada similar (ni lo ha hecho hasta el día de hoy, hasta donde sé).

Sacando mi archivo secreto de datos de Network Marketing, me puse inmediatamente a trabajar, reuniendo un equipo de primera línea de escritores, consultores y expertos. Valerie Free, redactora y editora de la respetada revista "Marketing Insights", se unió al grupo para escribir la historia principal. Personalidades de la industria como Jerry Rubin, ex radical de los años 60 que se convirtió en profeta del MLM, y Clifton Jolley, contribuyeron con otras columnas y editoriales. El edtitor de Upline, John Fogg, trabajó incansablemente detrás de la escena, proveyendo información y contactos. Cada uno de los artículos fue meticulosamente revisado en su exactitud por mi amigo el doctor Srikumar Rao, presidente del Departamento de Marketing de la Universidad de Long Island y uno de los primeros expertos de la nación en Network Marketing. Otro de mis amigos, colega y compañero de la editorial Duncan Maxwell Anderson, nos prestó su brillante asistencia en la edición.

El impacto fue inmediato. Superó todas las expectativas. ¡Nunca había visto que un único artículo despertara tanto gran interés en el lector, incluso meses después de que apareciera en los kioscos! Las noticias se propagaron como electricidad por el molino de rumores del MLM. Los faxes funcionaban, los teléfonos sonaban, los sistemas electrónicos de voz se sobrecargaban, los paneles electrónicos de noticias se encendían como el cielo de Manhattan. ¡Nos llovieron tantos pedidos del ejemplar de la revista, que tuvimos que contratar a un teleoperador fulltime sólo para atender las llamadas! La microcelebridad golpeaba de nuevo.

Dejé *Success* poco después. Pero ellos todavía escriben sobre la industria del Network Marketing. Desde luego, por lo que yo sé, Success sigue siendo la única revista de negocios nacional que lo hace. La mayoría de los americanos ni siquiera saben aún que el Network Marketing existe, así como tampoco comprenden que está destinado a cambiar nuestra forma de vivir y trabajar en los años que vendrán.

Todo esto es simplemente para ilustrar que este libro ha sido escrito para llenar una necesidad desesperada, un hambre de información que, incluso ahora, pocos escritores de negocios actuales se atreverían a llenar.

Supongo que debo decir aquí que no soy en la actualidad, ni he sido nunca, un distribuidor de Network Marketing. Todavía soy lo suficientemente inocente como para esperar que mi carrera como escritor me proporcionará algún día de todos los ingresos residuales que pueda necesitar. Pero, como periodista, el Network Marketing me intriga. Desde mi primer contacto con esta industria, sentí que era algo más que un negocio. Creo que preanuncia un mundo futuro en el que hombres y mujeres no se sentirán ya acobardados ante jefes y burócratas, sino que se mantendrán firmes, como los pioneros de la antigüedad, maestros de su propio destino.

De esto se trata la Revolución de la *Ola 3*, el tema de este libro. Realmente comenzó hace más de 50 años, cuando Carl Rehnborg inventó el Network Marketing, un sistema de negocios diseñado para facilitar a cualquiera convertirse en empresario. Los días de trabajo arduo y preparatorio para el MLM duraron 40 años, período de formación que he llamado Ola 1. La Ola 2 apareció en los años 80, cuando la tecnología de la computación personal hizo factible el comenzar con un negocio de MLM desde su garaje. Esto creó una base de nuevas compañías. Pero el Network Marketing de la Segunda Ola todavía tendía a funcionar mejor para los que menos lo necesitaban, empresarios agresivos con orientación a las ventas.

Es sólo la *Ola 3*, haciendo su entrada ahora, la que finalmente ofrece a las masas una promesa realista de libertad financiera. A través de nuevos sistemas y tecnologías, la *Ola 3* permite que el hombre y la mujer estándar, no sólo los super vendedores, disfruten las ventajas de la propia empresa, a la vez que evitan muchas de sus dificultades.

Si la *Ola 3* cumple con su promesa, dice Michael Gerber, autor de " *The E-Myth*"(*El Mito-E*), surgirá un tipo de Network Marketing totalmente nuevo, en el que el distribuidor funciona principalmente como punto de contacto humano a través del cual se canalizan las comunicaciones o corriente de información de la compañía. Una persona que no tenga fuertes habilidades de comunicación, fuertes dotes de venta, fuertes capacidades directivas, las necesitará cada vez menos. La idea es, «Usted haga lo que sepa hacer mejor, y nosotros, la compañía, hacemos el resto.»

La *Ola 3* transferirá un poder masivo a manos de la gente común, el poder de la autosuficiencia, del autogerenciamiento y la automaestría. Durante décadas, los escritores de ciencia ficción han predicho con temor que el hombre será esclavo de la máquina. Pero los empresarios de red de la *Ola 3* explotan la tecnología para realzar y fortalecer su libertad personal.

Para el lector medio, este libro explicará qué es el Network Marketing y cómo empezar a desarrollarlo. Para el veterano más maduro, presenta la Revolución de la *Ola 3* y cuenta cómo utilizar los nuevos sistemas para ampliar su red, aumentar los beneficios y explotar las oportunidades ilimitadas que permanecen aún escondidas dentro del ámbito de su negocio actual.

Entre las muchas lecciones y características importantes que encontrará en la *Ola 3* están:

- Una guía para medir sus posibilidades personales de éxito en la *Ola 3*.
- Cómo identificar una compañía de la *Ola 3*.
- Cómo elegir un plan de compensación o marketing.
- Las siete trampas mortales para principiantes.
- Prospección de bajo impacto y técnicas de venta.
- Un sistema de auspiciamiento a prueba de errores que puede convertir a cualquiera en líder.
- Cómo tener acceso al mayor motivador.
- La Actitud de la *Ola 3*, una nueva psicología para ganar en la Era de la Información.

Una cosa que este libro no puede hacer es recomendar a qué compañía se debe unir usted. Tengo mis preferencias personales, por supuesto, pero escribo aquí sobre ellas sólo con propósitos ilustrativos. La elección de una compañía de Network Marketing es una decisión de negocios seria, para la cual deberá ejercitar su propia indagación personal.

Sobre todo, este libro tiene como intención celebrar y honrar a los hombres y mujeres del *networking*, esos millones de americanos que todavía se atreven a soñar en grande. En estos tiempos turbulentos para la economía, muchos han comenzado a cuestionarse si el Sueño Americano puede durar aún otra generación. No encontrará tales miedos obsesionando a los empresarios de red. Si nuestros hijos y nietos encuentran algún resto del Sueño Americano intacto cuando lleguen a adultos, será, en gran parte, gracias a las personas como usted, querido lector, que mantuvo viva la llama cuando tantos otros habían perdido la esperanza.

Richard Poe

AGRADECIMIENTOS

Un mero agradecimiento no puede expresar mi gratitud hacia mi esposa Marie, por su amor, apoyo y ánimo durante la preparación de este libro. Sin ella, no podría haberse escrito.

Los puntos de vista y los juicios expresados en la *Ola 3: La Nueva Era en Network Marketing* son totalmente míos, como también lo son todos los errores contenidos. Sin embargo, debo mi comprensión de esta industria al consejo y discernimiento de muchas personas que me dieron desinteresadamente su tiempo, energía y otros recursos para iniciarme en los misterios del Network Marketing. En particular, agradezco al doctor Srikumar Rao, Clifton Jolley, Valerie Free, Jerry Rubin, Michael Senn y Beverly Nadler. También le agradezco a mi agente literario, Kwen Shelton, y a su competente personal de Executive Excellence, especialmente Meg McMay y Trent Price; mi abogado Steve Kurtz; y todas las personas de Prima Publishing, incluyendo a Ben Dominitz, Jennifer Basye, Andi Reese Brady y Diane Durrett, así como a mi correctora literaria, Janis Paris, por todo su arduo trabajo.

Agradezco especialmente a Nu Skin International por su gran apoyo, información y asistencia material para la preparación de este libro, asistencia que en ningún modo ha limitado mi independencia editorial ni mi libertad para escribir sobre otras compañías. Mi agradecimiento especial para Black Roney, Clara McDermott, Ray Beckham, Jan Hemming, Alan Jensen, Mark Walker, Robert Wakefield, Mark Yarnell, Tom y Terry Hill, Kathy Denison y Mark Rogow de Nu Skin.

En la lista de mis muchos benefactores, reservo un lugar de honor especial para Duncan Maxwell Anderson de la revista *Success*, un verdadero amigo, cuyo consejo, apoyo y brillante redacción fueron fundamentales para hacer de "*Ola 3*" un éxito. Agradezco a Scott DeGarmo su invalorable asistencia y su valiente defensa de la industria del Network Marketing.

Por todos sus excelentes boletines y su generosa dedicación de tiempo a ayudarme en la investigación de este libro, doy las gracias a Leonard Clements, editor de *MarketWave* (tel. 800-688-4766 ó 209-432-3834); John Milton Fogg, redactor de *Upline* (tel. 804-979-4427); y Corey Augenstein, editora de *Down-Lines News* (tel. 212-355-1071).

Finalmente, quiero dar las gracias a todos aquellos cuyos nombres se me escapan, o cuyos nombres nunca supe, quienes, de una forma u otra, me han mantenido vivo en la senda de la Revolución de la *Ola 3*.

INTRODUCCIÓN

EN LA ANTIGÜEDAD, CUANDO LOS CABALLEROS ERAN VALIENTES... los reyes, las reinas y otros miembros de la realeza tenían campeones. Estos caballeros defendían el honor de la realeza, luchaban contra dragones por ellos, libraban torneos en su nombre arriesgando la vida y su integridad física y emprendían guerras contra sus enemigos y, —si hubieran existido en esa época—, probablemente también habrían cabalgado hasta el 7-Eleven sobre sus grandes corceles para traer un paquete de seis Diet Pepsi para ellos.

Ola 3 ha sido escrito por uno de estos campeones. Un caballero moderno con la moderna investidura de un periodista de negocios reconocido, un autor logrado y ex redactor *senior* de la revista Success, en su gesta por encontrar el Cáliz Sagrado de la libre empresa.

Lo ha encontrado; es el Network Marketing, y sobre este tipo de marketing trata *Ola 3*.

He firmado con seudónimo y con mi propio nombre un buen número de libros sobre la distribución y ventas de Network Marketing— más que nadie que conozca. También he escrito y publicado más artículos en la materia de los que puedo recordar. Y esto es mi fundamento para decir lo siguiente:

Predigo que *Ola 3* será el libro más vendido sobre Network Marketing que se haya escrito hasta la fecha.

Debo admitir que desearía haber escrito *Ola 3*. Me hubiera encantado haber explicado tan poderosa y claramente este concepto en extremo mal entendido que está revolucionando las ventas y el marketing en todo el mundo. Richard Poe ha logrado maravillosamente este objetivo.

Tengo un requerimiento para todo libro que leo: me debe proporcionar nueva información, perspectivas e incluso inspiración, o no titubearé en dejarlo— sin terminar. Leí *Ola 3* del principio al fin. Y lo leeré de nuevo— más de una vez. Por largo tiempo pensaré en muchas de las ideas presentadas en este libro. Escribiré sobre ellas también.

El autor tiene la ventaja de ser un periodista objetivo, formado
en publicidad en el estilo universitario "no a lo que no tiene sentido"
vigente en Nueva York. Como ya he dicho, es un escéptico, que no
se deja llevar fácilmente por trivialidades o rumores; es un buscador
de hechos que descubre la verdad como un misil termodireccionado,
mientras permanece abierto a ideas controvertidas.

Poe tuvo la valentía de escribir sobre Network Marketing en
1990, poniendo en riesgo su reputación profesional, cuando todo a
su alrededor criticaba cada una de sus palabras. El resultado, su artículo
"Network Marketing : la manera más poderosa de llegar al consumidor
en los 90", se convirtió en la pieza más reproducida y mencionada
dentro de la actividad, en los 60 años de historia del marketing de
red.

Poe puso en la vanguardia (introdujo, presionó, luchó contra
todos los obstáculos, peleó como un diablo...) la primera descripción
completa y positiva sobre el Network Marketing aparecida en una
revista norteamericana de alcance nacional, el ejemplar de marzo de
1992 de la revista Success con el titular "34 maestros del Marketing
Multinivel declaran: «Creamos millonarios»". Success todavía está
recibiendo beneficios por el éxito de ese único número.

Ha tenido mayor impacto en las ventas de Network Marketing
de lo que él se da cuenta. Y con *Ola 3* multiplicará inmensamente
este impacto.

El Network Marketing está explotando como fuerza poderosa
en la nueva era del marketing global. Aunque comenzó en los Estados
Unidos, el Network Marketing es más grande hoy en día en Japón
que en los Estados Unidos (u$s 20 mil millones anuales comparados
con u$s 15 mil millones). Más allá de su éxito como "industria", o
mejor dicho, como profesión, el impacto que el Network Marketing
está teniendo y tendrá en nuestras vidas es genuinamente transforma-
dor, como usted descubrirá en *Ola 3*. Desde el uso proactivo y pionero
de la tecnología, hasta una consideración más humana y algunos dicen
que hasta espiritual, honrando el esfuerzo personal y la libertad individual, el Network Marketing hará penetrar nuestra sociedad y cultura
alrededor del mundo como pocos conceptos de negocios alguna vez
lo han hecho.

Ola 3 revela todo esto y mucho más.

Tanto si todavía usted no se ha involucrado en el Network
Marketing, y es totalmente nuevo en el negocio, como si es un líder

afianzado en una organización en desarrollo, *Ola 3* mantiene la promesa y la posibilidad de cambiar su vida para mejor— para siempre. Bienvenido a la *Ola 3*.

John Milton Fogg
Redactor de Upline
Charlottesville, Virginia

SECCIÓN 1

ORIENTACIÓN

Capítulo 1

LA REVOLUCIÓN
DE LA OLA 3

"Qué anda mal en mí?" se preguntaba Terry Hill. "¿Por qué me siento tan vacía?".

En apariencia, Hill lo tenía todo. Tenía un Mercedes, pasaba sus vacaciones en el Caribe. A los 31 años, era una de las diez mejores representantes de ventas de Xerox Corporation, cosechando más de u\$s 130,000 por año. Las suyas eran las cuentas de ventas más cotizadas— vendiendo impresoras láser de alta definición a las compañías rankeadas en Fortune 500.[1] Cada uno de sus contratos estaba valorizado en millones. Pero, en algún punto del camino, el sueño americano de Hill había colapsado dentro de una pesadilla corporativa.

"Estaba casada con mi trabajo", dice. "Dormía cuatro horas diarias, iba a trabajar a las 7 de la mañana y me iba a las 7 de la tarde. Trabajaba todos los sábados y domingos".

El stress la estaba consumiendo por dentro. Al parecer, todos los días, Hill tenía que luchar en embotellamientos de tránsito y padecer interminables reuniones sin sentido, como también sumergirse en pilas kafkianas de memos internos de la compañía. En años anteriores, se había consolado diciéndose a sí misma: "Es sólo temporal. Tan sólo trabaja duro, mantén tu mirada en la meta, y pronto la carrera de ratas habrá finalizado, ¡Serás exitosa!"

Pero, lentamente, empezó a comprender la cruda realidad. *Esto era el éxito.* El único éxito que la América corporativa tenía para ofrecer. "No tenía otro lugar a dónde ir", recuerda Hill. "No había más promociones por ventas. Mi puntuación había llegado a la cima. Mi única opción era seguir la carrera gerencial, lo que hubiera significado tener un recorte en mis ingresos, como si empezara de nuevo".

LA FIEBRE

Aunque en ese momento no lo sabía, a Hill le había dado la fiebre —*la fiebre empresarial*. Mientras trabajara para otra persona, nunca sería feliz. La única cura para esta enfermedad era poseer y administrar su propio negocio.

"Comencé a darme cuenta de que desperdiciaba la mayor parte del tiempo haciendo cosas que odiaba", recuerda Hill. "Amaba vender, pero solamente un 10 % de mi tiempo lo dedicaba a esa actividad. El resto me la pasaba lidiando con la burocracia, tratando de que entraran los pedidos, luchando con la administración para conseguir que instalaran algo, corrigiendo facturas en la computadora, verificando durante días las comisiones para asegurarme de que fueran correctas... No tenía control sobre mi propio tiempo".

Con todo su dinero, Hill no era más que un peón en la partida de ajedrez de otro. Todos los años, los directivos redistribuían el plantel de la fuerza de ventas. Hill se pasaría un año entero ganando y saliendo a cenar con prospectos claves, domándolos como a halcones de competición, hasta que comieran de su mano. Entonces, repentinamente, Hill sería enviada a otro territorio lleno de caras nuevas. Alguien más se beneficiaría de las ventas repetitivas que ella había desarrollado.

"No éramos recompensados por el trabajo realizado un año atrás", recuerda. "Si uno quería ganar dinero ese mes, sólo tenía que vender más productos".

Una revolución

Hill estaba atrapada. A menos que algo cambiara, estaba condenada a correr como un hámster en una rueda hasta el día en que se jubilara. Hill no estaba sola. Millones de personas compartían la misma situación. En la década de los 80, la suba de precios y el alza en el standard de vida, habían forzado a millones de *"baby boomers"*[2] a luchar sin resultado, trabajando semanas de 60 a 80 horas para que tan sólo les cerraran las cuentas. Los pocos afortunados, como Hill, que llegaron a la cima, con frecuencia habían sacrificado la salud, la familia y la tranquilidad de su mente. Los niños languidecían en guarderías. Los maridos y las mujeres se arrastraban hasta su casa por la noche, exhaustos y amargados, comiendo, sin decir palabra, sus cenas de microondas, como extraños en un comedor público.

Hill fue muy afortunada de haberse enfrentado con su propia crisis en ese preciso momento de la historia. Era el año 1986. Una revolución se estaba gestando a lo largo del país. Como Terry Hill, muchos jóvenes profesionales estaban hartándose. Y, como los colonos americanos en 1776, muchos estaban lo suficientemente enojados como para hacer algo al respecto.

América transformada

Hill y su generación no fueron los primeros en fantasear con dejar sus trabajos. En los tiempos de los pioneros, trabajadores contrariados y comerciantes en bancarrota, podían sencillamente cargar su carreta y partir hacia el Oeste. Pero por los últimos cien años esa opción no había estado disponible. Ahora, de repente, en los años 80, aparecía una alternativa, una nueva frontera para los inquietos y los atrevidos.

Impulsadas por nuevas tecnologías e ideas innovadoras de marketing, un pequeño núcleo de compañías revolucionarias comenzaron a cambiar la forma de vida y de trabajo de los americanos. Para la América corporativa, ellos ofrecían una fórmula secreta para promover el desarrollo y el dominio global. Para la gente como Terry Hill, ofrecían una oportunidad de comenzar un negocio con un mínimo costo, y trabajar cómodamente desde sus casas en el seno de sus familias, y —para unos pocos afortunados— lograr riqueza rápida más allá de sus sueños más ambiciosos. Sus ideas eran revolucionarias. Desde luego, esas ideas han cambiado ya la vida de Terry Hill hasta el extremo de hacerla irreconocible. Antes de que finalice la década del 90, el movimiento que comenzaron habrá transformado profundamente a la misma América.

Se llama la *Revolución de la Ola 3*

¿QUÉ ES LA *OLA 3* ?

La *Ola 3* es la tercera y más poderosa fase de un alza económica que comenzó hace 60 años.

En 1941, un químico llamado Carl Rehnborg tuvo una tormenta de ideas. El doctor Rehnborg fue prisionero de un campo de concentración chino durante los años 20, donde la dieta de hambre que tenían, dejó grabado en él el alto valor de la nutrición. Más tarde, Rehnborg inventó un nuevo suplemento alimenticio derivado de la alfalfa, los berros, el perejil y diversas vitaminas y minerales. Estableció una compañía para realizar la comercialización de este producto, llamada Nutrilite Products, Inc.

Nutrilite todavía existe hoy, como subsidiaria de Amway Corporation. Y todavía elabora un excelente producto. Pero, si la historia recuerda a Rehnborg, no será sólo por sus innovaciones en nutrición. El logro más duradero de Rehnborg será sin duda el impacto que produjo sobre la calidad de vida en sí misma.

Esclavos de un salario

Hasta que Rehnborg apareció, la mayoría de la gente estaba atrapada por la esclavitud a su salario. Vendían su trabajo por *ingresos lineales*: un salario fijo o un valor por hora en función directa con la cantidad de tiempo que dedicaban a su trabajo.

Por supuesto, usted puede hacer buen dinero mediante ingresos lineales. Algunos consultores cobran cientos e incluso miles de dólares la hora. ¡Pero deben trabajar esa hora para conseguirlos! Y si se enferman, mejor que no les dure mucho. Nadie paga a un consultor por quedarse en cama.

"Usted nunca llegará a ser libre como profesional si vende sus horas por dólares", dice Jerry Rubin, un distribuidor de primera línea de Life Extension International, con Sede en Arlington, Texas. "Puede conseguir 100 dólares por hora, pero tiene que aparecer y estar allí cada hora".

Cuando usted trabaja por ingresos lineales, debe moverse de acuerdo a las órdenes de otro. Si su jefe quiere que esté en su escritorio a las nueve de la mañana, mejor que así lo haga. Si su prospecto quiere que usted tome el *"Red Eye"* (primer avión de la mañana) que va a Los Angeles para asistir a una reunión a primera hora, ¡No pierda ese avión! Como en los tiempos de la esclavitud su dueño decide dónde estará su cuerpo físico en cada momento de su día laboral.

Es por esto que los hombres de negocios más ricos de la historia siempre han buscado liberarse de la esclavitud de los ingresos lineales. Lo consiguen administrando el tiempo y la energía de otros— quedándose ellos libres para planificar las grandes estrategias, comenzar nuevos negocios, o simplemente disfrutar de la vida.

Tal como John Paul Getti lo expresó, "Prefiero tener un 1 % de los esfuerzos de cien personas que un 100 % de mis propios esfuerzos".

Ingresos residuales

¿Pero de dónde obtener los beneficios del esfuerzo de cien personas?

Getty estaba hablando de *ingresos residuales*. Estos son ingresos que siguen entrando año tras año, mucho después de que usted haya finalizado el trabajo. Cantautores famosos, escritores de best sellers y ricos inversores, siempre han disfrutado del lujo de los ingresos residuales. Pero la personas comunes habían quedado fuera de juego.

Es decir, hasta que llegó Carl Rehnborg.

El sistema de Renborg permitía a la gente común construir una red de ventas que podía en teoría seguir produciendo ingresos, mucho después de que se hubieran retirado del negocio. Abría las puertas de la libertad económica para millones de americanos.

Y se ubicó en la primera hola de la revolución del Network Marketing.

¿Qué es el Network Marketing?

El "Network Marketing" no está definido en ningún diccionario estándar de términos empresariales. Tampoco están de acuerdo los empresarios del Network Marketing en su significado. A falta de una regla clara, sugiero la siguiente definición: *"Todo método de marketing que permita a representantes de ventas independientes auspiciar a otros representantes comerciales y obtener bonificaciones del movimiento de productos de esos auspiciados."*

De esta manera funcionaba la compañía de Rehnborg. Productos Nutrilite, Inc. no empleaba un plantel de fuerza de ventas. En su lugar, Rehnborg asociaba un ejército de distribuidores independientes. Con este sistema, podía desarrollar una fuerza de ventas a nivel nacional sin tener que pagar un peso en salarios o por adelantado. ¡Ni siquiera tenía que desembolsar pagos para comisiones hasta que sus distribuidores hubieran realizado alguna venta!

Igual de importante, el nuevo sistema liberaba a Rehnborg del agudo dolor de cabeza de tener que contactar y contratar a miles de vendedores. Los distribuidores lo hacían todo ellos mismos. Cuantos más auspicios realizaban más dinero ganaban. Rehnborg había disparado una reacción en cadena imparable. Su creciente red de ventas lo convirtió pronto en un hombre rico.

La compañía de Rehnborg sólo permitía cobrar bonificaciones

sobre los distribuidores que auspiciaban en forma personal. Era una compañía de "un nivel". Pero las firmas de Network Marketing actuales con frecuencia permiten que los distribuidores obtengan bonificaciones de varios niveles o "generaciones" de auspiciados. En otras palabras le dan un porcentaje de las ventas sobre los auspiciados que fueron auspiciados por sus auspiciados, etc, etc.

Por esta razón, al Network Marketing, se lo llama con frecuencia "marketing multinivel" o MLM abreviado.[3]

Progresión geométrica

"¿Qué preferiría usted tener, u$s 100.000 o un centavo que se duplicara todos los días durante un mes?".

Los profesionales del Network Marketing han estado utilizando este truco comercial durante décadas. La respuesta correcta es que usted quiere la moneda. Porque, después de 31 días ese centavo se habrá multiplicado hasta más de u$s 21 millones por la magia de la progresión geométrica.

En el networking sus downlines (línea descendente) —es decir, todas las personas que usted auspicia, las que auspician sus auspiciados, etcétera— se desarrolla en teoría en una progresión geométrica similar. Por ejemplo, digamos que usted auspicia cinco personas en su primer mes, y cada uno de ellas asocia a cinco más en el segundo mes, etcétera. En seis meses en teoría usted tendría 19.530 personas en su **organización** (otro término para "downlines").

Una compañía típica de Network Marketing le dará una bonificación sobre todos los productos vendidos a precio mayorista por esos 19.530 distribuidores. Así que si cada uno mueve sólo u$s 100 de inventario cada mes, y usted recibe una comisión del 10 % sobre el total, ¡esto significa que usted ganará u$s 195.300 al mes!

Aquí yace la fuente de la increíble mística del MLM. Por razones que explicaré más tarde, pocos logran este nivel de ingresos. Pero sigue siendo el sueño eterno del empresario de Network Marketing, retirarse millonario en unos pocos años cosechando bonificaciones mensuales masivas para siempre.

De la pobreza a la riqueza

Para Ralph Oats, la progresión geométrica demostró ser una realidad.

El Network Marketing abrió la puerta a su escurridizo sueño americano. Durante 23 años, Oats condujo un camión por u$s 35.000 al año. Significaba muchas horas— a veces días— en la carretera y lejos de casa. El trabajo era tedioso, sin gratificación ni sentido. Oats ardía en resentimiento. Pero conducir un camión era lo único que sabía. Estaba atrapado.

"Siempre que quería comprar algo", recuerda su mujer Cathy Oats, "Ralph me contaba cuántas millas tenía que conducir para acumular esa cantidad de dinero".

Entonces Cathy descubrió el Networking. Empezó vendiendo filtros para agua a tiempo parcial. Al principio Ralph protestó, pensando que perdía el tiempo. Pero cuando Cathy trajo u$s 14.000 después de sólo cuatro meses de trabajo a tiempo parcial, sus objeciones murieron en su garganta.

Ralph dejó su trabajo como camionero, y los dos se hicieron socios. Lograron u$s 100.000 dólares en el primer año. Seis años después la pareja había ganado la friolera de u$s 7 millones. Aunque se retiraron y mudaron a Florida su riqueza continuó aumentando. Ganaron u$s 1 millón en ingresos residuales durante sus dos primeros años de retiro.

No es fácil

Por supuesto, la mayoría de los networkers[4] no hacen tanto dinero. Hay una merma que normalmente lo deja sin el 90% de sus distribuidores antes de que puedan ganar algo de dinero para usted. La progresión geométrica tiende a producirse en el tercer o cuarto nivel. Y, en la mayoría de los planes, un distribuidor tiene que invertir mucho dinero de antemano para mantenerse en competencia.

En resumen, el Network Marketing es un negocio real, con todos los problemas y riesgos de los negocios reales. No es una lotería. La manera de triunfar es poner mucho trabajo, una cierta cantidad de dinero y una enorme perseverancia. No ocurrirá de la noche a la mañana. Pero si se mantiene firme, usted logrará lo que busca.

¿Programa falso? ¿Estafa piramidal?

Por supuesto, Terry Hill, nuestra desdichada vendedora de Xerox, lo había oído todo sobre Network Marketing. O más bien, lo había leído en periódicos y revistas. La mayoría de las historias eran exposiciones sensacionalistas. Pocas veces los periodistas escribían sobre MLM sin recurrir a palabras tales como "estafa piramidal", "programa falso" y "carta en cadena". Para los medios de comunicación las compañías de Network Marketing eran conspiraciones criminales a la caza de minorías crédulas, amas de casa ignorantes, y mecánicos contrariados. Describían a los auspiciadores de MLM como estafadores de habla rápida con trajes de casimir inglés y zapatos de cuero de marca. Como la mayoría de los profesionales respetables, Hill tomó estos reportajes de prensa con valor literal. Huía del Network Marketing como si fuera lepra.

Pero Hill quería su propio negocio. Y al explorar las opciones disponibles, las encontró limitadas. Ya había intentado la venta de seguros. Había buen dinero en ese negocio, pero Hill siempre sentía que estaba forzando en la gente algo que ellos no querían realmente. Luego estaban las franquicias. Podía elegir el negocio que quisiera y establecerse como su propio jefe. Pero antes tendría que comprometerse con el precio de una franquicia, que podía ir desde u$s 50,000 a u$s 300.000 o más. Esto significaba contraer una gran deuda.

Entonces Hill vio un anuncio en un periódico para una oportunidad de Network Marketing. Instantáneamente se encendieron luces de alarma en la cabeza de Hill: "programa falso", "estafa piramidal", "¡No seas inocente!". Casi se encontró dando vuelta la página. Pero entonces se detuvo. ¿Qué tenía que perder hablando con esta gente? Después de todo era una profesional inteligente de Fortune 500. Podía cuidar de sí misma. Si era una estafa lo vería en un minuto.

"Decidí acercarme con una mente abierta", dice Hill. Su apertura la destinó a hacerse millonaria en sólo 5 años.[5]

Libertad financiera total

Hoy, Hill preside un imperio global con más de 5.000 distribuidores en Norte América y el Lejano Oriente. Puede trabajar tan duro como quiera en cualquier día, o tan poco como decida. Si elige desaparecer en Tahití, sus "downlines" todavía estarán trabajando como locos cuando vuelva.

"Es como salir de prisión", dice Hill. "La libertad personal es asombrosa. Por primera vez en mi vida sé que puedo vivir donde quiera y hacer lo que quiera."

La nueva libertad de Hill le permitió hacer algo más que su viejo esquema nunca le hubiera permitido: enamorarse y casarse, y a diferencia de la mayoría de las parejas con ingresos dobles, Hill y su marido pasan todos los días juntos. Después de ver el éxito de su nuevo negocio Nu Skin, el flamante marido de Hill dejó su trabajo como agente de bolsa de éxito para Merril Lynch. Hoy, ambos trabajan como socios.

Libertad de tiempo

Incluso para esa amplia mayoría de profesionales del *networking* que ganan mucho menos dinero que Terry Hill, MLM proporciona un nivel de libertad de tiempo que nunca encontrarían en otra parte.

Tomemos a Marjorie Musselman como ejemplo. El cheque de comisión mensual más grande que ha recibido es de u$s 2.800. La mayoría de sus cheques son sólo por unos cientos de dólares. Pero los ingresos del MLM de Musselman ayudaron a mantener a su familia cuando su marido fue despedido de su trabajo. El dinero extra que ganan mantiene pagas las cuentas familiares y les permite poder hacer viajes y otros pequeños lujos. Y, a diferencia de cualquier otro empleo a tiempo parcial que pudiera haber elegido, el negocio de Network Marketing de Musselman le permite ser su propio jefe. Puede trabajar en casa y dedicarle las horas que quiera. Y sus ingresos residuales siguen fluyendo, aún si se toma un par de semanas de vacaciones.

La mayoría de los distribuidores del MLM son como Musselman. No empiezan para hacerse ricos, y probablemente nunca lo serán. Pero para ellos, así como para la gente como Terry Hill, networking representa su última y mejor esperanza de libertad económica.

UNA EVOLUCIÓN HACIA LA *OLA 3*

"El Network Marketing es una industria mucho más madura hoy día de lo que era cuando estaba implicado de manera activa en ella", dice el doctor Edgar Mitchell, piloto del módulo lunar Apolo 14 y sexto hombre en pisar la luna.

Aunque ya no es distribuidor activo, Mitchel sigue siendo un defensor apasionado del Network Marketing. El ex astronauta ha llevado dos diferentes negocios MLM desde 1987 y todavía es consultor para compañías de Network Marketing sobre temas motivacionales. Hasta hoy, Mitchell sigue ganando ingresos residuales de una de sus líneas descendentes.

"He sido un pionero y explorador toda mi vida", dice Mitchell, "en mi carrera militar, como astronauta, y en la industria del networking. Me involucro en las cosas en las primeras etapas, las más duras, cuando todavía se está intentado descubrir cuáles son las reglas y cómo hacerlas funcionar".

El Network Marketing está emergiendo ahora de lo que Mitchell llama los días "duros, pioneros". Desde que comenzó la industria hace más de 60 años, ha evolucionado en tres fases diferentes. La primera acabó en 1979, cuando la Comisión de Comercio Federal estableció que Amway era un negocio legal, no una estafa piramidal. Esto terminó con la *Ola 1*, la larga fase de mercado gris o "subterráneo" del Network Marketing.

Después vino la *Ola 2*. La nueva tecnología provocó una explosión de negocios de networking en los 80. Miles de nuevas compañías se introdujeron en el negocio de la noche a la mañana. Millones de americanos entraron a formar parte de la fuerza de ventas de MLM.

Pero la tecnología no estaba madura. Como esos videos que requieren un Einstein para programarlos, el Network Marketing de la *Ola 2* demostró ser demasiado difícil y complicado para la mayoría de la gente. Como con los primeros videos, la tecnología simplemente no estaba preparada para el mercado.

"Desarrollé un sistema de correo telefónico hecho especialmente a medida para las compañías de Network Marketing", recuerda Mitchell. "Pero en aquellos primeros días, sólo los líderes reconocían el valor de mi sistema. La gente que se unía a nosotros por primera vez no estaba realmente familiarizada con el correo de voz y no sabía cómo utilizarlo de manera efectiva".

Evitando la tecnología, los distribuidores de la *Ola 2* confiaban principalmente en su talento personal. Para sobresalir, tenían que ser extraordinarios. Se esperaba que los distribuidores manejaran con una sola mano grandes inventarios, satisfacieran los pedidos de productos, llevaran al día todo el papeleo, captaran nuevos distribuidores y se quedaran toda la noche respondiendo a llamadas de gente enojada o deprimida en sus líneas descendentes. Los distribuidores de la *Ola 2* eran animados a mantener reuniones masivas en hoteles y a hablar para multitudes, a pesar del hecho de que los psicólogos sociales habían descubierto que la mayoría de la gente teme hablar en público más que a la muerte.

En resumen, los distribuidores de la *Ola 2* tenían que ser empresarios consumados. Y la mayoría de la gente simplemente no lo es.

La *Ola 3* amiga del usuario

La *Ola 3* ha cambiado todo esto. Como los fabricantes de cámaras de video, las compañías de Network Marketing han estado trabajando tras el escenario para simplificar sus sistemas. Ahora sus esfuerzos están dando fruto.

Hoy, las cámaras de video más avanzadas son fáciles de programar. Simplemente se les habla. Dice en voz alta la hora y fecha del programa que desea grabar, y la máquina lo graba.

¿La lección? A medida que avanza la tecnología, se hace más amiga del usuario.

Así ocurre con la organización de la *Ola 3*. Las compañías de Network Marketing más avanzadas actualmente, hacen hincapié en la simplicidad ante todo. Utilizan las computadoras, sistemas de management y telecomunicaciones más modernos para hacer la vida lo más fácil posible para el distribuidor medio. Han llevado el sueño de Rehnborg a su conclusión lógica.

Durante décadas, los networkers han estado prometiendo la libertad financiera a las masas. Pero sólo con la llegada de la *Ola 3* ha sido esta promesa realizada plenamente.

DEJE QUE EL SISTEMA HAGA EL TRABAJO

La tecnología de *Ola 3* elimina la necesidad de gente extraordinaria. En la organización actual de *Ola 3*, los distribuidores se apoyan en una red de sistemas, procedimientos, medios de comunicación y tecnología del siglo veintiuno, que simplifica, normaliza y automatiza los aspectos más difíciles del negocio.

El nuevo distribuidor ya no tiene que "lanzarse sobre" su primer prospecto cuando lo divisa. El prospecto se pone en una conferencia telefónica en tres direcciones con un auspiciador experimentado y el distribuidor escucha en silencio para aprender cómo se hace. O el distribuidor puede sencillamente dejar al prospectado un video de contacto producido profesionalmente, con una duración de 30 minutos.

Los distribuidores ya no necesitan tener su propio inventario de mercadería y llevar todo el papeleo. Simplemente dirigen a los prospectos a un número 0800 gratuito. La compañía satisface el pedido, adjudica la venta al distribuidor, y emite un cheque de comisión por sistema al final del mes.

Los días en que todo distribuidor, cualquiera fuera su posición, tenía que actuar como lider, mentor, orador público y campeón motivador para su línea descendente han pasado. El profesional de red de *Ola 3* invita a sus downlines a una charla televisada por parte del upline más importante de su red, emitida directamente a su living vía satélite.

Complejo por dentro, sencillo por fuera

Cada nuevo sistema de apoyo que aparece, hace el networking un poco más fácil. Y cada innovación abre este marketing a un grupo más grande.

La lista de nuevas tecnologías sigue aumentado. Llamadas en tres direcciones, teleconferencias, y "dropshipping" (el uso de sistemas de respuesta computarizados y automatizados) se han convertido en herramientas normales para los profesionales de hoy en día. La información por fax y los sistemas de correo telefónico permiten ahora que los distribuidores hagan llegar instrucciones directamente a cada persona en sus líneas descendentes. Las PCs imprimen etiquetas para sobres de listas de correo —mailings— con miles de nombres. ¿Quiere hacerse global? Las compañías de la *Ola 3* se encargan de todas las aduanas, impuestos, conversión de moneda y otras molestias del negocio internacional. usted simplemente entra y gana dinero.

Toda esta tecnología supone tiempo, esfuerzo y dinero para su instalación y funcionamiento. Pero la compañía, no el distribuidor individual, se encarga de todo eso. Una compañía de la *Ola 3* es como una cámara de video nueva, que se activa con la voz. Por dentro, esas cámaras están llenas de complejos microcircuitos. Pero, por fuera, sólo se ven unos cuantos simples botones. De la misma forma, el "interior" de una organización de la *Ola 3*, está lleno de poder informático y complejos sistemas de management. Pero para el distribuidor, el procedimiento se hace cada vez más sencillo.

El Factor Humano

Paradójicamente, toda esta informatización realiza y amplía la importancia del elemento humano, el valor de cada distribuidor individual.

A medida que las computadoras se encargan de cada vez más trabajo del que la gente solía hacer, liberan a los seres humanos para centrarse en las cosas que mejor hacen: soñar, planear, definir estrategias, resolver problemas e interactuar con otras personas. Los distribuidores de *Ola 3* descubrirán formas de ser productivos que jamás habían existido.

En toda industria, el factor humano está siendo liberado de manera similar por los sistemas y la automatización. Pero en la mayoría de la industrias, se consigue la liberación por medio de los despidos. No existe un trabajo que haya integrado el factor humano más rápidamente y con mayor éxito que la organización de la *Ola 3*.

¿POR QUÉ IGNORAN LOS MEDIOS DE COMUNICACIÓN LA REVOLUCIÓN DE LA *OLA 3*?

No se preocupe. No podrán hacerlo mucho más tiempo.

Intencionalmente o no, los medios de comunicación han tendido a ignorar las noticias positivas sobre el marketing de trabajo en red. Con frecuencia se ha escrito sobre las compañías de éxito, como Amway y Mary Kay Cosmetics, en los principales artículos de negocios, pero pocas veces se han referido a ellas como compañías de Network Marketing o MLM. Esas frases prohibidas surgen principalmente en historias negativas, sobre compañías que están siendo procesadas o investigadas.

Pero, a medida que la *Ola 3* evoluciona, se está haciendo más difícil para los medios de comunicación negar la evidencia. La revista Success rompió el hielo en marzo de 1992, con su explosiva nota de tapa sobre MLM. Desde entonces, Success ha encantado a los lectores proporcionándoles la primer cobertura regular sobre la industria en una revista de negocios de venta masiva.

Creo que Success ha abierto las compuertas para lo que pronto será una inundación de reportajes positivos por parte de los medios de comunicación.

El secreto mejor guardado de la América corporativa

Los profesionales del Network Marketing han culpado a los periodistas durante mucho tiempo por el vacío en los medios de comunicación sobre su industria. Pero los reporteros no siempre tienen la culpa. Incluso los periodistas mejor intencionados deben depender de sus contactos en el mundo de los negocios para obtener información. Y el éxito creciente del Network Marketing ha sido sin duda uno de los secretos mejor guardados en la América corporativa. Como reportero de negocios, puedo atestiguar personalmente las extraordinarias dificultades para conseguir que las grandes corporaciones admitan que están utilizando el Network Marketing, incluso aunque lo hagan.

"¡No somos una compañía de Network Marketing!" declaró un representante de relaciones públicas de una importante compañía cuando lo llamé en relación a este libro.

Puesto que sabía por otras fuentes que su plantilla comercial utilizaba un plan de compensación MLM, le pregunté qué quería decir.

"Quiero decir que no somos una de esas compañías que funcionan como un esquema piramidal", explicó, "en las que se gana dinero captando a personas en vez de ganar dinero vendiendo productos".

¡Qué respuesta! El hombre había vuelto a definir el "Network Marketing", para significar la carga frontal, una práctica ilegal en la que los distribuidores animan a los nuevos contratados a almacenar cantidades exorbitantes de mercadería mucho más de lo que son capaces de vender. Las compañías que utilizan tales prácticas pueden verdaderamente ganar dinero aunque ningún producto pueda ser vendido en forma minorista ¡Pero también están sujetos a penalización! Si esta fuera la verdadera definición de Network Marketing, la totalidad de la industria sería llevada a juicio ¡No es de sorprender que no quisiera admitirlo!

Los juegos de palabras como éste son males endémicos en el mundo de los negocios. Oscurecen la verdad y hacen que los reporteros sigan adivinando. He escuchado a voceros de compañías negar con vehemencia que estuvieran usando el Network Marketing, solamente basándose en que su compañía paga comisiones sólo en un nivel. No parecen saber que Nutrilite, de Carl Rehnborg, ampliamente reconocida como la primera compañía MLM de la historia, ¡también pagaba sólo a un nivel!

Aunque lo nieguen, estas compañías se han plegado al Network Marketing porque funciona. Para cuando esta técnica tan destacada salga a la luz completamente, puede que todos nos encontremos sorprendidos por el poder de convicción que ha adquirido su influencia subterránea tras el escenario.

LA LECCIÓN DE LAS FRANQUICIAS

No se deje llevar por la controversia alrededor del *network*. Las nuevas ideas son siempre atacadas y rechazadas al principio. En sus primeros días, las franquicias soportaron abusos similares por parte de la prensa y del mundo empresarial, y casi por las mismas razones.

Todo empezó en los años 50, cuando Mc Donald's, Midas Muffler y un puñado de otras osadas compañías, descubrieron que podían crecer diez veces más deprisa que las firmas convencionales. En vez de invertir millones de dólares para construir y operar nuevos locales, dejaban que los concesionarios independientes lo hicieran por ellos, ¡Y los franquiciados tenían que pagar por el privilegio!

Parecía una gran idea. Pero los medios de comunicación atacaron como una barracuda hambrienta. Los artículos describían a familias arruinadas que habían perdido los ahorros de su vida por medio de esquemas de franquicias. Los fiscales generales de todos los estados condenaban el nuevo método de marketing. Algunos diputados de hecho intentaron declararlo totalmente ilegal.

¡Qué rápido cambian las cosas! Hoy, las franquicias tienen el 35 por ciento de todas las ventas al por menor de Estados Unidos. Muchas están entre las primeras compañías públicas en la bolsa de Nueva York. En un momento en que la mayoría de los segmentos de la economía americana permanecían estancados, las ventas a través de franquicias, alcanzaron los u$s 803,2 mil millones en 1992... un incremento del 6 por ciento sobre el año anterior.

Fortaleza inherente

Las franquicias sobrevivieron a la carnicería de los medios de comunicación por una razón: funcionan. Y funcionan mejor que las otras alternativas. El Network Marketing prevalecerá por la misma razón. Su fortaleza inherente le da una ventaja devastadora sobre las compañías convencionales.

Separar la cáscara del grano

Por supuesto, el Network Marketing, como las franquicias o cualquier otro negocio, ha tenido demasiados operadores mediocres. Pero hay formas muy sencillas de diferenciar las estafas de las compañías legítimas. Si usted desea convertirse en un networker profesional deberá hacer sus deberes. El empresario sabio llevará a cabo una investigación profunda antes de "meterse en la cama" con cualquier compañía. El Capítulo 3 contiene una metodología confiable para separar la cáscara del grano.

NO DESISTA

"Como muchos americanos, sospechaba profundamente del MLM", escribe el ex radical de los años 60 Jerry Rubin en Success.[6]

En los 60, América conocía a Rubin como un revolucionario salvaje, notable por haber dejado caer cientos de billetes de un dólar en el suelo de la Bolsa de Nueva York y por ir a juicio con los "Chicago Seven" (los Siete de Chicago). En los 80, la prensa le puso el apodo de "el hippie que se convirtió en yuppie" después de que Rubin se pusiera un traje con chaleco y comenzara a ganar grandes cantidades de dinero dando fiestas yuppies de networking en clubes nocturnos refinados de Nueva York.

Pero como muchos otros en los 80, Rubin se dirigía hacia un duro despertar. Ocurrió con el crack de la bolsa de Nueva York en 1987. Rubin perdió U$S 700.000 de la noche a la mañana. Al mismo tiempo su negocio de clubes nocturnos comenzó a desmoronarse. Los "baby boomers" casados ya no tenían tiempo para eso, recuerda, ¿Qué podía hacer? ¿Cómo iba a mantener a mi hija de dos años y a mi hijo de uno?"

Una experiencia de humildad

Rubin estaba arruinado. Cada día, se sentaba solo en su oficina, leyendo los avisos de oportunidades de negocios en los periódicos. Un día, algo le llamó la atención, un anuncio para una nueva compañía de Network Marketing llamada Omnitrition, que vendía bebidas vitaminizadas. Al principio, Rubin lo ignoró.

"En 1983, me quemé en una compañía MLM que entró en el Capítulo 11 de quiebra seis meses después de que yo entrara", explica. "Desde entonces, evitaba al MLM como a una plaga".

Rubin reía mientras sus amigos, Richard y Carol Kall entraban en una compañía de Network Marketing detrás de otra. La mala suerte pareció seguirlos como una nube. Cada compañía en la que entraban, quedaba fuera de los negocios rápidamente. Rubin pensaba que eran inocentes. Pero no podía dejar de admirar su perseverancia.

"Los Kall nunca desistieron", dice. "Años después, Richard finalmente tuvo un golpe de suerte con una compañía llamada Nu Skin. Hoy es multimillonario. La perseverancia de los Kall tuvo su recompensa, mientras mi cinismo no me había llevado a ninguna parte. Esto me dio mucho en qué pensar".

Rubin decidió dar una última oportunidad al MLM. Contestó al anuncio de Omnitrition. "En mi primer año", escribe, "me convertía en uno de los distribuidores de más altos volúmenes en la industria".

Hoy, Rubin ha vuelto a abogar por la revolución. ¡La revolución capitalista!

"Como en los 60", dice, "los baby boomers todavía desean la libertad por sobre todo. En los 90, predigo que finalmente la conseguirán por medio del Network Marketing".

La generación de la fuga

"Si los 70 fueron la Década del Yo", opina Rubin, "y los 80 la Década de la Avaricia, los 90 se llamarán la Década de la Fuga. Los «baby boomers» escaparán del mundo empresarial en grupos, gritando, "¡No puedo más! ¡Quiero tener el control de mi vida! ¡De mi tiempo!"

Puede que Rubin esté sobre la pista de algo. Pero, por supuesto, para millones de personas de su generación, el desempleo no será tema de elección. Será una dura e inevitable realidad. El Network Marketing puede llegar a demostrar ser uno de los pocos caminos hacia el éxito personal que queden abiertos una vez que la economía turbulenta de los 90 haya pasado.

¡RENUNCIE ANTES DE QUE LO ECHEN!

"El desplazamiento de los empleados de cuello blanco (puestos ejecutivos) en los 90 hará que los despidos de los de cuello azul (operarios) en los 80 empalidezca por comparación", dice el conocido economista Paul Zane Pilzer.

En los últimos diez años, millones perdieron su trabajo a causa de las fusiones, adquisiciones, reducciones de plantel, y cierres de plantas. No espere alivio en los años por venir. La recesión actual no es un suceso ordinario dentro del ciclo de los negocios. Cambios fundamentales están barriendo todos los sectores de la economía. Y uno de los productos resultantes de este cambio será el desempleo masivo, a largo plazo.

Una de las razones es que la tecnología ha hecho que muchos trabajos queden obsoletos, desde el trabajador de fábrica sustituído por las líneas de producción automatizadas, hasta el ejecutivo medio desplazado por redes de oficinas informatizadas.

"La compañías están produciendo la misma «canasta» de bienes y servicios con cada vez menos empleados", dice Pilzer. "¡Despidos masivos con aumento de la productividad! En los próximos años, vamos a ser testigos de un crecimiento económico fantástico. Pero también vamos a ver un 20% de desempleo. Parece una contradicción ¡Pero es la realidad!"

Subempleo permanente

Imagine la desesperación de los trabajadores del campo cuando las cosechadoras y los tractores a motor aparecieron en las plantaciones de maíz. Imagine la crisis de los criadores de caballos y los constructores de "buggys" cuando Henry Ford sacó sus automóviles de producción masiva. Entonces comprenderá el destino que espera a los trabajadores y ejecutivos que no consigan adaptarse a la nueva economía inmaterial del mañana, (como el Club de Roma la llamó recientemente).

Los expertos prevén un subempleo permanente para muchos trabajadores de cuello blanco.

"Para un número rápidamente creciente de ejecutivos y profesionales", dice la revista Fortune, "el trabajo es ahora una concatenación de reducciones, que pueden durar desde dos semanas a dos años... Al menos 125.000 profesionales operan como trabajadores temporales cada día. Su parte de los u$s 25 mil millones anuales en el mercado de trabajo temporal se ha duplicado (en 1993)".

La fuerza de trabajo eventual

Cada vez más, los trabajadores de cuello blanco se ven forzados a meterse en lo que Fortune llama la fuerza de trabajo eventual. Compuesta por trabajadores temporales, a tiempo parcial, consultores y autónomos, el plantel de trabajadores eventuales está creciendo a un paso preocupante. Según Richard Belous, economista en jefe de la National Planning Association, esta fuerza de trabajo tiene ahora 45 millones de personas, habiendo aumentado un 57 por ciento desde 1980, (es decir) "tres veces más deprisa que la fuerza laboral entera", según Fortune.

MLM de cuello blanco

Muchos de esos profesionales subempleados están dirigiéndose directamente a las compañías de Network Marketing. La misma tecnología que eliminó sus trabajos en las empresas rankeadas en Fortune 500 está ahora creando oportunidades en el sector en expansión de la *Ola 3*.

Los captadores están trabajando duro recogiendo los "deshechos humanos" de la América empresarial. Los profesionales de red de la *Ola 3* se dirigen a doctores, abogados, CPAs, agentes de bolsa, y presidentes de compañías, cansados de la carrera deshumanizante.

LA DÉCADA DE AMWAY

Al menos dos de los expertos en economía más sobresalientes del mundo, predijeron que las compañías de Network Marketing prosperarán en los tiempos turbulentos que se avecinan.

James Dale Davidson es consejero de naciones y presidentes, confidente económico tanto de George Bush como de Bill Clinton. Su colega y colaborador, Lord William Rees-Mogg, miembro del

Parlamento Británico y alguna vez redactor del Times de Londres, asesora a algunos de los inversores más ricos del mundo.

En libros anteriores, esta pareja asombró al mundo con sus predicciones misteriosamente precisas. Entre otras, predijeron el crack de la bolsa en 1987, la caída del comunismo, la quiebra de las inmobiliarias americanas, la crisis de S & L y la explosión de la burbuja japonesa. En su último libro "The Great Reckoning: Protect Yourself in the Coming Depression" (El Gran Ajuste de Cuentas: Protéjase en la Depresión que se Avecina), predicen que los años 90 se recordarán como "la década Amway".

"Un tipo de negocio que prospera en tiempos difíciles es el negocio informal llevado desde casa...", escriben. "Los noventa serán una década de reuniones Tupperware, señoras Avon y empresarios distribuidores Amway". Las tres compañías utilizan Network Marketing.

EL MONSTRUO MLM

La América empresarial ha sufrido ya varias derrotas de manos de los profesionales de Network Marketing.

En 1987, "AT & T" parecía invencible. Pero sólo cinco años después, el inmenso monolito había dejado un sorprendente 15 por ciento de su participación en el mercado de comunicaciones de larga distancia a MCI y US Sprint. ¿Qué tenían en común estas dos empresas que estaban empezando con fuerza? Ambas utilizaban MLM para comercializar sus servicios.

En mercado tras mercado, los profesionales de Network Marketing están poniéndose a la cabeza en Fortune 500. Muchas de las compañías más grandes de América han decidido ya silenciosamente que es mejor cambiar que luchar. Colgate-Palmolive, Gillete y Coca-Cola están entre los que han lanzado programas piloto de MLM en algunas categorías de productos. Dos de las más importantes organizaciones de venta directa de la nación, Avon y Fuller Brush, han cambiado a programas de MLM después de perder muchos de sus mejores representantes que se han pasado a competidores de Network Marketing.

"Hoy día, no hay mejor manera de llevar su producto hasta la misma nariz del consumidor", concede William Plikaitis, director de equipo para el grupo de servicios al consumidor de US Sprint.

DOMINIO GLOBAL

Pocas compañías ilustran mejor la grandeza sin pausa del Network Marketing que Amway Corporation, con base en Ada, Michigan. La mayoría de los reportajes sobre Amway no mencionan las palabras "Network Marketing". Pero no se puede negar el increíble éxito de la compañía.

Fundada en 1959, Amway es la compañía más antigua en Network Marketing. Sin embargo, su agresivo programa de innovación de la *Ola 3* ha provocado que las ventas de Amway se dupliquen desde1990, superando los u$s 4,5 mil millones en el ejercicio fiscal con cierre al 31 de Agosto de 1993.[7]

El gigante internacional tiene más de 500 fabricantes subsidiarios, más de dos millones de distribuidores independientes y ofrece más de 12.000 productos y servicios, que van desde champú a productos de limpieza para cocinas, pasando por electrodomésticos y servicios telefónicos de larga distancia.[8] Los fundadores de Amway, Jay Van Andel y Rich DeVos tienen el puesto número 11 en la lista de las personas más ricas de América, en Forbes 400 de 1993.

Mientras otras corporaciones americanas luchan contra las impenetrables barreras comerciales de Japón, la subsidiaria japonesa de Amway alcanza una cifra de ventas anual cercana a los mil millones de dólares. El secreto está en la estructura de compensación MLM de Amway, que ejerce una fascinación prohibida para el esforzado "asalariado" japonés.

"La oportunidad de escapar del rígido sistema jerárquico japonés... impulsa a los distribuidores más jóvenes, de 20 a 30 años, a unirse a Amway", dijo un artículo de 21 de Septiembre de 1990 en el Wall Street Journal (que típicamente evitó los términos MLM o "Network Marketing"), "en una sociedad en la que construir tu propio *jinmyaku*, o red de contactos humanos, lo es todo, vender un producto por medio de las amistades funciona especialmente bien".

Se acerca

No hay duda. La *Ola 3* se acerca.

Su llegada ya se ha sentido. Su victoria final será inconfundible. A diferencia de oleadas previas de Network Marketing, la *Ola 3* tomará a la América empresarial por asalto frontal. En años futuros, cuando mil cadenas de televisión compitan por acaparar nuestra atención, cuando cada consumidor esté atontado hasta el fondo por el bombardeo incesante de los anuncios de alto impacto, sólo el Network Marketing perforará el caparazón de la apatía del consumidor. Su influencia invadirá cada hogar. Su marca se sentirá en todas las salas de directorio de las empresas.

Las compañías que han empezado a trabajar pronto para establecer sus infraestructuras de Tercera Ola dominarán el paisaje en las décadas por venir. Y los profesionales de red que han observado y esperado atentos el cambio, sabrán exactamente dónde encontrar las mejores oportunidades.

Este libro lo ayudará en esa búsqueda.

El sueño americano

Para los que valoran el espíritu de empresa americano, *Ola 3* ofrece un faro brillante de esperanza. En una era en la que los burócratas expresan en secreto la necesidad de una política industrial dirigida por el gobierno, los pequeños negocios son gravados con impuestos más allá de su resistencia, las corporaciones gigantes se convierten en super-monopolios que se extienden de hemisferio a hemisferio, algunos han especulado que la era de la empresa individual ha muerto. El sueño Americano ha quedado obsoleto, dicen. Nuestros hijos deben aceptar un futuro de continua reducción de niveles de vida, regulación en aumento y límites al crecimiento.

Sin embargo, como una fuerza elemental de la naturaleza, el Network Marketing ha resurgido de las cenizas y raíces del corazón de América, atreviéndose a prometer riqueza, libertad y horizontes sin límite para los que tengan el valor de buscarlos. En Network Marketing, el espíritu americano de libre empresa, encuentra su reencarnación más pura hoy día. Muchos serán puestos a prueba en este terreno en años futuros. Quizá le gustaría ser uno de ellos. Si es así, este libro se ha escrito para usted.

(1) La prestigiosa revista americana de negocios "Fortune", rankea cada año las 500 compañías más exitosas. (N. del E.).

(2) Baby boomers: se denomina así a la generación proveniente de la explosión demográfica post guerra (N. del E.).

(3) A algunos puristas de la industria les gusta eliminar los términos MLM y "marketing multinivel". Creen que el Network Marketing suena más sofisticado. Las tres expresiones realmente significan lo mismo. Para variar en este libro utilizaré las tres indiferentemente como lo hace la mayoría de la gente de esta industria.

(4) Profesional del M L M.

(5) Las declaraciones de ingresos de Terry Hill son verdaderas según el conocimiento del autor, como lo son todas las declaraciones de ingresos manifestadas por cada distribuidor en este libro. Sin embargo, en ningún caso estos distribuidores dieron sus cifras de ingresos como representativas para la industria, o para sus compañías, ni así lo afirma el autor. Por otra parte, el autor eligió estas entrevistas en particular, específicamente por sus destacados logros.

(6) Las citas de Robin están extraídas de la revista Succes.

(7) En 1999 cerró su ejercicio fiscal superando los u$s 7 mil millones.

(8) En 1999 hay más de tres millones de distribuidores y más de 20.000 productos y servicios.

Capítulo 2

Conózcase a Sí Mismo

A partir de su estreno en abril de 1994, todo el mundo ha estado hablando acerca del gran éxito obtenido por el show de la CBS "704 Hauser". Una especie de opuesto del show "All in the Family" (Todos en Familia); el programa presenta a un padre de color liberal, enfrentándose todas las semanas con su hijo republicano de 20 años. Aún siendo tan popular, pocos de los fans de este show se han dado cuenta de que el productor Norman Lear tomó como modelo del hijo republicano a un "conservador negro" de la vida real, llamado Armstron Williams.

"Hablo con Norman todos los días", dice Williams. "Me envían sus guiones y yo les devuelvo por fax mis comentarios. Hemos tenido sesiones del tipo tormenta de ideas en las que simplemente me siento y hablo durante tres horas y ellos graban".

A Williams no le resulta extraña la celebridad. Su show de radio "The Right Side" (El Lado Correcto), que se emite en WOL-AM en Washington D.C., ha sido por largo tiempo uno de los más acalorados del país. Sus comentarios aparecen en las páginas editoriales de USA Today, Newsday, y el Wall Street Journal. Siendo un millonario por mérito propio, Williams ha comprado recientemente la exitosa firma de relaciones públicas de Georgetown, The Graham Williams Group, a su socio, Stedman Graham, un hombre bien conocido para los lectores de los medios sensacionalistas como novio de Oprah Winfrey. Pero Williams no siempre fue tan próspero o estuvo tan bien relacionado.

"El MLM me dio el punto de partida", dice. "El dinero que gané con el Network Marketing todavía está trabajando para mí. Muchas de las personas que formaban mi línea descendente constituyen la red que utilizo actualmente para mis conexiones políticas y de negocios en todo el país".

Williams hizo su primer gran dinero como distribuidor de Dick

Gregory's Bahamian Diet, compañía de Network Marketing que floreció a mediados de los 80. Pero el MLM dio a Williams mucho más que dinero. Pulió su carácter. Lo preparó mental y espiritualmente para su prueba más grande —y su mayor éxito.

Cuando Williams entró por primera vez en las emisoras de radio, era una de las pocas figuras Afro-Americanas de los medios de comunicación que se atrevió a predicar abiertamente acerca del patriotismo, la moralidad y el trabajo duro. Cada día que salía al aire, llamaban para acusarlo de vendido, un "Tío Tom" o "amante de los blancos", un traidor a su raza.

"Estaba comenzando a dudar de mis propias creencias", dice Williams. "Era traumático. No podía dormir por la noche. Estaba afectando mi trabajo. Me reuní con mi personal y les dije que no podía continuar".

Pero Williams continuó. Lo que lo hizo seguir fue su entrenamiento en Network Marketing.

"En MLM, tienes que ser un pensador original", dice Williams. "Tienes que saber quién eres y aferrarte a tus creencias, no importa lo que la gente diga".

Cada día que Williams entraba en el estudio de grabación, se recordaba a sí mismo las largas noches que había pasado al teléfono, convenciendo a personas para que se unieran a su red.

"En Network Marketing, aprendí que tienes que ser paciente con la gente", dice. "He aprendido que tienes que mantenerte ahí con ellos".

Williams se dio cuenta de que esas llamadas de oyentes abusivos que lo hostigaban todos los días en el programa radial no eran muy diferentes de las que efectuaban muchas de las personas que solía auspiciar para Dick Gregory´s Bahamian Diet. Estaban enojados con la vida, frustrados por sus propios fracasos, y buscando desesperadamente una salida. En Network Marketing, Williams había aprendido que con frecuencia eran esos prospectos que gritaban "¡estafa piramida!" y "¡fraude!" los que demostraron al final ser los distribuidores más entusiastas. ¿Por qué habría de ser diferente para sus oyentes de radio?

"Cuando entré en el estudio de grabación observé en qué punto de mi vida estaba", dice Williams, "y miré en qué punto de sus vidas estaban los que me criticaban, y entonces supe que debía estar haciendo algo correcto. Cuando llamaban, les preguntaba qué hacían para vivir: si estaban en buena posición o no tenían empleo.

Williams sabía en su corazón que él tenía algo valioso para enseñar a sus oyentes, aunque no siempre quisieran escucharlo. Así que ignoró sus insultos y continuó firme en su prédica. ¡Ahora millones escuchan con atención los puntos de vista de Williams, todas las semanas, en "704 Hauser"! Todavía recibe muchos llamados de personas enojadas. Pero, hoy en día, recibe muchas más llamadas respetuosas.

¿TIENE USTED LO QUE HACE FALTA?

El Network Marketing no requiere facultades ni dones especiales. Usted no necesita títulos universitarios ni buenos contactos. Ni siquiera necesita mucho dinero. Pero una cosa que sí necesita es fortaleza de carácter. Triunfar en MLM es una de las tareas más duras que puede decidir realizar. Con frecuencia, tiene que pasar noches sin dormir, trabajar sin recibir pago alguno y entregar sus últimas dosis de fuerza antes de siquiera avizorar el premio. A menudo, usted debe seguir a pesar de los insultos y del desánimo de amigos, parientes e incluso cónyuges. Muchos se rinden mucho antes de alcanzar la meta.

Pero unos cuantos elegidos tienen éxito. Como Armstrong Williams, aquellos que permanecen en el sendero, acaban con mucho más que dinero. Mientras vivan, podrán recurrir a depósitos secretos de experiencia, fuerza y seguridad personal. Pueden hacer lo que otros no pueden. Son una "Fuerza Delta" del logro humano, una élite.

LA ACTITUD DE LA *OLA 3*

Por tanto, ¿qué pasa con la *Ola 3*? ¿Acaso no hemos dedicado el capítulo anterior explicando cómo la automatización y los nuevos sistemas de *management* han simplificado el Network Marketing y lo han hecho más simple de desarrollar? Nosotros lo hicimos y ellos lo tienen.

Sin embargo, ningún grado de automatización podrá eliminar la necesidad del esfuerzo humano. Finalmente, son las personas las que hacen funcionar al marketing de red. En la organización de la *Ola 3*, sistemas de apoyo de todo tipo amortiguarán los errores humanos. Pero, paradójicamente, también eliminarán las últimas excusas para la lentitud y la baja productividad.

Los distribuidores de la *Ola 3* tienen más tiempo y mayores oportunidades que cualquiera de las generaciones anteriores de profesionales de red para afrontar los difíciles desafíos de la venta persona a persona. De este privilegio surge la responsabilidad de afrontar cada prueba con valor, optimismo y acción decisiva. Porque en estos tiempos de cambio continuo, cuando el avance de la tecnología pone en cuestionamiento el papel del hombre en el drama de la industria, es responsabilidad del distribuidor de la *Ola 3*, más que de cualquier otro trabajador del presente, demostrar lo que el "elemento humano" puede realmente hacer.

Fue la actitud de la *Ola 3* la que llevó a nuestros antecesores a cruzar peligrosos océanos, cuando habría sido más seguro quedarse en la orilla y transitar por rutas comerciales familiares. La actitud de la *Ola 3* envió al hombre a la Luna, cuando aparatos espaciales automáticos podrían haber tomado por sí mismos las muestras. La tecnología nunca será un obstáculo, siempre que la gente la utilice solamente como puerta para impulsarse hasta niveles más y más grandes de esfuerzo y logro.

"El único propósito de la tecnología", dice el ex astronauta Edgar Mitchell, "es liberar la creatividad humana. La tecnología hace el trabajo menor, el trabajo en papel. Maneja la información, para dejar a los seres humanos libres para hacer lo que sepan hacer mejor".

Tener lo apropiado

Cuando iban a consultar el oráculo de Delfos, los antiguos griegos se confrontaban con una misteriosa premonición grabada sobre el portal del templo. Decía: "Conócete a ti mismo".

El consejo se mantiene vigente para los "iniciados" de la era moderna que buscan su admisión en los "ritos" del Network Marketing. Con el advenimiento de la *Ola 3*, usted ya no necesita ser un super-vendedor o un inspirado orador público para tener éxito en MLM. Pero sí necesita cultivar la actitud de la *Ola 3*. Pruebe su espíritu. En las páginas que siguen, le proporcionaré una ruta para esta búsqueda, una lista de chequeo de rasgos personales que necesitará para tener éxito en el Network Marketing de la *Ola 3*.

Si todavía no tiene estos rasgos, no desespere. Todos ellos pueden ser adquiridos con un esfuerzo consciente.

Rasgo #1: Perspectiva positiva

Para triunfar en MLM, debe convertirse en un pensador positivo. Sin una perspectiva positiva implacable, no podrá ni vender ni auspiciar. Su negocio decaerá y morirá con el primer golpe de adversidad. Como el legendario entrenador de basketball de UCLA, John Wooden, los profesionales de *network* veteranos entienden que el éxito no proviene de evitar problemas, sino de enfrentarse a cada problema con coraje. "Las cosas se presentarán mejor", dice Wooden, "para las personas que hacen lo mejor con la forma en que las cosas se presentan".

Richard Brooke era un pensador negativo típico. Aunque sus padres eran unos influyentes estancieros de California con educación universitaria, la actitud negativa de Brooke lo sentenció a fracasar tempranamente en la vida.

"Mis padres se divorciaron cuando tenía 17 años", dice Brooke. "Odiaba el colegio. No estudiaba y faltaba a muchas clases. Yo apenas logré graduarme con el mínimo promedio, así que ni siquiera intenté ir a la universidad".

Durante un tiempo, Brooke pensó que sería bueno ser guardabosque. Pero entonces uno de ellos le dijo que necesitaba tener título universitario. Aún así, le advirtió el guardabosque, sólo son seleccionados 300 candidatos al año, de 3.000 que se presentan.

"Un segundo después de que me dijera eso", recuerda Brooke, "decidí que no podría ser uno de esos 300".

Brooke tenía razón. No podría, porque él creía que no podría.

"Tanto si piensa que puede como si piensa que no", dijo Henry Ford, "Usted está en lo correcto".

Después de pasar cuatro años trozando pollos en un línea de ensamblaje por u$s 3,05 la hora, Brooke decidió intentar el Network Marketing. Entró en una compañía que vendía aditivos para combustibles que mejoraban el kilometraje del coche. Brooke trabajó duro en su negocio de MLM. Pero tres años después, todavía estaba logrando menos de u$s 4.000 al año.

¿Cuál era el problema?

Como Brooke comprendió más tarde, existen dos características esenciales que hacen a un campeón de Network Marketing. La primera es el deseo. Esto no representaba un problema para él. Poseía esta primera característica en abundancia. Desde luego, el deseo de mejorarse a sí mismo era la única cosa que lo mantenía. Su problema yacía en la segunda característica. Brooke carecía de ésta por completo. Y esto era lo que lo frenaba.

¿Cuál es la segunda característica? "El proceso del pensamiento exitoso", dice Richard Brooke, hoy presidente y director general de Spokane, subsidiario en Washington de Oxyfresh USA: "La voluntad de entrenarse a Ud. mismo para pensar como una persona de éxito".

Por supuesto, la mayoría de la gente en principio carece del proceso del pensamiento exitoso. Pero Brooke tenía un problema incluso peor. Carecía de la voluntad para adquirir dicho proceso. Y esto frenará a cualquiera en su ruta.

La primera vez que Brooke se confrontó con la ciencia de la motivación, se reveló. En sesiones de entrenamiento en la compañía de aditivos para combustible, el instructor de Brooke lo urgió a que escribiera sus objetivos y estudiara libros motivacionales como "Piense y hágase rico", de Napoléon Hill.

"Si lees este libro", le prometió el instructor, "y otros libros como este y escuchas cassettes grabados por personas que triunfaron, empezarás a pensar como ellos. Y una vez que empieces a pensar esos pensamientos y a creer esas creencias, serás tan exitoso como ellos".

"Tonterías", pensó Brooke.

Brooke "sabía" que el éxito no tenía nada que ver con sus procesos mentales. El éxito provenía de ser sobresaliente en la universidad y tener una agenda repleta de contactos influyentes. Todo el mundo lo sabía.

De todos modos leyó el libro. Al principio, Brooke odiaba "Piense y hágase rico". Le hubiera dado lo mismo que hubiera estado escrito en griego. Le llevó un año completar la lectura de un libro que muchos lectores devoran en cuestión de días.

"Me resultaba difícil leerlo", dice Brooke, "porque los pensamientos que contenía el libro eran totalmente contrarios a mis creencias. Yo los rechazaba. Ese libro y yo éramos imanes que se repelían, como el agua en la espalda de un pato!

Si tan sólo Brooke hubiera sabido lo que estaba rechazando!

A comienzos del siglo, el legendario gigante del acero Andrew Carnegie impartió a Napoléon Hill, en ese momento un periodista joven y luchador, lo que Carnegie creía que era el secreto de su éxito. Hill se pasó entonces los siguientes 20 años entrevistando a más de 500 hombres ricos y de éxito, incluyendo a Theodore Roosevelt y Thomas Edison, para descubrir sus secretos. Los resultados de esta investigación épica fueron revelados en las obras clásicas de Hill, "La Ley del éxito" (1928) y "Piense y hágase rico" (1937). Hill había descubierto que todos los grandes triunfadores construyen su éxito alrededor de un solo principio, muy sencillo, el cual tenía el poder de transformar a un mendigo en multimillonario. Pero Brooke, el trozador de pollos, no quería escucharlo. Pensaba que él sabía más.

Brooke podría haberse pasado toda su vida rechazando esta preciosa información. Pero, como muchas veces ocurre, una crisis personal lo salvó. Pocas cosas llevan tanto a la acción como sentirse acorralado. Brooke lo descubrió de la manera más dura. Su mayor desesperanza lo llevó a la salvación final.

Durante los tres primeros años de su negocio de Network Marketing, Brooke se había apoyado en un hombre llamado Kurt Robb en busca de apoyo emocional. Robb era el mejor entrenador de ventas en la compañía de MLM en la que Brooke estaba asociado. Brooke lo idolatraba. En los entrenamientos, escuchaba con atención cada palabra de Robb, empapándose de su inspiración. Cuando Brooke se caía, Robb siempre lo ayudaba a recuperarse.

"Lo veía como mi esperanza", dice Brooke. "Me sentía seguro cuando estaba cerca".

Luego, un día Robb murió. Una monstruosa ola golpeó en la playa en Hawaii. Se golpeó la cabeza con una roca y se ahogó. Brooke estaba desolado.

"Me di cuenta entonces que tenía que tomar una decisión", dice Brooke. "Podía elegir abandonar porque había perdido a mi mentor. O podía hacerle el honor de tomar lo que me había enseñado e implementarlo".

Hasta ese momento, Brooke se había visto a sí mismo como un alumno eterno. Siempre había retrasado la puesta en práctica de las técnicas de Robb, porque pensaba que aún tenía más que aprender. Pero ahora el maestro se había ido. Y no tenía más excusas para seguir esperando. Decidió, "si esto tiene que ser, depende de mí".

Brooke estaba completamente solo. Llevado por el miedo y la desesperación, se puso en acción, estableciendo sus objetivos, algo que Robb le había dicho que hiciera hacía años. Comenzaba cada día con un capítulo de Napoleon Hill, o una dosis similar de algún otro libro o cinta motivacional. Leyó "Cómo piensa un hombre" de James Allen, "Psico-cibernética" de Maxwell Maltz, "El secreto más grande del mundo" de Og Mandino, y muchos otros. Durante todo el día,

Brooke se repetía frases positivas, programando su subconsciente con expectativas de triunfo. Por la noche, cerraba los ojos y se visualizaba cerrando ventas, prospectando a personas de alta performance para su red, y reuniendo grandes cantidades de efectivo.

A veces, Brooke se sentía como un idiota. ¿Era realmente él? ¿El perenne escéptico? ¿El cínico? ¿Estaba realmente comportándose como esa sarta de pensadores positivistas de los que se había mofado durante tantos años?

Sí, lo estaba. Y en muy poco tiempo, su nuevo régimen de vida comenzó a dar frutos. Grandes frutos. Expresó su nueva filosofía de esta forma: "El mundo tiene el hábito de hacer sitio al hombre cuyas palabras y acciones muestran que sabe hacia donde está yendo" (Napoleon Hill).

Brooke había descubierto el secreto del éxito, ese único y simple principio, sobre el que Napoleon Hill había escrito más de 50 años atrás. Era el poder de la fijación de objetivos.

La mayoría de la gente confunde la fijación de objetivos con el deseo, dice Brooke —que hoy imparte seminarios sobre pensamiento positivo y escribe libros con títulos tales como "Mach II with Your Hair on Fire: The Art of Self-Motivation" (Mach II con tu cabellera en llamas: El arte de la auto-motivación).

La gente piensa que si escribe todas las cosas que desea, está estableciendo objetivos. Pero no es así.

Según Brooke, todo el mundo tiene el poder de establecer objetivos y conseguirlos, ya sea conscientemente o no. Pero sus verdaderos objetivos no son necesariamente las cosas que usted quiere. Son las cosas por las que usted está *expectante*.

Cuando estaba luchando para construir su primera línea descendente, Brooke quería ser rico y tener éxito. Pero su expectativa era fracasar. Este era su objetivo inconsciente. Y lo lograba una y otra vez, para su desgracia.

Cuando intentaba patrocinar a alguien como downline dice Brooke, decía algo como, "Oye, no sé si estarás interesado, pero quizá quieras escuchar sobre esta oportunidad de negocio de tiempo parcial..."

En lo más profundo de su ser, Brooke realmente no creía que nadie en su sano juicio pudiera firmar para entrar en su red. Y se notaba. Sus auspicios eran pocos y espaciados. La mayoría fracasaba y se retiraba al poco tiempo. Por más que lo intentaba, Brooke nunca conseguía dar con el pez gordo, ese distribuidor de alto performance que pudiera catapultar a su afortunado auspiciador a la riqueza, de la noche a la mañana.

Pero a medida que Brooke comenzó a hacerse cargo de su propio proceso de pensamiento, a interrumpir sus pensamientos negativos apenas aparecían, y a eliminarlos de su mente conscientemente, algo sucedió. Sus objetivos empezaron a cambiar. Empezó a tener expectativa de éxito.

Fue entonces que Brooke conoció a Jerry Schaub.

Simplemente utilicé la misma rutina de contacto que había seguido siempre, recuerda Brooke. "Escuchó la oportunidad, y dijo, 'Puedo hacerlo. Solo enséñame cómo'."

Schaub era un tigre. Durante el año que siguió asoció a cientos de personas en la red de Brooke. Brooke ganó u$s 100.000 en bonificaciones por el movimiento de Schaub, sólo en ese año.

No hace falta decir que la confianza de Brooke se afianzó. "Salí y encontré otros tres o cuatro Jerry Schaub al siguiente año."

Brooke se convirtió en un maestro del auspicio. No estaba utilizando técnicas nuevas. Estaba vendiendo la misma oportunidad que había estado impulsando durante cuatro años. Lo único diferente era Brooke en sí mismo.

Antes, proyectaba demasiada duda , dice Brooke. La gente sentía que algo andaba mal, y me rechazaban. Pero ahora mi nivel de energía era coherente con las palabras que decía. La gente presta mucha más atención a lo que eres que a lo que dices.

Brooke ganó su primer millón antes de cumplir los 30 años. Compró una casa en Orlando a orillas de un lago por u$s 200.000 y un Porsche de u$s 40.000. Hoy, a los 38 años, Brooke es presidente y accionista mayoritario de Oxyfresh USA, Inc, una compañía de marketing de red de 12 millones de dólares, en Spokane, Washington, que vende pasta de dientes y otros productos para el cuidado personal.

No hay secreto para el éxito, concluye Brooke. Las ideas han estado ahí durante siglos. Todo lo que hay que hacer es utilizarlas.

¿Cuál es la moraleja? Usted no tiene que haber nacido con una actitud positiva. Como lo demostró Richard Brooke a través de su extraordinaria metamorfosis, el pensamiento positivo es realmente una característica adquirida.

Rasgo # 2: Capacidad de dejarse enseñar

El segundo rasgo de un profesional de la *Ola 3* es la capacidad de dejarse enseñar.

Muchos nuevos asociados cometen el error de abandonar antes incluso de haber dominado las bases. No llegan a comprender que el Network Marketing es una profesión que debe aprenderse, como cualquier otra. La experiencia anterior es casi inútil en Network Marketing. No importa cuán exitoso haya sido en su carrera profesional anterior, debe escuchar las instrucciones de su auspiciador y apegarse al programa hasta que haya aprendido las bases. Como Mark Yarnell, distribuidor de una empresa de primera línea dice, todo gran profesional del *networking* fue en sus inicios un pésimo profesional de red.

"Yo he tenido la peor de las suertes con las personas que fueron exitosas en sus carreras profesionales anteriores", dice Yarnell. "En vez de escuchar a su *upline* (los que están por encima de ellos en la organización), ellos creen que lo saben todo."

En una oportunidad, Yarnell auspició al presidente de una fábrica de componentes electrónicos. El hombre era un inventor brillante y empresario, con una mina de oro de amigos influyentes en la comunidad profesional. Pero no sabía absolutamente nada sobre Network Marketing.

"Lo primero que le dije es que no saliera a prospectar a sus amigos y asociados de más alto nivel", dice Yarnell. "Le dije que esperara hasta que estuviera entrenado y yo tuviera la oportunidad de trabajar con él y con sus primeras personas en reuniones en tres direcciones."

Las reuniones en tres direcciones son una pieza clave del Network Marketing de la *Ola 3*. Facilitan la vida a los nuevos asociados. Todo lo que tiene que hacer es traer a sus prospectos para que se reúnan con su *upline*, en este caso Yarnell, quien realiza todo el trabajo. Usted sólo tiene que observar y aprender.

Pero este hombre no observó las instrucciones de Yarnell. En cambio, intentó hacer las cosas de la manera más difícil. Fue directamente a sus diez amigos y socios más exitosos e intentó auspiciarlos él solo. El hombre sabía tan poco sobre el negocio, que no pudo responder a las objeciones más evidentes.

"Cuando esos amigos le dijeron que era un imbécil, les creyó, y decidió que se había equivocado de negocio", dice Yarnell. "No duró ni 30 días."

El marketing de red de la *Ola 3* es técnicamente mucho más fácil que la venta a la antigua usanza. Pero exige más del carácter de una persona. Sin la humildad para someterse al entrenamiento de su *upline*, ningún servicio de alta tecnología o sistema de *management* sofisticado llevará al distribuidor al éxito. Usted debe apoyarse en el sistema y confiar en los consejos de su auspiciador.

Rasgo # 3: Generosidad

"Yo creo que usted puede conseguir todo lo que quiera en la vida si tan sólo ayuda a una suficiente cantidad de personas a conseguir lo que ellas desean", dice Zig Ziglar.

Durante miles de años, los sabios han enseñado la Ley de la Cosecha como el camino más seguro hacia el éxito. Simplemente establece que el granjero recoge más de lo que siembra. Como en la agricultura, así ocurre en el Network Marketing. La forma de conseguir la riqueza es dar desinteresadamente parte de su tiempo, dinero y solidaridad. Cuando su red en pleno crecimiento clama por ayuda y atención a altas horas de la noche, sólo un espíritu cálido y generoso evitará que usted cuelgue el teléfono en un ataque de ira.

Amstrong Williams solía poner dinero de su propio bolsillo para comprar productos en nombre de personas de su red, para que pudieran calificar para comisiones más elevadas.

"Yo siempre me he asegurado de que mis *downlines* supieran que no estaban solos", dice Williams. "Les proporcionaba un sistema de apoyo. Les daba mi número de teléfono particular. Les daba el número de teléfono del trabajo. Les decía que podían llamarme en cualquier momento, día y noche. Les decía que podían organizar reuniones para que yo hiciera la presentación por ellos. Porque no quería que se sintieran solos."

Siguiendo la ley de la cosecha, Williams obtuvo de su red mucho más de lo que había dado. No sólo ganó u$s 70.000 en los primeros seis meses, sino que construyó una red de por vida de amigos y socios devotos.

Rasgo # 4: Piel de Rinoceronte

A medida que la *Ola 3* se apodera de la economía, el Network Marketing está disfrutando de una imagen ampliamente mejorada. Sin embargo los distribuidores todavía necesitan estar preparados para un bombardeo de desánimo por parte de amigos y familiares. Muchos todavía se morirán de risa en el momento que usted anuncie que se ha unido a una compañía de Network Marketing. Esté preparado para lo peor. Cultive una coraza tan dura como la piel de un rinoceronte. Y recuerde siempre que la crítica es el signo más seguro de que está teniendo impacto. "Hay una forma segura de evitar las críticas", dijo Napoleon Hill. "No sea nada y no haga nada. Consiga un trabajo de barrendero y mate su ambición. Este remedio nunca falla."

Cuando Tom Pinnock decidió abandonar su carrera como escritor y concentrarse en construir su negocio MLM, sus colegas estaban indignados.

"Nunca imaginé que pudieras ser un estafador, Tom", dijo un redactor del diario en el que Pinnock había trabajado como reportero.

"Mi padre se quedó sorprendido y decepcionado", recuerda Pinnock. "Estaba convencido de que mi auspiciador iba a llenarme el garaje de productos, y después se marcharía sin decir nada al otro lado de la frontera de Georgia con la policía pisándole los talones. La mayor parte de mi familia estaba en la misma posición, mis cuñados, mis hermanos y hermanas. Nadie podía creer que fuera real."

Pero Pinnock sabía que estaban equivocados. Como reportero, ganaba escasos u$s 30.000 al año, trabajando 60 horas a la semana. Regresaba a altas horas de la noche buscando historias y apurándose para cumplir con las fechas de entrega. Pinnock se había convertido en un extraño para sus propios hijos, que estaban dormidos cuando se iba por la mañana y ya en la cama cuando volvía por la noche.

"Me estaba consumiendo por dentro", dice Pinnock. "Quería ser mi propio jefe, simplemente no quería responder a nadie más. No quería que la gente me dijera cómo tenía que vestirme para trabajar, cuándo podía tomarme las vacaciones o salir a almorzar."

Finalmente, Pinnock tomó la decisión. Firmó como distribuidor de Reliv, una nueva compañía MLM con base en Chesterfield, Missouri, que vendía complementos nutricionales.

Su jugada le retribuyó de manera espectacular. A pesar de las insinuaciones del padre de Pinnock y sus colegas anteriores, el negocio resultó ser no sólo perfectamente legal sino extraordinariamente lucrativo.

Pinnock manifiesta haber ganado u$s 100.000 en su primer año, un monto inusualmente elevado, incluso para un campeón de Network Marketing. Los parientes de Pinnock que hasta ese momento se burlaban, enmudecieron al verlo pagar el anticipo por una casa de 300 metros cuadrados, y un Mercedes SL deportivo. Observaban asombrados sin poder creerlo, viendo a Pinnock volar con su familia por "vacaciones de trabajo" hacia México, Nueva Zelanda y otros lugares exóticos, en los que Pinnock estaba construyendo sus redes internacionales. Durante la semana, cuando otros padres estaban trabajando duro, Pinnock llevaba a sus hijos al zoológico.

"Cuando vieron todo eso", dice, "ellos comenzaron a decir, «Ah, tal vez Tom sea más inteligente de lo que suponíamos»."

Hoy la mayoría de los parientes cercanos de Pinnock se han auspiciado en su red, incluyendo a su padre, que ahora complementa los ingresos de su jubilación con u$s 2.000 mensuales procedentes de su negocio. Actualmente, con una sólida red de 20.000 asociados, Pinnock obtiene unos u$s 700.000 anuales.

"La crítica era muy dolorosa", recuerda. "Cuando la gente no cree en usted, le hacen dudar de sí mismo. Simplemente tenía que mantenerme alejado. No hablaba del negocio cuando estaba con ellos. Tenía que salir y demostrar que tenía razón."

Rasgo # 5: Entusiasmo

El éxito en MLM llega sólo para los que arden de entusiasmo. No se puede fingir. Tiene que estar genuinamente orgulloso de su trabajo. Si no está entusiasmado con su oportunidad de Network Marketing, ¿cómo logrará que alguien más se contagie de su entusiasmo?

"He llegado al punto en el que puedo decir con certeza si una persona va a funcionar o no en este negocio", dice Mark Yarnell. "Simplemente observo su nivel de entusiasmo. Si una persona me llama al día siguiente de ver el programa y me dice, «Mark, perdí el sueño anoche pensando en esto. Estoy tan entusiasmado que no puedo soportarlo», puedo garantizar que he encontrado una persona potencialmente exitosa."

Usted no tiene que ser una persona con mucha energía para

inspirar entusiasmo. Usted simplemente tiene que creer en su negocio. El entusiasmo crece a partir de su profunda convicción de que otras personas quieren y necesitan lo que usted está ofreciendo. Y se desvanece cuando usted sabe en el fondo que lo que ofrece es de poca utilidad o está sobrevaluado. Elija una compañía con un gran producto, por un buen precio, y su nivel de energía se mantendrá elevado.

Rasgo # 6: Empuje

Si está buscando una manera de hacerse rico rápidamente, intente invertir en artículos de consumo. El Network Marketing no es el lugar apropiado para usted. La mayoría de los profesionales de red más importantes, han llegado donde están a través de largos meses de romperse los huesos trabajando duro, y noches sin dormir.

Pat Newlin siempre había llevado una vida fácil. Su marido, un próspero abogado, le había proporcionado una vida de reyes. Vivía en una mansión de 550 metros cuadrados con seis hectáreas de terreno, cancha de tenis, establos, personal de servicio, dos Mercedes y dos avionetas privadas.

Pero todo llegó a su fin. El marido de Newlin perdió su fortuna debido a malas decisiones de negocios. Su casa se consumió. Su matrimonio se quebró. De pronto, Newlin se encontró sola, madre separada con cuatro niños para alimentar.

"No tenía dinero propio", ella recuerda. "Había sido maestra de escuela, pero hacía 16 años que no trabajaba. Así que no tenía absolutamente ninguna experiencia en negocios. Literalmente, hasta ese momento, no sabía cómo hacer el balance de mi libro de cuentas."

Newlin decidió probar el Network Marketing. Firmó para una compañía llamada Reliv. Desde ese momento, ella trabajaba todo el día. Por razones diversas, Newlin encontró mayores oportunidades de construir su negocio en California que en su hogar en Austin. Durante meses, viajaba de Texas a California, donde su red crecía rápidamente. Pasaba una semana en California por cada semana en casa. La hija adolescente de Newlin cuidaba de los otros niños mientras ella estaba fuera... Pero Newlin se sentía culpable por dejar a su familia.

"Tenía que sacrificar mucho tiempo de mis hijos", dice. "Me perdía sus regresos de la escuela, sus partidos de fútbol, sus momentos de humor. Ya no podía ser una niña exploradora. Pero estaba decidida a hacer que esto funcionara. Tenía que mantener a mis hijos. Esto es lo que me mantenía andando."

Newlin llegó a su momento más bajo seis meses después de empezar el negocio. Los ladrones entraron a su casa y le robaron todo. Todos los meses de arduo trabajo parecían haber sido por nada.

"Probablemente fue uno de los peores momentos de mi vida", dice Newlin. "Estaba al borde de quebrantarme. Estaba emocionalmente destrozada. Tenía depresiones. Lloraba todo el tiempo."

Pero Newlin encontró su salvación en el trabajo duro. Sin aflojar por un instante, trabajó en su negocio más arduamente que nunca. Estaba tan absorbida por su trabajo, que casi se asustó cuando un día recibió una llamada de las oficinas principales de Reliv.

"Felicitaciones", le dijeron. "Ha llegado al nivel de director de presidencia."

Newlin había alcanzado los u$s 8.000 al mes en bonificaciones, calificando así para el nivel más alto al que se podía llegar en esa compañía. Hacía tan sólo once meses que estaba en el negocio.

"Nunca había estado tan entusiasmada y orgullosa", recuerda. "Saltaba y gritaba. Era algo por lo que había trabajado. Había trabajado más que cualquier otra persona."

Actualmente, Newlin gana más de u$s 100.000 al año. Pero incluso hoy, no tiene ninguna intención de dormirse en los laureles. El objetivo de Newlin es ganar esa cantidad en un mes.

"En poco más de tres años desde que me involucré en esto, nunca he dejado de trabajar", dice. "No espero que todo el mundo trabaje tanto como yo o que haga los sacrificios que yo he hecho, porque tal vez no quieran lo que yo quiero. Pero ya ve, yo lo quiero todo. Y sé que puedo tenerlo."

Rasgo # 7: Increíble persistencia

Muchos distribuidores de red dicen que la persistencia es el factor clave del éxito en MLM. Todos los otros rasgos pueden aprenderse o adquirirse, con tiempo. Pero, a menos que sea perseverante frente a cada obstáculo, ni el trabajo arduo, ni la actitud positiva, ni la piel dura, ni el entusiasmo, ni la generosidad, ni la capacidad de dejarse enseñar tendrán oportunidad de hacer funcionar la magia.

Richard Brooke es un ejemplo. Durante tres años después de convertirse en distribuidor *fulltime*, se mantenía "colgado de los dientes". Acabó pidiendo dinero a parientes, cargando sus tarjetas de crédito hasta el límite, vendiendo su casa, trasladándose al sofá de su hermana, y pidiéndole su coche prestado para moverse. Después de tres años, Brooke debía u$s 25.000 y ganaba unos u$s 4.000 anuales. Su familia sugirió tan sutilmente como pudo, que tal vez era el momento de crecer y conseguirse un trabajo de verdad.

"Sentía mucha presión de mis padres y de mi hermana", recuerda Brooke. "Me dijeron que no estaba funcionando, que no debía confiar en esta gente del MLM, que estaba gastando dinero que no tenía."

Pero Brooke se negó a abandonar.

"Simplemente me mantuve", dice. "Creía que iba a funcionar. Lo había visto funcionar para otras personas."

Le tomó tres años soportar este tormento antes de que su barco llegara a puerto. Pero, la persistencia canina de Brooke finalmente fue recompensada con una riqueza fabulosa.

SÓLO PARA LÍDERES

Si está interesado en el Network Marketing sólo para ganar unos pequeños ingresos, a tiempo parcial, puede hacerlo sin las cualidades de super-hombre descriptas en este capítulo. Pero la posibilidad de construir una riqueza fenomenal depende de su disposición para el sacrificio. Piénselo bien antes de decidir si vale la pena. Es una de las decisiones más difíciles que va a tomar en su vida.

Capítulo 3

CÓMO IDENTIFICAR UNA COMPAÑÍA DE LA *OLA 3*

J erry, estás perdiendo el barco. Si quieres hacer dinero, deberías involucrarte en el Marketing Multinivel."

Corría el año 1983. El ex radical de los años 60, Jerry Rubin se había convertido en la envidia del ambiente de clubes nocturnos de New York, recaudando más de u$s 5.000 por semana en sus reuniones de *yuppies* del Network Marketing. No podía imaginarse cómo podrían mejorar las cosas. Al menos hasta que una noche un amigo lo introdujo a una de las reuniones.

"¿Network Marketing?", dijo Rubin, haciéndose eco de las palabras de millones de Americanos en conversaciones similares. "¿Qué es eso? ¿Es Amway?"

Con una sonrisa amable, su amigo le explicó que él representaba a una nueva compañía que estaba preparándose para revolucionar la industria del Network Marketing. Según el amigo de Rubin, la compañía estaba bien financiada. Los dueños eran grandes inversores con contactos en Hollywod.

"Me comentó que uno de ellos era vecino de Johnny Carson en Beverly Hills", recuerda Rubin. "El otro era dueño del edificio de oficinas más grande de Los Angeles. Decía que iban a profesionalizar el MLM."

Durante días el hombre intentó seducir a Rubin. Le mostró folletos pulidos y brillantes, con testimonios de expertos en medicina, garantizando los productos. Analizó los números con Rubin, probando matemáticamente que podía convertirlo en un hombre rico.

"Comprendí que esto implicaba las mismas habilidades que había utilizado como activista en los años 60", dice Rubin. "En los 60 funcionaban las redes de persona a persona. Una persona le decía a otra que estábamos marchando hacia el Pentágono, entonces esa otra persona se lo decía a otras dos, que se lo decían a cuatro. Yo pensé que podía ser bueno en eso."

Rubin tomó la decisión. Invirtió miles de dólares y semanas de tiempo valioso en la nueva aventura. Y, tal como lo había imaginado, Rubin probó ser bueno. Su negocio de Network Marketing despegó. Miles se unieron a su red.

"Solía haber 200 personas por noche haciendo fila para ver la oportunidad de negocio en mi oficina", dice.

Luego sobrevino el desastre.

"La situación me aplastó", recuerda Rubin. "Un día el teléfono sonó y escuché la voz del hijo del dueño comunicándome que ese día la compañía había entrado en el Capítulo 11 de quiebras. Miré a mi alrededor y vi una oficina de u$s 5.000, a miles de personas que había hecho ingresar al negocio, vi dos armarios llenos de polvos y alimentos, y me enojé, me puse furioso. No solamente había perdido u$s 30.000 de mi propio dinero, sino que había perdido mi negocio anterior, el cual había relegado para dedicarme a este nuevo negocio."

Rubin entró en una profunda depresión. Noche tras noche, se sacudía y daba vueltas en la cama sin poder dormir, preguntándose cómo había podido ser tan ingenuo.

¿Qué había andado mal?

Muchos creen que las historias de horror como la de Rubin prueban que el Network Marketing es para ingenuos. Decididamente, es lo que Rubin decidió creer.

"Durante los tres o cuatro años que siguieron", dice, "muchas personas me llamaban por algo relacionado al MLM. Me llamaban presidentes de compañías, distribuidores exitosos. Simplemente les cortaba."

Pero hay otra cara en la historia de Rubin. Diez años después, se convertiría en uno de los más notorios profesionales del Network Marketing del país. Rubin se hizo conocido públicamente tanto en shows televisivos como en periódicos líderes, por sus defensas del MLM como la salvación de América. Es, además, distribuidor de Life Extension International, con sede en Arlington, Texas.

Obviamente, el problema no era el Network Marketing en sí. Entonces, ¿cuál era?

ESTABILIDAD O NOVEDAD

Rubin tenía todo lo que le hacía falta. Pero había elegido la compañía equivocada. "No existe tal cosa como la gran compañía de MLM", dice John Milton Fogg, editor de la revista Upline. "Los distribuidores son responsables de su propio éxito... Lo mejor que puede hacer una compañía es mantenerse en el mercado."

Desafortunadamente, más del 85 por ciento de compañías de MLM cierran en los primeros cinco años, la mayor parte en los primeros 18 meses, de acuerdo a Corey Augenstein, editor de "Down-line News" (Noticias para Downlines).

Esa es la razón por la cual más y más profesionales del Network Marketing están aprendiendo a valorizar la estabilidad sobre la novedad. En el pasado, por el contrario, andaban saltando de una compañía a otra, tratando de "captar la ola" de la próxima "grande" que apareciera. Temían que si permanecían con una compañía demasiado tiempo, el mercado se saturara, y no pudieran auspiciar nuevos distribuidores. La juventud o novedad era la cualidad más importante que buscaban en una compañía.

Pero la *ola 3* ha modificado esa tendencia. Las compañías más vigentes hoy son aquellas que emplean tecnología, servicios de distribución y técnicas de gerenciamiento innovadoras a fin de asegurar crecimiento y estabilidad a largo plazo.

Esta nueva forma de pensar se refleja en el ranking de las diez compañías top del Network Marketing que presentó la revista *Down-Line News* en enero de 1994. Esta nómina llamada *la lista* incluye empresas ya antiguas como Watkins, Amway, Herbalife, Nu Skin y Shaklee.[9] De las 34 compañías top de este ranking, 15 son clasificadas como antiguas o maduras por la revista MarketWave.

"En lo posible, evite a los que están empezando a funcionar", dice el publicador de *Down-Line News*, Corey Augenstein. "¿Por qué pagar el precio por la curva de aprendizaje de otros?"

EN BUSCA DE UNA COMPAÑÍA DE LA *OLA 3*

Si bien no utiliza el término *Ola 3*, el profesor de marketing de la Universidad de Illinois Charles King, recomienda compañías con muchas de las características precisas de una organización de la *Ola 3*, entre otras: una red de distribución bien desarrollada, sistema avanzado de apoyo al distribuidor, videos de prospección, programas de entrenamiento, y programas sofisticados para la expansión internacional y diversificación de productos.

Todo eso cuesta dinero —la clase de dinero que es más fácil de encontrar en una compañía madura que en una principiante. King recomienda elegir una compañía con trayectoria... y estabilidad financiera. Esto reduce significativamente las posibilidades. De acuerdo a la revista Success, sólo una docena de compañías de MLM han alcanzado la marca de los 500 millones de dólares.

Estoy de acuerdo con el Dr. King. Elija una compañía de Network Marketing por su infraestructura de *Ola 3*, no por su novedad. Este capítulo le enseñará cómo hacerlo.

"MOMENTUM" INFINITO

Una compañía no necesita ser nueva para ser futurista. En verdad, algunas de las más candentes compañías de la *"Ola 3"* actuales, comenzaron como organizaciones de la primera o segunda ola. Actualmente han incorporado innovaciones para disparar un crecimiento de *momentum* infinito, mucho después de que la compañía alcanzó el estado de madurez.

Tomemos a Amway. Después de 33 años en el negocio, usted esperaría que estuviera tan estancada como el Mar Muerto. Sin embargo, las ventas de Amway se han más que duplicado en los últimos tres años. Parte de la razón es su brillante expansión en más de 60 mercados extranjeros. Otra parte, la velocidad asombrosa en la introducción de nuevos productos, gracias al grado de tecnificación y robotización de sus fábricas, capaces de producir más de 400 diferentes productos que abarcan desde tecnología del hogar a cuidado personal. El departamento de desarrollo de Amway garantiza un mercado en continua expansión a partir de una base de consumidores ya existente.

A su vez, Nu Skin Internacional está luchando por lograr el *momentum* infinito a partir de lo que el Dr. King denomina diversificación divisional. Esto significa el comienzo de una división completamente nueva con una línea de producto separada. Es como permitir a sus distribuidores unirse a una compañía de MLM nueva,

sin perder la seguridad de su red previamente establecida. Adicional-
mente a su línea tradicional para el cuidado del cabello y de la piel,
Nu Skin actualmente comercializa su propia línea de vitaminas, y
otros productos para el control de peso y nutricionales, e infinidad
de otros medicamentos de venta libre.

Como resultado, la revista Success ha descripto a Nu Skin como
una de las compañías de Network Marketing más candentes del
mercado, publicando una serie completa de artículos en los que expone
el rápido crecimiento y el nuevo enfoque de *management* de avanzada.
No está mal para una compañía de montaje casero fundada en 1984.

¿A quién creer?

Tarde o temprano, ya sea que usted sea un principiante desconcertado
con su primer video de prospección, o un veterano de 20 años en la
actividad que se despierta por las noches preguntándose si ya es hora
de saltar hacia una nueva compañía MLM, todos en algún momento
se verán a sí mismos enfrentándose con la más solitaria de las preguntas: "¿A quién debería yo creer?"

¿Debe usted creer en su aupiciador, quien continuamente le
asegura que la Compañía X es la mejor del mercado? ¿O debe usted
escuchar a ese distribuidor allí fuera, quien dice que la Compañía X
está saturada y lo instiga a comenzar desde cero en la compañía Y?
¿O debe usted creer en los medios de comunicación, los políticos, los
fiscales? De acuerdo a ellos, toda compañía de Network Marketing
es una estafa en potencia, y ¡usted es un tonto por estar en esta
actividad en primer lugar!

¿A quién creer? No existe ninguna base de datos mágica de dónde
extractar respuestas acreditadas a esta pregunta. Sin embargo, no tiene
que trabajar a ciegas. Existen multitud de herramientas, recursos y
técnicas para facilitar el trabajo. Siga los pasos delineados en este
capítulo, y aprenderá a evaluar profesionalmente una compañía. En
definitiva, no existen garantías de que vaya a tomar la decisión correcta.
Pero al menos la tomará informado. Y esto lo posiciona muy por
delante de la mayoría en esta industria.

PASO # 1: IGNORE LOS "ASCENSOS"...
Y LOS "DESCENSOS"

"Escuche, si pone a Blake Roney en la portada de la revista, va a terminar con un huevo estampado en la cara", me advirtió una misteriosa persona que llamó a mi oficina. "Nu Skin está acabada. Todos los distribuidores de Nu Skin están huyendo hacia la Compañía X. Si usted quiere saber dónde está la acción, eche un vistazo a la Compañía X".

Transcurría el mes de diciembre de 1991. El lugar, las oficinas de la revista Success en Park Avenue. Me habían asignado la edición de la primera cobertura de Success sobre Network Marketing. Intentar decidir a quién poner en la portada demostró ser uno de los desafíos más acuciantes de mi carrera periodística. También me enseñó algunas de las cosas importantes que deben y no deben hacerse en la investigación de compañías que desarrollan el Network Marketing.

La primera regla es, "Aténgase a los hechos, no a las modas emergentes"...

En aquel momento, Blake Roney, fundador de Nu Skin, parecía una buena elección para la portada de Success. Nu Skin era, después de todo, una de las grandes historias de éxito en la historia del MLM. Después de cinco años, alcanzó u$s 230 millones en ventas en 1990. Y la compañía predijo que finalizaría 1991 con unos sorprendentes u$s 500 millones en ventas. Personas de la compañía me aseguraron que Nu Skin era un tema valioso para nuestro artículo, como lo era Valerie Gree, la escritora asignada a la historia.

Pero mis colegas de los medios de comunicación contaron una historia diferente. En meses recientes, una tormenta de artículos y programas de noticias en TV se habían cuestionado la ética de la compañía, acusándola de ser un "fraude piramidal". Estado tras estado, los fiscales generales anunciaban que estaban investigando a la compañía. Naturalmente, los distribuidores de firmas de la competencia, como la misteriosa persona que me llamó de la Compañía X, no perdieron tiempo en subirse al tren y aprovechar la situación.

Mi dilema era parecido al que se enfrenta un posible distribuidor. ¿Estaba Nu Skin realmente acabada? ¿Era realmente verdad toda la mala prensa? Igual que un posible distribuidor, tenía que abstraerme de la corriente del momento y atenerme a los hechos.

PASO # 2: EVALÚE EL PRODUCTO

Antes de firmar con una compañía, pregúntese a sí mismo: "¿Puedo vender este producto?".

Piense cuidadosamente sobre este aspecto. No es lo mismo que preguntar: "¿Se venderá este producto?" Sólo porque vea a *otros* venderlo fácilmente no quiere decir que *usted* pueda hacerlo.

"Debe apasionarse por el producto" dice el Dr. Srikumar Rao, una de las principales autoridades en Network Marketing. "Debe tener entusiasmo y sentirse emocionalmente ligado a él".

Según Rao, los mejores productos para el Network Marketing son aquellos que no se pueden encontrar en un negocio. "Los productos de salud y belleza son excelentes", dice Rao, "porque su atracción se basa firmemente en la percepción y mística personales."

"Una compañía estaba vendiendo una fórmula que se suponía rejuvenecía", dice Rao, "probé el producto durante un mes y no ocurrió nada. Pero hablé con algunas otras personas que juraban por él y decían que les había hecho desaparecer la bursitis y la artritis". Esto es lo que usted está buscando, productos por los que la gente jure que hacen cosas como esas. Así es como se forma un núcleo de consumidores incondicionales.

Sin embargo, Rao advierte a los distribuidores que no crucen la fina línea que separa la mística de las proclamas médicas inciertas. El testimonio personal auténtico está bién, como "Esto es lo que el producto ha hecho por mí". Prometer a los demás que conseguirán los mismos resultados puede producirle inconvenientes.

Asegúrese que la compañía esté dentro de las normas de la FDA respecto de las promociones de su producto, aconseja el editor de Down-Line News, Corey Augenstein.

Augenstein también aconseja a los futuros distribuidores que se aseguren que el producto no esté demasiado sobrevaluado respecto de artículos similares vendidos en otros lugares. Es mejor que la compañía tenga una patente o monopolio de distribución sobre el producto, aunque con frecuencia no es este el caso.

Poder del producto

Al investigar Nu Skin Internacional, una de las primeras cosas que descubrí fue que el alza tan fenomenal de la compañía era debido casi enteramente a la fortaleza de su producto.

Como otros inventores, desde Henry Ford a Bill Gates, Blake Roney empezó con una magnífica obsesión por crear un producto mejor; en este caso, se trataba de un mejor producto para el cuidado de la piel. Con tan sólo 24 años, el graduado universitario "sin un centavo" reunió a unos cuantos amigos, una idea loca y u$s 500 en efectivo para construir uno de los más grandes imperios en la historia del cuidado de la piel.

De lo bueno, todo. De lo malo, nada

Durante el verano, antes de comenzar la facultad de Derecho, Roney tuvo varios trabajos en ventas, mientras su esposa, una estudiante de enfermería, hacía sandwiches en un local de Arby's. Tenían poco dinero. Roney sabía que tendría que sobrellevar muchos años de sacrificios antes que su sueño de éxito en los negocios se hiciera realidad.

Pero un día su hermana Nedra le dijo algo que cambiaría su vida. Le dio su opinión acerca de que todas esas compañías de productos para el cuidado de la piel tan glamorosas, enormes y multimillonarias solo vendían basura. "Inventa una crema para la piel que funcione de verdad", dijo Nedra, "y te harás rico de la noche a la mañana".

Esto era difícil de creer para Roney, pero hizo algunas investigaciones.

"No había ningún producto en el mercado que tomara ventaja de la tecnología", dice Roney. "La mayoría de ellos ponían sólo un poco de aloe vera, vitamina E o A. Pero el resto era relleno, aceites, minerales, cera de abeja u otras sustancias que pueden incluso ser perjudiciales o envejecer la piel."

"Hicimos una lista con todo lo que se sabía que era bueno para la piel, docenas de ítems" dice Roney, "y después listamos las que eran malas. Sólo incorporamos las buenas a nuestro producto. Nuestro lema era «de lo bueno todo, de lo malo nada», sin importar el costo".

Vender la visión

Al principio, Roney encontró poco apoyo para su idea.

"¡Ridículo!" dijeron los profesores de marketing a los que consultó. "Esa no es la forma en que se comercializa un producto para el cuidado de la piel!"

"Es una idea curiosa joven", dijeron los propietarios de las fábricas a las que llamó, "pero elaborar su fórmula nos costará tres veces más que otros productos para el cuidado de la piel. No estamos interesados. Va a perder hasta la camiseta".

Pero Roney siguió insistiendo. Utilizando un directorio de números 0800 para ahorrar en sus llamadas de larga distancia, se comunicó con todas las plantas cosméticas y químicas del país. Le llevó meses de sondeo antes de poder encontrar a alguien que quisiera escuchar. Pero finalmente encontró una fábrica que estaba dispuesta a fabricar esta fórmula única.

Fortaleza frente a la adversidad

La fortaleza del producto Nu Skin lo llevó a través de todas las adversidades. En manos de sus jóvenes e inexpertos directivos, Nu Skin podría haberse hundido antes siquiera de abandonar el puerto. Pero el producto por sí mismo mantuvo a la compañía a flote.

El primer obstáculo fue la falta de dinero. Los jóvenes socios, Roney, su hermana y Steven Lund un joven abogado amigo de Roney, no podían ni siquiera afrontar el pago por el primer envío de la fábrica. Pero, desde el momento en que sus primeros distribuidores fraccionaron el producto, ventas colosales mantuvieron a la compañía en el mercado.

"Invitamos a la gente a nuestras casas", dice Roney, "y les dijimos que tenían que traer sus propios recipientes a fin de que transvasáramos producto de los envases contenedores. Venían con recipientes de todos tipos, y los llenábamos con producto. El primer envío se vendió apenas llegó. Dos horas después, se nos había acabado".

Roney dice que se dio cuenta en esas primeras semanas, que su producto sería exitoso. "De pronto vimos el brillo en sus ojos", dice. "En cuanto hubo una docena de personas que probaron el producto y volvieron con fuego en sus ojos, supe que iba funcionar".

En ese momento fue cuando comenzaron los obstáculos.

"Fue una pesadilla", recuerda Roney.

Se extendió de boca en boca por todo el país como un rayo. Llovían llamadas de cientos de extraños desde estados lejanos, pidiendo enojadamente envíos de producto que Roney no tenía.

"Cada vez que ingresaba un pedido a la fábrica, ya estaba vendido", dice Roney. "Contestaba llamadas de distribuidores molestos todo el día, intentando aplacarlos".

Tarde por la noche, después de las reuniones de distribuidores, Roney y su hermano Brooke enviaban partidas del producto, mientras otro socio, Sandy Tillotson, canalizaba las llamadas encolerizadas.

"Teníamos que disimular de alguna manera" dice Roney. "Tenía que parecer que teníamos mayor control de la situación del que realmente teníamos."

El grupo de empresarios tenía que reunirse en restaurantes para que la gente no viera que estaban funcionando en un sótano alquilado. Fotocopiaban sus folletos en Kinko y sellaban su producto en envases de cosméticos usados, después de limpiar el nombre anterior con acetona.

El noventa y nueve por ciento de las compañías multinivel surgen y desaparecen en ocho meses", dice Roney. "Durante los tres primeros años, me levantaba todas las mañanas preguntándome si duraríamos otra semana más".

Tan absortos estaban en sus tareas, que cuando el dinero comenzó a fluir, los tomó totalmente desprevenidos —u$s 100.000 en beneficios sobre ventas mayoristas durante el primer año.

Hoy en día, 10 años después de su fundación, Nu Skin tiene más de 100.000 distribuidores activos, 1.400 empleados, oficinas principales con paredes de cristal de 10 pisos de alto y 13.700 metros cuadrados, y un enorme centro de distribución en Provo, Utah.

"¿Qué fue lo que nos mantuvo vigentes?" dice Roney. "Simplemente sabíamos que compraríamos este producto nosotros mismos si alguien viniera y nos lo mostrara. El sentido común me decía que si yo quería usarlo, habría muchísimos más que también querrían hacerlo".

PASO # 3: VERIFIQUE LA INFORMACIÓN PUBLICITARIA

No todas las compañías de Network Marketing son lo suficientemente grandes o famosas como para dejar un "rastro publicitario" en los medios de comunicación. Pero no está de más verificarlo. En esta Era de la Información, chequear los recortes de prensa se ha hecho tan fácil como hacer una llamada telefónica o presionar unas cuantas teclas de una computadora.

Si tiene una PC y un modem, puede suscribirse a Compu Serve, Dialogue o Lexis/Nexis. Si no, siempre puede llamar a un servicio como Mead Data Central. Harán una búsqueda Lexis/Nexis para usted en nombre de la compañía y de sus fundadores, y le enviarán la información por fax en 24 horas o menos. Estos servicios tienen artículos de los periódicos y revistas principales. Sin embargo, para notas del Wall St. Journal, tiene que utilizar un servicio especial llamado Journal Finder.

Si acierta y encuentra algunos artículos sobre la compañía que usted investiga, tenga cuidado. Utilícelo en su real valor, pero no acepte lo que le digan como verdad ineludible. En primera instancia porque los periodistas pueden cometer errores. Otra razón es que revistas, diarios y cadenas de televisión son negocios como cualquier otro. Sus clientes son las empresas que hacen propaganda. Y, como el editor de MarketWave Leonard Clemens expone elocuentemente, "No está dentro de los intereses de los medios de comunicación promocionar una industria como el Network Marketing, que no utiliza publicidad".

PASO # 4: CONSULTE A INVESTIGADORES DE LA INDUSTRIA

Con frecuencia se necesita a alguien que esté en el tema para que lo guíe por el laberinto de chismes, rumores e insinuaciones que enturbian el verdadero valor de una compañía de Network Marketing. En la actualidad existen varios prominentes expertos compitiendo (consciente o inconscientemente) por el título de "Ralf Nader del Network Marketing". Entre los mejores se encuentran Corey Augenstein, Kent Ponder y Leonard Clements.

Estas personas estudian compañías de Network Marketing desde el punto de vista del consumidor, es decir, del distribuidor. Ellos pueden develar los misterios de los planes de compensación, ir más allá de las corrientes y revelar los aspectos ocultos que puedan existir. Varios de ellos publican sus resultados en boletines propios y revistas informativas.

PASO # 5: ENCUENTRE LOS ASPECTOS OCULTOS

Los profesionales experimentados siempre hacen sus deberes antes de realizar cualquier acuerdo comprometedor. Chequean a los posibles clientes o socios, utilizando multitud de herramientas y técnicas estandarizadas. Estos mismos métodos pueden aplicarse a la investigación de cualquier oportunidad de Network Marketing. No garantizan la asociación. Pero disminuyen drásticamente las oportunidades de pasar por alto cualquier aspecto grave y oculto que pueda esconder una compañía.

"Si usted fuera propietario de un vídeo club", dice Leonard Clements, editor de Market Wave, "y un proveedor le ofreciera como un gran negocio comprar 1.000 copias de Ishtar, y usted las compra a ciegas, y más tarde se da cuenta que sólo puede alquilar una de ellas, ¿denunciaría al proveedor que se las vendió? Seguramente algunos lo harían. Pero, ¿quién es el que tendría que haber leído las crónicas, hablado con los críticos, llamado a otros videoclubs o simplemente haber visto la película primero? ¿Quién es realmente el responsable?".

Su primer paso debe ser verificar la solidez financiera de la compañía. Muchas de las compañías de Network Marketing en desarrollo desaparecen por falta de capital. Utilizan los beneficios de las ventas de hoy para comprar mercadería, esperando poder cubrir todos sus pagos a los distribuidores con el dinero del mes entrante. Algunas veces lo consiguen, si las ventas crecen lo suficientemente rápido. Pero con mayor frecuencia, este juego de ruleta rusa termina en el Capítulo 11 de Quiebras. Los distribuidores tienen que esperar cada vez más tiempo por sus cheques, mientras los ejecutivos de la compañía dilatan el asunto, esperando que entren más ventas. Muy pronto, el castillo de cartas se derrumba.

Si usted está muy interesado en una compañía que cotiza en bolsa, todo lo tiene que hacer es pedir un reporte de Dun & Bradstreet, o solicitar una memoria anual de la misma compañía. Dun & Bradstreet está disponible sólo para suscriptores, pero su banquero o abogado probablemente pueda conseguirla por unos u$s 200.

Desafortunadamente, las compañías privadas no tienen la obligación de divulgar sus balances. Pero determinados indicadores vitales le proporcionarán las claves sobre su verdadera solidez financiera.

Comience por la oficina del Fiscal del Estado y la oficina local de Better Business Bureau (Despacho para Mejores Negocios). Puede obtener de ellos un informe sobre cualquier queja formulada contra la compañía en el pasado. El Dr. Rao sugiere también verificar en el Departamento de Defensa del Cosumidor local.

"Investigue en tres o cuatro estados diferentes en los que la compañía tenga un gran número de distribuidores", dice Rao, "no sólo en el estado donde tenga sus oficinas principales".

No se olvide de verificar con las organizaciones de comercio. Los dos grupos principales que tratan con el Network Marketing son la Asociación de Venta Directa de Washington, D.C. y la Asociacion Internacional de Network Marketing (MLMMIA) en Irvine CA. Ellos le informarán si se han registrado problemas serios con la compañía.

Recuerde que incluso las buenas compañías pueden tener muchas quejas archivadas. Lo que a Ud. le interesa saber es cómo resolvieron la situación.

Mantenga los cuestionamientos en una perspectiva apropiada

En 1986, el Better Business Bureau de Austin recibió una serie de acusaciones contra cierta compañía de venta de computadoras por correo. Parecía el típico esquema de estafa, con quejas que iban desde la entrega de equipos defectuosos hasta problemas con las devoluciones y créditos. La oficina fiscal general de Texas lanzó una investigación. Se consideró iniciar acción legal. Pero finalmente el gobierno se detuvo, después que la compañía aceptara limpiar su imagen instituyendo una garantía de un año, un número telefónico gratuito para efectuar reclamos y un aumento de la cantidad de personal de apoyo al cliente.

"No nos pareció que fuera un caso de prácticas comerciales deshonestas", concluyó Allison Hall del despacho del fiscal general de Texas. "Era más como si no tuvieran el negocio bajo control. Mi impresión fue que los propietarios, su abogado y todos los demás eran como niños. En realidad son un grupo joven".

Fui consciente de esta situación cuando escribí un perfil sobre esta compañía para la revista Venture en 1987. La investigación preliminar de los medios de comunicación mostró todos los aspectos negativos. Pero sabiamente, mi editora me dijo que no los tuviera en cuenta. Ella dijo que estos problemas eran típicos de las compañías de rápido crecimiento iniciadas por emprendedores jóvenes e inexpertos.

¿La compañía? Era Dell Computer. Cuando escribí mi perfil, las ventas eran de tan sólo u$s 75 millones. En 1992, habían saltado a u$s 2.000 millones. No está mal para una compañía iniciada por un estudiante universitario de 19 años, que vendía computadoras en la parte trasera de su furgoneta. Michael Dell aparece ahora de manera rutinaria en la portada de publicaciones como Business Week y el Wall Street Journal. De hecho la revista Inc. lo nombró Empresario del Año en 1991. Y nadie ha oído el menor comentario por parte de ningún fiscal general durante los últimos siete años.

"Cuando se crece de cero a u$s 7 millones en ventas en un par de meses", explica Den, "puede ocurrir, y de hecho ocurrirá, cualquier cosa".

Acepte las dificultades del crecimiento

El ejemplo de Dell Computer me enseñó una importante lección sobre cómo dirigir una investigación: ser permisivo con la etapa joven de una compañía.

En 1991, una investigación minuciosa me convenció de que Nu Skin estaba padeciendo dolores de crecimiento normales. La mayor parte de la mala prensa estaba provocada por una fuerza de ventas indisciplinada. Los distribuidores asociaban nuevos distribuidores con expectativas de ingresos irreales o utilizaban tácticas de venta agresiva a fin de que los principiantes "cargaran" con más mercadería de la que podían afrontar. Nu Skin respondió aumentando su disciplina, liberalizando su política de devoluciones, e introduciendo un plan de compensación más generoso. Impresionados con la reforma de la compañía, cinco o seis fiscales generales retiraron sus investigaciones, mientras aún se estaba escribiendo el artículo para Success.

Decidí entonces que la sorprendente historia de Nu Skin, bien merecía la cobertura de la revista Success, y que el rostro de Blake Roney merecía ser mostrado en la portada de la revista. El tiempo ha revelado la justicia de mi decisión. Después de nueve años en negocios, Nu Skin todavía está fortaleciéndose —una de las pocas compañías de Network Marketing que pueden presumir de tal longevidad.

Al investigar una compañía, nunca debe ignorar signos de peligro tales como procedimientos legales, rumores y escrutinios reguladores. Verifique cada alegato. Pero recuerde que la controversia no sólo es inevitable en una compañía joven de crecimiento rápido; puede ser también un signo distintivo del éxito.

Testimonios de personas y testimonios escritos

"El éxito de cualquier investigación depende de una hábil interrelación entre los testimonios de las personas y los testimonios escritos", dice Dennis King, autor de "Get the Facts on Anyone" (Obtenga los hechos sobre todas las personas).

Las "pruebas documentadas" de cualquier compañía MLM consisten en informes legales y financieros. Los "testimonios de personas" comprenden: proveedores, distribuidores, oficiales de la compañía, abogados, banqueros y contadores.

Comience por las pruebas escritas consiguiendo un informe de créditos de la compañía (por ejemplo de la agencia de informes sobre créditos TRW). Pida a su asesor bancario que lo ayude. Algunos bancos incluso proporcionan un informe de créditos a sus clientes como cortesía. Analice pagos tardíos a proveedores. Puede también llamar a los proveedores directamente para determinar si la compañía es considerada como un cliente confiable.

A continuación, debe pedir a la compañía los nombres y números de teléfonos de su abogado, su banco y su contador. Si la compañía no tiene nada que ocultar, le concederá esta petición sin poner obstáculos.

Llame al banco primero. Pregunte si la compañía tiene algún préstamo y, si es así, si cumple con sus pagos en término. ¿Ha solicitado crédito?, y ¿le fue concedido o rechazado?

"Pregunte al contador si la compañía tiene problemas financieros", sugiere Rao. "Por supuesto, él nunca va a hablar mal de su cliente. ¿Pero le dará un informe extenso, o simplemente dirá que está bien?".

Rao sugiere además, solicitar al contador de la compañía un informe de pérdidas y ganancias.

"Nueve de cada diez veces, le contestará que no", dice Rao,

"¿pero qué puede usted perder? Al menos, la llamada será una oportunidad de preguntar abiertamente si la compañía tiene algo que ocultar. Uno nunca sabe. A lo mejor se lo dice".

Haga lo mismo con el abogado de la compañía.

"Pregúntele al abogado por cuánto tiempo ha representando a la compañía", dice Rao. "Después pregúntele si la compañía tiene abierto alguna proceso ya sea como acusado o como acusador, y cuántos litigios ha habido contra la compañía."

"Si el abogado no dice nada, intente clarificar abiertamente si su cliente tiene algo que ocultar. Escuche atentamente su respuesta. Las pequeñas nimiedades pueden revelar mucho".

Afortunadamente, usted no depende del abogado de la compañía para obtener esa información. Puede obtener un historial de litigios por u$s 60 a u$s 80 en el Servicio Financiero y Legal de su estado. La búsqueda debe realizarse en la localidad en la que esté radicada la compañía. Le mostrará qué jurisdicción llevó el caso y qué tipo de delito se cometió, ya sea criminal o civil.

"Aquí surgirán muchos pequeños elementos que no figuraban en el informe de créditos", dice Rao, "como el chico que proveyó las flores para la reunión anual y nunca las cobró. Busque, si existe, un patrón de situaciones abusivas".

Ahora chequee los juicios. ¿Ha habido decisiones negociadas? ¿Por qué razón y qué monto? ¿Existe algún embargo federal o nacional?

El informe de crédito también señalará los juicios o procesos legales pasados.

"Cuando verifique el historial legal", aconseja Rao, "asegúrese de hacer lo mismo con las personas que fundaron la compañía".

Todo esto acabará costándole varios cientos de dólares y mucho tiempo. Depende de usted cuán exhaustiva quiera hacer la investigación.

Usted encontrará que es mucho más simple contratar a un investigador privado. Un chequeo de antecedentes del fundador de alguna compañía puede ser hecho en forma rápida y sin gastos. Por ejemplo, las páginas amarillas tendrán listados de investigadores privados en su región, los que también pueden obtenerse vía Internet, en la página de Wave 3, en http: // members.aol.com / wave3page / wave3.html.

Por supuesto, muchos se sentirán satisfechos apoyándose en unas pocas referencias y gran cantidad de intuición. Esto también es correcto, si elige correr el riesgo. Pero recuerde la advertencia de Corey Augenstein:

"Al asistir a reuniones de oportunidades o hablar por teléfono, usted plantea muchas de estas preguntas", dice Augenstein, "y ellos simplemente no tienen todas las respuestas".

PASO # 6: EVALÚE EL SISTEMA DE APOYO

Lo que hace que el marketing de red funcione, es la división de tareas entre el distribuidor y la compañía a la que se asocia. Una buena compañía se ocupa de todo, excepto vender y prospectar. Esos son sus trabajos. Si usted se encuentra protestando y enfadándose sobre aspectos tales como el envío del producto o, Dios no lo quiera, cheques de comisiones impagas, eso significa que su compañía no está proporcionando un apoyo adecuado.

Una organización de la *Ola 3*, por definición, es la que emplea gran cantidad de dinero, esfuerzo, integridad y tecnología para hacer que esta división de tareas sea lo más limpia posible. Sólo algunas compañías de avanzada se aproximan al ideal descripto. Pero, con la revolución de la *Ola 3* progresando a pasos agigantados, no pasará mucho tiempo hasta que este ideal se convierta en el estándar.

Para medir el nivel de apoyo al distribuidor de una compañía, formule las siguientes preguntas:

Telecomunicaciones

- ¿Proporciona la compañía un servicio de llamadas en conferencia, con tarifas reducidas, para ser utilizado al trabajar con sus *uplines* o *downlines* en ventas, prospección o entrenamiento? (Ver el Capítulo 7 para una discusión de las llamadas en conferencia).
- ¿Proporciona un servicio de correo de voz telefónico para los distribuidores, al que se pueda acceder por medio de un número 0800?. El servicio telefónico de voz refuerza notablemente su habilidad para comunicarse con sus *downlines* y prospectos (Ver Capítulo 8 para una discusión sobre el servicio telefónico de voz).

- ¿Le permite el servicio telefónico de voz de la compañía realizar informativos para todo el grupo?
- ¿Le proporciona el servicio telefónico de voz capacidad de proceso de la voz (es decir, la capacidad para hacer escaneos rápidos, conservar algunos mensajes mientras se borran otros, hacer pausas, repetir o enviar mensajes a otras personas)?
- ¿Proporciona informativos vía satélite para ventas, formación y prospección de clientes?

Soporte administrativo

- ¿Mantiene la compañía un servicio permanente de información en línea para responder a las preguntas de los distribuidores sobre productos u otros temas de la organización?. Esto es necesario no sólo para su propia información personal, sino para la de sus *downlines*, para que no tengan que molestarlo cada vez que les surja una duda.
- ¿Le proporciona toda otra información importante para administrar su red, como mapas actualizados y volumen de ventas de grupo, vía fax o servicio telefónico de voz?

Entrega del producto

- ¿Se encarga la compañía de entregar los pedidos de producto a sus *downlines* y clientes? Si tiene que hacerlo usted mismo, se encontrará llevando adelante un almacén, en lugar de un negocio de marketing de red. Una compañía de la *Ola 3* se hará cargo de todos los problemas de entrega de pedidos, incluyendo procesamiento de tarjetas de crédito, impuestos sobre ventas y devolución de productos, resolviéndolo por usted.
- ¿Le proporciona un número 0800 que sus *downlines* y clientes minoristas puedan utilizar para hacer pedidos?
- ¿Ofrece la compañía un servicio de entrega automatizado? El Programa de Entrega Automático de Nu Skin (A.D.P.), por ejemplo, ingresa pedidos mensuales para los productos de mayor uso, ahorrándole la molestia de repetir la orden constantemente.

- ¿Puede pedir una unidad del producto por vez, si es lo único que desea? ¿O debe usted comprar una cantidad mínima determinada?
- ¿Acepta la compañía pedidos con tarjeta de crédito por teléfono? ¿Cheques personales?
- ¿Se pueden hacer pedidos de productos las 24 horas del día?.
- ¿Con qué rapidez satisface los pedidos? Todos los productos deberían salir de los almacenes en las 24-48 horas siguientes al ingreso del pedido. También debería tener la opción de que se lo envíen por Correo Express u otro servicio de flete, si está dispuesto a aceptar la tarifa.
- ¿Ofrece la compañía confirmación inmediata de pedidos vía fax o servicio telefónico de voz?

Soporte de ventas/marketing

- ¿Proporciona la compañía teleconferencias o conferencias vía satélite para prospección y entrenamiento? (Ver Capítulo 7)
- ¿Proporciona videos de contacto, cassettes y otros materiales de marketing que lo ayuden a vender la oportunidad?
- ¿Vende estos materiales baratos? El precio debería ser el de costo o cercano a él. La compañía no debería estar en el negocio de venta de materiales de marketing. Si los compra por mayor, los cassettes no deberían costar más de u$s 2 y. los videos no más de u$s 7.
- ¿Proporciona la compañía informes de seguimiento de los hábitos de compra de sus clientes?

Formación

- ¿Proporciona la compañía programas de entrenamiento para los distribuidores? ¿Con qué frecuencia? ¿Son gratuitos? ¿Están disponibles en regiones y ciudades cercanas?
- ¿Están estos seminarios formativos y motivacionales disponibles vía servicio telefónico de voz o vía satélite?
- ¿Tiene boletines informativos, videomagazines u otras comunicaciones internas para mantener a los distribuidores informados?

Expansión Internacional

- ¿Tiene la compañía un programa de expansión internacional, que permita a los distribuidores construir redes en países extranjeros, sin la complicación de impuestos, licencias y conversión de moneda?

PASO # 7: Evalúe el Plan de Compensación

En Network Marketing, el *plan de marketing o plan de compensación* se refiere a la forma en que el distribuidor es compensado. Usualmente, un distribuidor obtiene ingresos de cuatro fuentes diferentes: 1) *beneficios por ventas al por menor*, que es el dinero ganado por la venta del producto directamente a clientes; 2) *beneficios por ventas al por mayor*, que es el dinero ganado a través del movimiento de producto por parte de los distribuidores de la red; 3) *residuales*, que es un porcentaje de los beneficios por el movimiento de producto por parte de las "patas" de la red que se han independizado (ver Apéndice para una explicación completa de "residual"); y (4) *bonos especiales*.

Antes de elegir una compañía, hágase a sí mismo algunas preguntas sobre el plan de marketing. Primero, ¿le deja el margen entre los precios de venta al por mayor y menor un beneficio adecuado para sus ventas al por menor? También, ¿le asegura el margen entre el descuento sobre ventas al por mayor que obtiene de sus *uplines* y los descuentos que da a sus distribuidores, un beneficio sobre venta al por mayor adecuado?

Segundo, ¿tiene la compañía un plan de pago de liderazgo por romper o calificar una pata en la tabla de bonificaciones? ¿Es este plan ventajoso?

Con unas cuantas excepciones espectaculares, la mayor parte de los planes de compensación en MLM pagan más o menos lo mismo una vez superada la tabla de bonificaciones. Lo más importante que debe buscarse es cualquier evidencia de *sobrestockeo* inducido, también conocido como sobrecarga frontal. Esto significa cualquier tipo de requisito incorporado en el plan que lo presione a gastar enormes cantidades de dinero almacenando productos. Este es un tema más complicado de lo que normalmente se considera en los libros de Network Marketing. (Ver el apéndice para una discusión completa sobre planes de compensación y sus diferentes trampas y fortalezas).

PASO # 8: TENGA EN CUENTA LA FASE DE CRECIMIENTO DE LA COMPAÑÍA

Como mencioné anteriormente, la fase de crecimiento de una compañía dentro del ciclo de desarrollo, fue en algún momento el primer criterio para que los profesionales del Network Marketing seleccionaran una oportunidad. Pero la *Ola 3* ha cambiado todo eso.

Para empezar, la revolución con sus nuevas alternativas *amigas del usuario* ha abierto el negocio a millones de nuevos potenciales distribuidores. Las compañías ya no tienen que luchar tan arduamente con el mismo grupo estancado de adictos crónicos al MLM. Las compañías de *Ola 3* se dirigen a profesionales, propietarios de pequeños negocios y otras zonas vírgenes. Así, ya no hace falta que se considere a una compañía saturada simplemente porque la caravana de adictos se ha movido al siguiente espejismo.

De hecho como señala Leonard Clements de Market Wave, el mercado de los profesionales potenciales de MLM de hoy día comprende cualquier hombre o mujer habilitado de Estados Unidos y más aún, del mundo. Los expertos calculan que debe haber de 6 a 7 millones de distribuidores actualmente en Estados Unidos. Esto nos deja más de 250 millones de americanos que nunca lo han intentado, personas factibles de ser contactadas a través del nuevo estilo de Network Marketing, que protege al usuario. Una compañía *Ola 3* no puede realmente estar saturada hasta que se haya agotado ese enorme mercado virgen.

Otro progreso es una nueva perspectiva sobre el ciclo de crecimiento en sí mismo. Tradicionalmente, los profesionales del *networking* han visto a una compañía pasar por cuatro fases de crecimiento diferentes, que el profesor de marketing Charles King ha denominado: fase de formulación, fase de concentración, fase del *momentum* y fase de estabilidad.

Como se puede observar en la figura 3.1, la fase de más rápido crecimiento es la fase del *momentum* que se da después de que la compañía ha excedido los u$s 50 millones en ventas. Este es el momento en que comienza el crecimiento exponencial, cuando los pocos afortunados que entraron en la compañía justo antes de esa etapa pueden forjarse fortunas de la noche a la mañana.

Pero los distribuidores de *Ola 3* se han vuelto mucho más alertas acerca de los aspectos negativos de la fase de crecimiento exponencial

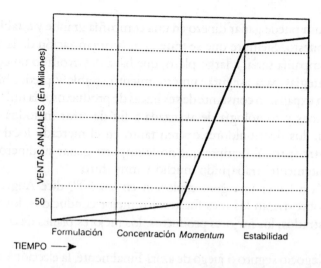

Fig. 3.1: Las cuatro fases de crecimiento de una compañía MLM.

ubicada en algún lugar entre la fase del *momentum* y la de estabilidad; el Dr. King. Leonard Clements llama a esta etapa, fase de escrutinio.

Esta es la fase en que los inspectores y los fiscales empiezan a notar al "chico nuevo del barrio". Es entonces cuando los burócratas del gobierno empiezan a fijar miradas codiciosas en las grandes cuentas bancarias de la compañía, soñando con todas las multas que pueden imponer. Es entonces cuando comienzan las investigaciones y la mala prensa.

Amway, Herbalife, A.L.Williams, Nu Skin, todos los grandes han pasado por la fase de escrutinio, y la han dejado atrás. Han saltado por los mortales aros y han vivido para contarlo. Los que han sobre-vivido a la fase de escrutinio forman una lista muy pequeña.

"Si tuviera que elegir una etapa como la óptima", dice Leonard Clements, "diría que es seis meses antes del comienzo del *momentum* en una compañía que vaya a durar al menos 30 años. Pero esto es en cierta forma como decir que el mejor momento para invertir en acciones de una compañía es justo antes de que suban los valores. Nadie puede predecirlo".

En Network Marketing, como en el mercado bursátil, sencilla-mente usted tiene que preguntarse a sí mismo si es un especulador de alto riesgo o un inversor de mercados ya probados. Evidentemente, "la hará grande" si puede de alguna manera identificar la nueva Amway o NuSkin previo a su *momentum*. Pero es mucho más probable que se pase año tras año saltando de una compañía a otra, hasta que finalmente desista del Network Marketing por completo.

¿Aún puede ganar dinero en una compañía grande y establecida? Por supuesto. Siempre que se trate de una organización de la *Ola 3*. Una compañía seria, a largo plazo, que haya desarrollado un cúmulo de estrategias para asegurar un crecimiento estable y predecible mediante la expansión constante de sus líneas de productos, y la utilización de sistemas y tecnología de avanzada a fin de crear métodos fáciles para que los distribuidores operen tanto en el mercado local como en el extranjero. Y siempre que no le importe ganar su dinero lenta y pacientemente, trabajando mucho y muy duro.

"Va a haber una gran explosión en los 90", dice Augenstein. "Sólo sobrevivirán los más fuertes, los mejor conducidos, los mejor administrados, los mejores productos, los mejores planes de compensación".

¿Negocio seguro o juego de azar? Finalmente, la elección es suya.

Aténgase a los hechos

Aristóteles Onassis escribió que "el secreto de los negocios es saber algo que nadie más sepa".

Esto es tan verdad en el Network Marketing como en cualquier otra industria. Pero el conocimiento no cae de los árboles como la manzana de Newton. Hay que ir tras de él. El precio del conocimiento son largas horas de dolorosa investigación. No crea en rumores. Ignore la prensa. Cierre sus oídos a amigos y colegas sabelotodo. Aténgase a los hechos.

Algún día cercano, ellos se rascarán la cabeza preguntándose cómo hizo usted una suposición tan "afortunada".

___

9) Los nombres de compañías son dados en este capítulo y en este libro entero, sólo con propósitos ilustrativos. Personalmente, el autor no apoya a ninguna compañía en particular. La apropiada intuición del lector debería ser su propia guía al elegir una oportunidad MLM.

ORGANIZACIÓN

Capítulo 4

LAS SIETE TRAMPAS MORTALES PARA EL PRINCIPIANTE

Digamos que Ud. acaba de firmar por una oportunidad de Network Marketing. Ha redactado su "lista caliente", que incluye a todas las personas que conoce de cerca. Entonces, Ud. se encierra en su estudio y toma el teléfono para empezar a llamar.

Entonces, se queda paralizado.

"No sé que decir", se da cuenta con horror. "Necesito un guión para contactar".

Así que llama a su auspiciador, y lo acosa con preguntas durante una hora. Consulta un par de libros sobre *cómo hacerlo* y escucha una y otra vez una cinta sobre técnicas de contacto. Varios días después, se dirige nuevamente al teléfono. Entonces comienza a marcar un número y su mano se paraliza antes de terminar.

"Pero, ¿qué haré si mi prospecto dice no?", piensa. "Necesito saber cómo manejar sus objeciones".

Así que llama a su auspiciador de nuevo. El o ella le da algunas respuestas inteligentes a las objeciones más comunes. Usted escribe con cuidado todos sus guiones y los dispone frente a Ud. alternándolos en diferentes patrones. Entonces se dirige una vez más al teléfono.

"¡Espera un momento!" le grita una pequeña voz interior. "¿Y si mi prospecto pide una descripción detallada del plan de conpensación? ¿Tiene la compañía un video para explicarlo? Mejor llamo a mi auspiciador".

EMPEZAR: EL MAYOR OBSTÁCULO

"Nunca se intentará nada", dijo Samuel Johnson, "si primero hay que superar todas las objeciones posibles".

El mayor obstáculo en Network Marketing es empezar. La indecisión elimina del camino a muchos nuevos distribuidores antes de hacer su primera llamada telefónica. El desánimo diezma al resto. Cuando acaba el primer año, más del 90 por ciento de nuevos socios de MLM han simplemente desistido.

"He tenido gente que desistió después de 30 días, y me dijeron, "Lo siento, pero lo di todo" dice Mark Yarnell. "¿Pero cómo puede haberlo dado todo en 30 días? En 30 días ni siquiera ha aprendido a superar objeciones. He llegado a un punto en que, si la persona no se compromete por un año, me niego a auspiciarla".

¿Por qué tantos aspirantes a ser profesionales del marketing de red abandonan incluso antes de haber empezado apropiadamente? En la mayoría de los casos, es porque han sucumbido a una o más de las Siete Trampas Mortales para el Principiante, una variada gama de malos entendidos, pérdidas de tiempo y estrategias defectuosas que garantizan el fracaso de cualquier negocio de MLM antes de que comience a florecer.

Sólo con evitar estos siete peligros usted podrá dar a su flamante negocio una considerable ventaja competitiva. Son los siguientes:

Trampa # 1: Reinventar la rueda

"Hay tres cosas que la gente necesita saber para hacer el negocio", opina Doris Wood, presidente de Multilevel Marketing International Association (MLMIA). "Una es cómo vender, otra cómo auspiciar y la tercera cómo entrenar a las personas que patrocina para vender, auspiciar y entrenar".

En su raíz, el Network Marketing es un proceso sencillo. Cuanto más sencillo lo mantenga, más cerca estará de sus objetivos reales. Sin embargo, distribuidores sin experiencia están siempre buscando formas de complicar el negocio. En vez de seguir procedimientos probados como verdaderos que les enseñan sus patrocinadores, ellos pierden un tiempo y energía preciosos intentando reinventar la rueda.

Los nuevos distribuidores con frecuencia se sienten decepcionados al descubrir que el Network Marketing supone mucho trabajo. Se vuelven víctimas de la *manía del truco*, una búsqueda obsesiva de atajos inteligentes o trucos que esperan minimicen su trabajo mientras optimizan sus comisiones. Tales esquemas nunca tienen éxito. La manía de los trucos lleva inexorablemente a la decepción y al abandono.

Un prominente diplomático del tercer mundo, ingresó en la línea descendente de distribuidores de Mark Yarnell en Nu Skin. Parecía el distribuidor de sus sueños. "El hombre tenía más contactos de alto nivel que ninguna otra persona que he auspiciado jamás", dice Yarnell. "Enseñaba en una de las principales universidades. Conocía a tres presidentes. Iba en limusina por Washington D.C. Era uno de los principales hombres de negocios internacionales y embajador".

Pero el diplomático pronto se reveló como un incurable maníaco de los trucos.

"Nunca hacía nada", dice Yarnell. "Nunca auspició una persona. Siempre se le estaba ocurriendo algún nuevo programa y sistema que lo ayudara a ganar un millón de dólares al año sin esforzarse".

Yarnell sugirió al diplomático que "saliera a la calle" y empezara a vender, auspiciar y entrenar. Pero el hombre pensó que tenía otra idea mejor. Proponía entregar los mejores números de teléfonos y contactos a Yarnell y su línea descendente, y ¡dejar que *ellos* hicieran el trabajo! Al diplomático le parecía un sistema ingenioso combinar sus contactos con el sudor de otros. Pero en Network Marketing, "cada uno tiene que llevar su propia carga", dice Yarnell.

Incapaz de rebajarse a vender, contactar y auspiciar, como "vulgar mortal", el diplomático finalmente abandonó al cabo de sólo cuatro meses.

Pocos neófitos en MLM están tan llenos de sí mismos como este negociante internacional. Pero la mayoría se sienten tentados a complicar en exceso el negocio, de una u otra forma. Una de las tentaciones más peligrosas para los principiantes también parece la menos perjudicial, la *tecnomanía*, la necesidad irracional de invertir en *hardware* de alta tecnología.

Por supuesto, la *Ola 3* en sí es posible gracias a la tecnología. La información por fax, correo de voz y teleconferencias permiten a los distribuidores comunicarse de manera más barata y eficaz con líneas descendentes de decenas o de miles de personas. Las computadoras les permiten diseñar sus propios anuncios, publicar boletines informativos domésticos, o imprimir miles de etiquetas para listas de correos masivas desde su escritorio.[10] Los videos de contacto le permiten mostrar su oportunidad a cientos de personas a la vez en todas las ciudades que desee.

Pero en una organización de la *Ola 3*, el lugar más seguro para la tecnología es en manos de la compañía matriz. Las computadoras en las oficinas centrales liberan a los distribuidores de distracciones tales como el cálculo de comisiones, el llenado de formularios de pedidos de productos y el seguimiento de los negocios de sus *down-lines*. La infraestructura de la *Ola 3* debería liberar a los distribuidores, en la medida en que sea posible, de la necesidad del poder informático personal. Pues en manos de los distribuidores y sin supervisión, la tecnología con frecuencia se convierte en una de las más fatales distracciones.

"La tecnología es sólo otra excusa para no hacer contactos en frío", dice Mark Yarnell. "Soy un analfabeto informático, mi idea de un sistema de archivo es el anotador amarillo que guardo debajo de mi cama en el piso de arriba. No sé cómo utilizar una computadora. No sé escribir a máquina. Ni siquiera sé cómo funciona un procesador de textos o un Wizard. No es necesario, porque este es un negocio en el que usted se sienta en el living de su casa en *jeans*, y habla con la gente sobre cómo hacer que sus vidas funcionen".

Una obsesión insana con los aparatos, "juguetes" y sistemas, con frecuencia enmascara un patrón fatal de intento de evitar las cosas. Para la mayoría de las personas, la venta cara a cara es una perspectiva aterradora. Esta distracción permanente con la tecnología proporciona una alternativa seductora. En casos extremos, el síndrome progresa hasta que la persona ha gastado miles de dólares en audiovisuales, equipos de oficina de alta tecnología y *hardware* informático. En los estadíos finales, se gasta una fortuna en anuncios en el periódico y en *software* con *mailings* para el envío de correspondencia. El correo directo, después de todo, es la forma más segura de evitar hablar con otro ser humano.

Cuando Tom y Terry Hill empezaron a trabajar juntos en su negocio Nu Skin, intentaban mantener un seguimiento de cada una de sus ventas en su P.C. Como agente de bolsa de Merryl-Lynch, Tom estaba acostumbrado a mantener este tipo de archivos sobre sus clientes, igual que Terry, como agente de ventas de Xerox. Pero cuanto más tiempo trabajaban en su negocio, menos necesidad parecían tener los Hill de mantener informes detallados.

"Era sólo una pérdida de tiempo" dice Terry. "Nos sentábamos durante horas y horas metiendo posibles prospectos en la base de datos".

Un día, los Hill decidieron donar su P.C. al Ejército de Salvación. Nunca se han arrepentido. Hoy manejan su línea descendente, de más de 5,000 personas, sin siquiera un fax. En las raras ocasiones en que tienen que enviar un fax, utilizan los servicios de un "telecentro" cercano.

"El teléfono es lo más importante", dice Tom. "No se puede vivir sin el teléfono. Todos los registros que mantengo, simplemente los pongo en tarjetas dentro de ficheros".

La oficina de la *Ola 3* es mínima. Cuando Kathy Denison empezó en su negocio MLM, habilitó en su dormitorio un lugar para trabajar con sólo una mesa, un teléfono y algunos estantes para almacenar muestras de los productos.

Debido a que Denison trabajaba todavía como empleada doméstica *full-time* cuando empezó, tomó la decisión de dedicar una hora completa todos los días para trabajar en Network Marketing. "No me iba a la cama por la noche, hasta que había dedicado esa hora" dice. Durante esa hora, Denison se dedicaba a vender sin descanso.

"Si nadie iba a venir a la casa", dice "llamaba a la gente y fijaba citas. Trabajaba sobre mi «lista caliente». Ponía acción. Sólo hay dos cosas que hacer en este negocio: vender los productos y hablar de la oportunidad de negocio. Si no estaba haciendo una de esas cosas, no importaba cuánto me preparara en casa, hiciera trabajos contables o instalara mi oficina; realmente no iba a llegar a nada."

El procedimiento "despojado" de Denison tuvo buenos resultados. Pasó de ser una simple empleada doméstica a ser una millonaria en unos pocos años.

A pesar de las historias como las de Denison y los Hills, siguen proliferando opiniones de expertos sobre cómo hacer al Network Marketing más "sofisticado". Algunos aconsejan a los ambiciosos distribuidores que alquilen una oficina, la equipen con fax, secretarias, computadoras, y aparezcan todas las mañanas a las 9 a.m. vestidos con traje. Otros argumentan que este procedimiento "profesional" traiciona al propósito del MLM, que, dicen, debería permitir a las personas comunes trabajar desde sus casas y mantener un horario flexible.

Independientemente de cuál sea su postura en el debate sobre "profesionalismo", no se puede negar que el Network Marketing está basado en la interacción de persona a persona. No importa cuántas horas pase usted mirando la pantalla de una computadora o moviendo papeles, nunca conseguirá hacer el trabajo. Tiene que hacer contactos en frío y auspiciar personas. Puede que no suene glamoroso, pero es el método que funciona. Cualquier otro sistema que usted invente, será sólo reinventar la rueda.

"La gente siempre elegirá el camino de menor exposición, si a través de él pueden zafar", dice Terry Hill. "Es la naturaleza humana. Pero este es un negocio de corazón a corazón. Tiene que ponerse frente a la gente y hablar con ellos".

Trampa # 2: La actitud de dedicar poco tiempo

"Desde el comienzo, tuve una idea muy clara de cómo se vería la compañía cuando finalmente estuviera termina-da...Me di cuenta que para que IBM se convirtiera en una gran compañía, tendría que actuar como si fuera grande aún mucho antes de serlo".

—Tom Watson
Fundador de IBM

Muchos *networkers* fracasan porque tratan sus negocios como *hobbies* o trabajos a tiempo parcial. Tienen un interés superficial, en vez de comprometerse. La mayoría sencillamente pierde su interés en el negocio luego de un breve tiempo. Otros, pierden el control de su negocio en cuanto empieza a crecer. Oportunidades prometedoras se disuelven en una tempestad de archivos caóticos, planificación pobre y prioridades erróneas.

Para llegar a algo grande, usted tiene que pensar en grande, desde el primer día. Esto supone implementar procedimientos, sistemas apropiados para una corporación multinacional, y mantenerse en ellos. Aunque sea Ud. el único en la nómina.

"Mi éxito se debió mayormente al hecho de que, económica-mente, estaba entre la espada y la pared" dice Mark Yarnell. "No podía permitirme el lujo de tratar a mi negocio como un trabajo a tiempo parcial. Tenía que tratarlo como el Gran Negocio".

Yarnell estructuró su jornada laboral como si fuera un Director General de Fortune 500. De las 6 a las 8 a.m. planeaba el día y se programaba con libros y cassettes motivacionales. A las 8.30 se metía en el auto y conducía hasta la ciudad, donde, durante la hora siguiente, Yarnell contactaba profesionales en el camino al trabajo y les entregaba tarjetas de negocios.

Bien dispuesto a las 10 a.m., Yarnell volvía a casa para una reunión programada con entre cinco y diez posibles prospectos, en su sala.

Siempre se aseguraba de haber terminado no más de las 11.30 a.m., de manera que podía pasar los treinta minutos siguientes llamando a personas que había conocido esa mañana y programando más citas.

Después de comer, Yarnell mantenía otra reunión, para luego volver a salir alrededor de las 4 p.m.

"Literalemente tenía estructurados cinco días a la semana desde las 6 de la mañana hasta las 8 de la noche", dice Yarnell. "Lo trataba como si fuera un negocio establecido".

En sus primeros 90 días, Yarnell auspició a 89 personas. "Auspicié uno al día durante los primeros tres meses. Y firmé un total de 311 distribuidores frontales en los siete años que trabajé."

Trampa # 3: Convertirse en el tema de conversación

"Ud. no quiere que la gente base su percepción del negocio en lo que usted personalmente ha hecho o dejado de hacer".

—Howard Solomon
Diamante Ejecutivo de Quorum

Cuando se empieza en Network Marketing, en general uno es una mala propaganda para la compañía. Su liquidez puede tener saldo negativo. Se siente enojado, frustrado y desanimado gran parte del tiempo. No tiene respuestas preparadas para las duras preguntas que le hacen los prospectos. En esas condiciones, es más probable que los espante a que los atraiga. ¿Qué puede hacer?

Pegarse a su *upline* (o línea ascendente). Esto significa encontrar una persona de éxito en los niveles por encima de usted, que esté dispuesta a actuar como su mentor. Después utilice a esa persona como aliciente para nuevos prospectos.

Mark Yarnell era un triste espécimen cuando firmó para Nu Skin. Durante diez años había trabajado como predicador en una pequeña iglesia rural. Pero cuando cayeron los mercados del petróleo e inmobiliario de Texas, las contribuciones semanales de Yarnell disminuyeron. Su sueldo personal cayó por debajo de los u$s 800 mensuales. El banco le quitó el coche. Los pagos de su casa se atrasaron dos meses.

"Estábamos muertos de hambre", recuerda Yarnell. "Teníamos grandes, muy grandes problemas".

Durante los primeros meses de su negocio en Nu Skin, la liquidez de Yarnell servía de poca inspiración para su línea descendente.

"El segundo mes gané u$s 217", dice, y "probablemente gasté u$s 800 en conferencias telefónicas".

Cuando los prospectos visitaban la casa de Yarnell, intentaba disimular su pobreza. Escondía su arruinado viejo Chevrolet en el garaje del vecino, para que los visitantes no vieran el parabrisas roto y los dos faros que faltaban. Pero siendo un hombre religioso y ciudadano respetuoso de la ley, Yarnell no podía mentir sobre sus ingresos.

"En los primeros cuatro a seis meses" dice Yarnell, "usted necesita ser capaz de decirle a una persona: «acabo de empezar, y no estoy ganando dinero, pero mi auspiciador gana u$s 50.000 al mes, y este es su teléfono privado. Llámelo»".

Desafortunadamente, el patrocinador de Yarnell, el hombre que lo auspició para el negocio, era tan poco efectivo como él.

"Mi auspiciador había empezado un días antes que yo", dice Yarnell, así que no sabía nada. Seguí la línea ascendente. Llamé a su patrocinador, y él tampoco sabía nada. Sólo llevaba un mes o dos en el negocio. Seguí llamando y preguntando, "¿Quién lo patrocina?" hasta que finalmente llegué a Richard Kall. Richard estaba ganando mucho dinero, así que yo sabía que él sabía lo que hacía. Lo llamé a Long Island y dije, "Estoy dispuesto a hacer lo que usted me enseñe".

A partir de ahí, Yarnell siguió los consejos de Kall al pie de la letra. Llamaba a Kall cuando se sentía desanimado, y lo acosaba a preguntas cuando estaba confuso. Cuando Yarnell encontraba un buen prospecto, establecía triple conferencias con su mentor, escuchando tranquilamente y tomando notas mientras Kall hacía la presentación y cerraba el negocio.

En los negocios convencionales, la mayoría de la gente se siente tímida para buscar a un mentor. Imaginan que las personas ocupadas y con éxito no tienen tiempo para ellos. Pero en Network Marketing, su línea ascendente tiene un interés económico en ayudarlo. Incluso si usted está tan abajo en los niveles de la organización de su mentor que él no obtiene ninguna comisión por su volumen, sigue siendo una buena inversión para él. Su mentor sabe que un verdadero *go getter* (hacedor) acabará excediendo el volumen de las personas por encima de él, y "escalará" rápidamente a través de los diferentes niveles.[11]

Así, Mark Yarnell es hoy directamente frontal de Richard Kall... aunque estaba seis niveles por debajo de Kall cuando lo llamó por primera vez.

Trampa # 4 : Tomar el rechazo como algo personal

Tanto si contacta por teléfono, correo directo, información televisiva o boletín de noticias informático, finalmente se verá obligado, en su negocio de Network Marketing, a conocer personas nuevas, por teléfono o cara a cara, e instruirles sobre su oportunidad. Muchos dirán que no. Los novatos, con demasiada frecuencia, se toman estos rechazos a título personal. Inmediatamente se culpan a sí mismos o a la oportunidad. Pero el profesional de red de éxito comprende que el problema, en general, es una cuestión de si es o no el momento apropiado.

"Mi experiencia me ha demostrado que si las personas están en el momento apropiado de sus vidas, van a entrar en este negocio, independientemente de cómo se presente", dice Mark Yarnell. "Al contrario, si el momento no es el apropiado en sus vidas, no importa lo brillante, capacitado y explícito que usted sea. Ellos no van a entrar".

Armados con esta idea, los mejores distribuidores aprenden pronto a dejar de lado el rechazo y pasar al siguiente prospecto. Como uno de los mejores formadores en Network Marketing, John Kalench, lo plantea, "SW, SW, SW- ¡Siguiente!" Que quiere decir "Some will (algunos entrarán), some won't (algunos no), so what (¿y qué?) ¡Siguiente!"

Algunos rechazos son peores que otros. Los distribuidores de Reliv, Kirby y Cynthia Wright, probablemente experimentaron una de las peores formas de rechazo que existen, ¡el rechazo masivo! Cuando organizaron una gran reunión en un hotel para la presentación de su oportunidad, nadie apareció.

Después de tener su primera reunión en un hotel, los Wright creyeron haber descubierto la clave para hacerse ricos fácilmente. Entre los Wright y sus diez distribuidores a tiempo parcial, consiguieron que asistieran 57 personas.

"Nos sentíamos bien", recuerda Cynthia. "Conseguimos que

firmaran tres o cuatro frontales esa noche. Sentía que al fin estábamos en el camino."

Los Wright programaron una reunión en un hotel para el mes siguiente, esperando doblar o triplicar la asistencia. Pero cuando llegó el momento de comenzar la presentación, se dieron cuenta de que el único invitado en la habitación era una sobrina de uno de los distribuidores, que tenía 17 años. Y ni siquiera era un verdadero invitado. Solamente había ido con su tía para pasear. Y sólo siete de sus distribuidores habían venido.

En un breve momento de pánico, los Wright jugaron con la idea de cancelar la reunión. Pero las palabras de su patrocinador volvieron a rondarlos.

"Nuestro patrocinador siempre nos dijo que hay que hacerlo", dice Wright, "que no importa si viene alguien o no, usted tiene que estar preparado y listo para hacerlo."

Como si estuviera sonámbula, Cynthia se subió al podio y empezó la reunión. Al principio, las ocho personas de la audiencia parecían perplejas y desconcertadas sobre qué hacer. Pero después de que Cynthia hiciera unos chistes sobre la escasa asistencia, se animaron y entraron en el espíritu del juego. Pronto estaban animados y aplaudiendo como si hubiera mil personas en la sala.

"Necesitábamos practicar de todas formas", recuerda Cynthia. "Todo el mundo necesitaba volver a escuchar la presentación. Y salió bien. Todo el mundo tenía invitados que no aparecían, y todos necesitábamos que nos animaran. La reunión consiguió que la gente se interesara de nuevo. Nos fuimos aquella noche, dispuestos a empezar el día siguiente llamando a la gente y preguntándole por qué no habían ido."

A los Wright les salvó su fe en el sistema. En un momento de prueba, habían confiado en las instrucciones de su patrocinador, incluso cuando cada hueso de su cuerpo clamaba por abandonar el barco.

Si los Wright hubieran perdido el coraje y cancelado la reunión, es probable que nunca hubieran intentado tener otra. Sin embargo, pasaron a construir unos ingresos de seis cifras y, posteriormente, a mantener reunión tras reunión con cifras de asistencia que llegaban a los miles.

Desde luego, la mayoría de los profesionales de red nunca serán responsables de tan grandes reuniones en hoteles, ni experimentarán un rechazo tan masivo... Pero el principio que mantuvo a los Wright en ese difícil momento sigue siendo el mismo, tanto si está dando una pequeña reunión en casa o simplemente reuniéndose con un solo prospecto. El rechazo es siempre devastador. Puede dejarlo paralizado. Pero la estricta observación de las reglas y procedimientos que le ha enseñado su patrocinador, es la manera más segura de construir confianza interior y de encontrar las fuerzas para pasar al siguiente reto.

"La única verdadera responsabilidad del presentador, es mostrar esta oportunidad a tantas personas como pueda, todos los días, durante uno a tres años", dice Yarnell. "Si lo hace, las cifras se ocuparán de sí mismas."

Trampa # 5 : Descuidar sus ventas minoristas

En el apuro por construir una gran organización, muchos profesionales de red desdeñan la venta de productos. "Deje que su línea descendente se encargue de vender", dicen. Pero su línea descendente seguirá su ejemplo. Si usted no vende, ellos tampoco.

Realmente, sólo hay una forma de ganar dinero en Network Marketing: *mover el producto*. A diferencia de las franquicias, las compañías MLM tienen prohibido por ley obtener beneficios por medio de la venta de distribuciones. Y, en la mayoría de los estados, se exige que las compañías de MLM vuelvan a comprar cualquier producto que sus distribuidores no puedan vender. Por tanto, cada centavo que se mueve a través de una compañía de MLM, debe venir en última instancia de mover productos; ya sea por venta a terceros, o consumo personal.

Por supuesto, esto no significa que el distribuidor tenga que convertirse en vendedor de por vida. A medida que va teniendo más éxito, probablemente optará por delegar cada vez más las ventas en los demás. Pero en los primeros meses de su negocio, tiene que esforzarse personalmente en construir ventas minoristas. Esto consigue dos importantes objetivos. En primer lugar, lo prepara para enseñar a los demás cómo vender sus productos. En segundo lugar, supone unas fuente de ingresos inmediata durante los primeros meses, en que la red produce poca o ninguna bonificación.

Mientras construía su línea descendente, el empobrecido Yarnell tuvo que poner mucho dinero para mantener las apariencias con sus prospectos. Un parroquiano rico le prestó mucho dinero para decorar su sala con muebles alquilados, alquilar una gran pantalla de TV y sistema estéreo, e incluso alquilar un coche nuevo. Pero Yarnell pagó sus cuentas mensuales en gran medida, con los ingresos obtenidos de vender los productos de Nu Skin en forma minorista.

"Había personas que venían a mi casa cinco, seis, siete veces al día a recoger sus productos", dice Yarnell, "Después del primer mes, vendía suficiente producto para pagar mi coche. Los pagos de mi casa estaban al día después del tercer mes."

Sólo meses después Yarnell recibió un cheque importante en comisiones, por miles de dólares. Pero durante esos duros primeros meses, su negocio minorista lo ayudó a remontar la cuesta, cubriendo hasta un cuarenta y tres por ciento de sus gastos mensuales.

Trampa # 6 : Escuchar a los ladrones de sueños

"Nunca debe involucrar a otras personas en una discusión sobre su industria", dice Mark Yarnell, "hasta que esté completamente preparado y seguro."

Si lo hace, puede sucumbir a los "ladrones de sueños". Pueden ser parientes cercanos, colegas profesionales o prácticamente cualquiera que conozca y respete, que intente imponerle su triste punto de vista sobre el Network Marketing. La desconfianza en esta industria es la causa número uno de abandono entre nuevos asociados, según los expertos. A menos que quiera ser parte de estas estadísticas, tiene que ignorar a los ladrones de sueños, y dar una oportunidad al negocio de demostrar lo que vale.

Bill Elsberg cometió un grave error cuando llevó a su recién casada Sandy a la presentación de una oportunidad en Phoenix, Arizona. Con cinismo neoyorquino, Sandy se reía de los pantalones de polyester con pinzas y los zapatos de suela de goma del orador. Puso mala cara cuando prometió a la audiencia que podrían ganar u\$s 28.000 al mes trabajando a tiempo parcial.

"¿Quieres comprar el puente de Brooklyn?", preguntó luego Sandy a su inocente marido provinciano. "Si le crees a este tipo, es que te creerás cualquier cosa."

Como tantas esposas bien intencionadas, Sandy estaba jugando el papel de ladrona de sueños. La oposición de los seres queridos ha provocado que mucha gente abandonara el Network Marketing antes de empezar siquiera. Pero Bill pidió a su mujer que le diera una oportunidad. "Dame sólo seis meses", dijo. "Si no funciona, lo dejo."

Sandy le otorgó seis meses. Pero no se los hizo fáciles. Bill trabajaba todo el día, siete días a la semana, manteniendo un trabajo a tiempo total como proctólogo, y gastando noches y fines de semana en su negocio de Network Marketing.

"Cuando me iba a la cama, él aún no había llegado", recuerda Sandy.

Sandy compartió sus preocupaciones con su padre. Cuando llegó el primer cheque de Bill por sólo cien dolares, el viejo explotó. "Tiene una amante", dijo el padre de Sandy. "¿Por qué alguien habría de trabajar 30 días y 30 noches por tan sólo cien dólares? Alquila un coche y síguelo."

Pero Sandy no lo juzgó apresuradamente. El segundo mes, Bill ganó u$s 300. Al mes siguiente, trajo u$s 500 a casa.

"Dije, «Bill estás matando nuestra relación»", recuerda Sandy. "Nunca estamos juntos. No salimos. Este negocio no funciona". Pero Bill, se mantuvo firme. Para el sexto mes, sus ingresos se habían elevado a u$s 3.800 al mes.

A partir de ese momento, Sandy dejó de ser una ladrona de sueños. Es más, empezó a trabajar a tiempo completo en Network Marketing ella misma, incluso apoyando a Bill cuando una debilitante enfermedad lo forzó a dejar de trabajar durante un largo período de tiempo. Hoy, Bill y Sandy son distribuidores exitosos de Life Extension International. Pero nunca lo habrían conseguido si Bill no hubiera cerrado sus oídos a los ladrones de sueños ni hubiera dado a su negocio de Network Marketing seis meses completos para demostrar que valía.

Desde luego, la mejor defensa contra los ladrones de sueños, es la educación. Haga sus deberes. Lea sobre el negocio. Familiarícese con las fortalezas innatas del Network Marketing. Entonces podrá luchar contra los ladrones de sueños con hechos claros y contundentes.

"La gente necesita entender" dice el distribuidor de Quorun Howard Solomon, "que es indiferente que les guste nuestra industria o no, que se sientan cómodos con ella o no, o incluso que se involucren con ella o no. El tiempo del Network Marketing ha llegado, y no hay nada que ninguno de nosotros pueda hacer para alterar el curso de la historia."

Trampa # 7: Abusar de su auspiciador

Su auspiciador es su recurso clave. Está para aconsejarlo, animarlo, ayudarlo a vender y auspiciar. Pierda la buena voluntad de su auspiciador, y habrá cortado su línea vital.

Demasiados neófitos del Network Marketing queman a sus patrocinadores con interminables quejas, lamentos y otras demandas emocionales. Tratan a sus patrocinadores como psicoterapeutas, papel para el que la mayoría de los distribuidores de éxito no tienen tiempo, formación, paciencia, ni estómago.

Mark Yarnell adquirió la costumbre de llorar en el hombro de su auspiciador cuando iban mal las cosas. Después de cuatro meses de laboriosa construcción de su línea descendente, siete de los ejecutivos de primera línea de Yarnell se pasaron a otra compañía. En un estado de depresión paralizante, Yarnell llamó a su patrocinador, Richard Kall.

El simplemente dijo: "Deja de ser una niñita y vete a trabajar. Malgastas todo tu tiempo preocupándote por las personas que has perdido. Tendrías que estar ahí afuera, consiguiendo sangre nueva."

Muchas veces durante su primer año, Yarnell amenazó con abandonar. En vez de rogarle que se quedara, su patrocinador lo consideraba como un alardeador.

"Nunca fue dulce ni cariñoso" recuerda Yarnell, "simplemente decía: "Tienes razón, Mark, tú no tienes lo que hace falta. No me molestes más. Ese tipo de cosas. Le colgué muchas veces. Hubo momentos en que juré no llamarlo más."

Pero Yarnell persistió. En realidad, aprendió una lección clave de esas dolorosas conversaciones. Aprendió que realmente no había nada más que pudiera hacer su patrocinador para resolver sus quejas, a menos que trabajara el negocio por él. Al sacudirse los lamentos de autocompasión de Yarnell, Kall lo llenó con exactamente el combustible que necesitaba para triunfar, una determinación iracunda de demostrar lo que valía.

"Era un verdadero déspota" dice Yarnell. "Pero era poderoso. Era efectivo. Era lo que necesitaba. Necesitaba a alguien que me enfrentara a la verdad, y la verdad era que yo tenía miedo y estaba inventándome excusas."

Sandy Elsberg se enorgullece de ser una patrocinadora contenedora. Normalmente, desecha el duro método de "tómalo o déjalo" de un Richard Kall o un Mark Yarnell.

"Soy jardinera, no cazadora", dice Elsberg. "Mi forma normal de patrocinar es alimentar, cuidar, alabar y motivar."

Sin embargo, cuando un auspiciado espera demasiado de ella, aún una "gallina" como Elsberg, se ve forzada a veces a ponerse dura con sus "polluelos".

En una oportunidad, Elsberg asoció a alguien que anteriormente había sido monje católico, llamado Daniel Bushnell. Bushnell no podía poner orden en su vida. Su pobre educación rural y sus votos como monje lo dejaron con lo que Elsberg llama una *"conciencia de pobreza"* profundamente implantada. Pero Bushnell quería cambiar. Estaba desesperado por superar su temor a ganar dinero.

"Daniel me dijo que quería ganar u$s 2.000 al mes" recuerda Elsberg, "y dijo que dedicaría el tiempo que fuera necesario y haría lo que fuera necesario y lo que yo dijera para conseguirlo".

Pero diez meses después, Bushnell era todavía agua de borrajas. No podía hacer funcionar el plan. No se comprometía a horas regulares. No aceptaba los desafíos de Elsberg para acelerar su crecimiento. Como resultado, Bushnell estaba ganado apenas u$s 200 al mes.

"Durante diez meses", dice Elsberg, "Daniel no prestaba atención, no se comprometía y no hizo honor a nuestra fe en él. No producía, no admitía directivas, y no seguía el plan."

Una noche de Año Nuevo, mientras Elsberg se sentaba a elaborar sus objetivos para ese año, se sintió repentinamente impulsada a llamar a Bushnell.

"Le dije que creía que era un ser humano fenomenal y que quería que siguiéramos siendo amigos toda la vida pero que como socio de negocios era terrible, y que no lo quería involucrado en mis negocios", dice Elsberg. "Justo antes de colgar, le pregunté: «A propósito, ¿qué le has comprado a tu madre para Navidad?»"

Al principio, Bushnell se resintió por el "duro amor" de Elsberg.

"Más tarde me dijo que estaba enojado" dice. "En ese momento sintió desprecio hacia mí. Pero me llamó al día siguiente y dijo, «Estoy listo para empezar a trabajar»."

Hoy Bushnell es uno de los productores top de Elsberg. Y enseña a sus propios auspiciados según la filosofía de Elsberg del "amor duro."

"Quiero ayudar a los que están en mi línea descendente todo lo que pueda", dice Bushnell, "pero es fácil acabar llevándolos de la mano y cuidándolos como a niños. Creo que nosotros los patrocinadores, podemos liderar mejor por medio del ejemplo, manteniendo intacto nuestro fuego, nuestra convicción y nuestro alto nivel de compromiso alto. Un patrocinador debe ser un guerrero, un líder y un conquistador, no una madre sobreprotectora."

FUERZA Y DEBILIDAD

La *Ola 3*, con todos sus sistemas y tecnología, nunca eliminará el peligro de estas Siete Trampas Mortales. Reflejan la esencia de la fuerza y la debilidad humanas, el delicado equilibrio sobre el que su negocio de marketing de red triunfará o fracasará.

Confíe en el sistema, sí. Pero sólo confíe para crear oportunidades frescas de extraer el máximo partido de Ud. mismo. La actitud de la *Ola 3* requiere que ponga a prueba su fortaleza todos los días. No ponga excusas. No retrase decisiones. No deje pasar nunca un día de manera improductiva. Sólo entonces, la intrincada sinergia de la infraestructura de la *Ola 3* acudirá misteriosamente en su ayuda.

(10) Actualmente a través del uso de las P.C. y con la implementación de Internet a nivel mundial, se usan los correos electrónicos o e-mail y las páginas web, a un costo bastante ínfimo, proveyendo nuevas y mejores herramientas de comunicación a los distribuidores (N. del E.)

(11) Alguna compañías de MLM, como Amway, pagan las bonificaciones a todos los niveles, sin límite de profundidad (N. del E.).

Capítulo 5

LA VENTA EN LA OLA 3

No me vuelvas a hablar acerca de Nu Skin!" dijo la mujer enojada. "Si lo haces, dejaré de ser tu amiga. Estoy harta de escuchar hablar sobre el tema". Kathy Denison estaba devastada. Había sufrido la peor pesadilla del distribuidor— un rotundo rechazo. ¡Y de parte de alguien a quien quería y respetaba!

A Denison le encantaba hablar sobre su negocio y sus productos. Era una obsesión. Desde luego, desde que Denison se había convertido en distribuidora de Nu Skin, había seguido la "regla del metro". Esto significaba que cualquier persona dentro de un radio de un metro era un "blanco factible para un contacto de ventas". Más de una vez, Denison había aplicado esta táctica con una mujer en la clase de gimnasia. Pero ahora temía haberse pasado de la raya.

"Nunca volví a hablarle acerca de Nu Skin", dice Denison. "No quería estar encima de las personas al punto que nadie quisiera estar cerca de mí".

LA MAYORÍA DE LAS PERSONAS ODIAN VENDER

"Haga una pequeño test", aconseja John Fogg, redactor de Upline. "Pregúntese a Ud. mismo con cuántas personas que lo rechacen por su producto, hablaría....antes de decidir abandonar. La verdad es que el número es sorprendentemente pequeño para la mayoría de las personas. Está aproximadamente entre los 3 y los 10."

Enfrentémoslo. La mayoría de las personas detestan vender. Lo odian porque vender los expone a la continua amenaza del rechazo.

En el libro "Learned Optimism" (Optimismo Aprendido), se cita a John Creedon, presidente de Metropolitan Life, cuando dice que cada año su compañía sólo selecciona a 5.000 de cada 60.000 aspirantes a puestos de vendedores. La mitad de ellos abandona en el primer año. Aquellos que permanecen, venden menos y menos cada

83

vez. Después de cuatro años, el 80% se ha retirado. Realmente, según Creedon, el 50% de todos los vendedores en la industria de seguros, abandona cada año.

"Vender no es fácil", concluye Creedon. "Es una persona poco común la que puede hacerlo bien y mantenerse haciéndolo".

¿Por qué pierde Creedon tantos vendedores? Según él, por el rechazo.

"Todos los días", explica, "aun el mejor agente encuentra una buena cantidad de personas que le dicen no, usualmente, en forma continuada... Una vez que los agentes se desaniman, los noes se tornan cada vez más desagradables; a los vendedores les cuesta cada vez más levantarse y hacer la siguiente llamada".

Finalmente, tan sólo dejan de intentarlo.

Si los curtidos profesionales de la venta, sufren por este tipo de contacto tan devastador, ¿cómo pueden los profesionales del *networking*, que vienen de todas las profesiones y caminos de la vida, tener chance de sobrevivir?

La respuesta es que la mayoría de ellos no lo hacen. O no lo han hecho, al menos hasta ahora.

Venta de la Ola 3

Pero el *marketing* de red está cambiando. Las organizaciones avanzadas de la *Ola 3* han refinado y perfeccionado el proceso de venta, de manera tal de aislar a los distribuidores del duro impacto del rechazo. Estas compañías también proporcionan un sistema incorporado para aumentar la auto-estima, que podría avergonzar al mejor incentivo corporativo y a los programas de entrenamiento más costosos.

Esta nueva forma de vender potencia los puntos fuertes de la gente normal, en lugar de exponerlos a sus peores temores. Promete, en los años venideros, redefinir el concepto mismo de la distribución.

Yo lo llamo Venta de la *Ola 3*.

El poder de la red

La venta de la *Ola 3* le quita las presiones al individuo y las pone en la red. Por supuesto, ningún sistema, no importa cuán sofisticado sea, podrá eliminar totalmente el aguijón del rechazo. Tampoco garantizará una venta o auspicio por cada presentación que se haga. Pero la organización de la *Ola 3* proporciona una infraestructura de apoyo técnica, humana y emocional, especialmente diseñada para extractar lo mejor de cada distribuidor. Como una gigantesca cámara de eco, la red multiplica varias veces los esfuerzos del individuo.

Por sí sola, Denison no tenía ninguna esperanza de venderle algo a la enojada mujer de su clase de gimnasia. Tampoco lo intentó. Hizo lo que cualquier persona normal. Se retrajo y nunca volvió a hablar de Nu Skin con ella.

Sin embargo, dos años después, Denison recibió una sorpresiva llamada telefónica.

"Quiero ingresar en tu negocio MLM", dijo una voz familiar. ¡Era la mujer de la clase de gimnasia!

La reticente prospecto había sido *"ganada"* sin ningún esfuerzo por Denison —simplemente había sido absorbida por su red. Mucho tiempo después de que Denison se marchara de la ciudad de Aspen, Colorado, donde se conocieron, la mujer siguió sintiendo el crecimiento de la red a su alrededor.

A todas partes donde iba en Aspen, los distribuidores y clientes de la red de Denison parecían rodear a la mujer. Amigos mutuos la pusieron al corriente del creciente éxito de Denison y de su nueva, feliz vida en California. Cuando visitaba a amigos de la localidad, la mujer observaba en sus cuartos los productos que pedían a través de Denison. Finalmente, no pudo resistir por más tiempo el aura de glamour y triunfo que irradiaba como un campo magnético de dicha red. Quería formar parte del grupo, participar del entusiasmo.

Clientes de por vida

Cuando usted vende por absorción en su red, gana clientes de por vida. Un prospecto, una vez integrado a su red, tiene todas las razones para quedarse en ella, y muy poca motivación para dejarla.

La mujer de la clase de gimnasia de Denison, inicialmente firmó como distribuidora. Pero como la mayoría de los asociados, no permaneció activa en el negocio por mucho tiempo. Se convirtió, en cambio, en una compradora regular del producto al por mayor. Hasta el día de hoy, sigue siendo uno de los clientes más leales de Denison.

Construya redes de clientes

Los empresarios de la *Ola 3* construyen *redes de clientes*. Asocian en sus redes a gran cantidad de personas que compran productos al por mayor para ellos mismos y sus familias, pero que no tienen interés en ser distribuidores.

"Aproximadamente un 70 por ciento de mi grupo personal consiste en compradores mayoristas", dice Denison. "Usted debe desear que la mayor cantidad de personas en su organización sean como compradores mayoristas."

Sólo en Network Marketing cada producto lleva en sí mismo una invitación a una nueva forma de vida. Los vendedores convencionales adornan sus ofertas con descuentos, rebajas, garantías y contratos de servicios. Pero los empresarios del MLM ofrecen a sus clientes una puerta al futuro.

LA CULTURA DE LA VENTA TOTAL

Al unirse a una red, los clientes de la *Ola 3* obtienen un inmediato acceso al canal de distribución más primordial del siglo XXI. Se unen a la cultura de la venta total.

En el futuro, a medida que el Network Marketing se extienda a todas las industrias y puntos del hemisferio, sus matrices entrelazadas de clientes y distribuidores se mezclarán al punto de no poder distinguirse. Un distribuidor de una compañía será, así mismo, comprador mayorista registrado para otra media docena de empresas. Y viceversa.

Vender se convertirá en un aditamento normal de cualquier conversación diaria. Supongamos que su vecino muestra interés en comprar un determinado limpiador para desagües que Ud. le recomendó. Simplemente usted le provee su número de identificación personal. El utiliza éste número para pedir el producto por medio de una red interactiva de compras domiciliarias. Utilizando su número de PIN para hacer el pedido, su vecino avisa a la compañía que deben enviarle una pequeña comisión sobre la venta, ¡comisión que seguirá recibiendo cada vez que compre ese producto en el futuro!

Carisma comercial, no ciencia comercial

En años recientes, el personal de ventas de las compañías, había llegado a tener un comportamiento casi científico. Los vendedores de hoy en día estudian más a Freud de lo que lo hacen los psicoterapeutas. Ellos manipulan los gustos del cliente por medio de programación neurolingüística. Elaboran predicciones complicadas, utilizando cálculos matemáticos que confundirían a un Einstein. En las fuerzas corporativas de ventas de hoy en día, usted encuentra una diversidad de especialistas que rivalizan con la tripulación de la sala de control de la NASA— gente de contacto para establecer acuerdos, negociadores para discutir sobre los contratos y especialistas en cierre para firmarlos.

¿Logra toda esta especialización vender más? Quién sabe. Pero una cosa es segura. Los *networkers* no necesitarán nada de eso. A medida que pasan los años, los profesionales de red parecen tener, en todo caso, menos tiempo, menos inclinación y menos necesidad de subirse al tren de la venta científica.

¿Por qué?

Porque en la organización de la *Ola 3*, es la red misma la que maneja toda la ciencia. Los videocassettes presentan técnicas comerciales elaboradas por profesionales. Las demostraciones de productos están programadas hasta el último detalle. La distribución se maneja electrónicamente, a través de números gratuitos automáticos. Dado un buen producto, todo distribuidor incorporado a una compañía de la *Ola 3* opera en un campo de acción con idénticas opciones para todos.

"Tenemos un programa de 15-20 minutos de demostraciones sobre prevención del delito", dice el distribuidor de Quorum, Howard Solomon, cuya compañía vende aparatos de seguridad. "¡Está todo en video, en cintas, o simplemente puede leerlo, memorizarlo, lo que quiera! Es maravilloso. Funciona muy eficientemente. Se está vendiendo mucho debido a este programa."

Con todas las variables técnicas minimizadas de esta manera, sólo queda un terreno en el que el distribuidor de la *Ola 3* debe sobresalir, el terreno del carisma personal. En la organización de la *Ola 3*, el aura de influencia personal de un profesional de red irradiará a través de *downlines* y redes de clientes como energía conductiva. Los prospectos se adherirán a su red debido a quién es usted tanto como por lo que vende.

Lleno del espíritu

"La esencia del carisma es demostrar su compromiso a una idea u objetivo", escribió el gurú de las comunicaciones Roger Ailes en la Revista Success.

Nadie podría haber demostrado un compromiso más claro con algún objetivo que Katty Denison. Desde que era una niña, Denison sabía exactamente lo que quería.

"Quería ser millonaria", dice.

Denison pasó la mayor parte de su vida con la nariz contra el vidrio, espiando el mundo secreto de los super-ricos . Con sus instalaciones de esquí famosas en el mundo entero y sus exclusivos barrios, Aspen, Colorado, era un lugar de recreo para estrellas del cine y millonarios. Denison descubrió que podía acercarse a los ricos, sirviéndoles.

Después de conseguir un trabajo como administradora de la tienda de ropa femenina más exclusiva de la zona, Denison conoció a muchos miembros de la alta sociedad de Aspen e incluso fue invitada a fiestas en sus casas. Pero Denison nunca olvidó quién era. Era una madre soltera, con una hija que mantener. Y era tan pobre que tenía que llevar la misma ropa al trabajo día tras día.

"Yo siempre fui la trabajadora, y ellas siempre fueron las mujeres que iban a esquiar todos los días; que iban de compras y adquirían la ropa más cara; que volaban a Palm Springs y se hacían cirugía estética y cosas por el estilo", dice Denison. "No sentía envidia, pero todo eso hizo que me mantuviera alerta. Abrió mi mente a una forma diferente de vida."

La red de ventas

Sin control, las bravas aguas de las cataratas del Niágara son una fuerza salvaje y destructiva. Sólo cuando atraviesan las turbinas hidroeléctricas y se filtran a través de una "red eléctrica" de transformadores y líneas de alto voltaje, los rápidos mortales del Niágara se convierten en energía eléctrica para las lámparas de los hogares.

De manera similar, el carisma de los distribuidores de la *Ola 3* nunca podría mover un solo producto por sí mismo. Sólo cuando se canalizan a través de la red de ventas —ese entretejido invisible de sistemas, procedimientos, interacciones humanas y telecomunicaciones que constituyen la organización de la *Ola 3*— pueden sus pasiones desatadas sublimarse en un esfuerzo beneficioso.

Las fuerzas del caos

La sed de éxito de Kathy Denison la convirtió en una bola de fuego de energía y actividad. Desde el momento en que se mudó a Aspen a los 26 años, con su beba y todas sus posesiones en su auto, Denison estaba encendida de ambición. En su desesperada lucha por sobresalir tanto como madre como en su actividad laboral, Denison, de alguna forma, se las arregló para no lograr ninguna de las dos cosas. Saltaba de un oficio a otro. Techó y pintó casas e hizo terminaciones de muebles. Pasó por una serie de industrias artesanas, como hacer collages para decorar restaurantes, hasta vender centros de flores silvestres que recolectaba en los bosques; lo intentó todo. Denison intentó incluso vender sus propios productos para el cuidado de la piel, hechos a base de aceites y hierbas que compraba en herbolarios, presentados en pequeños frascos pintados a mano.

Pero toda esta furiosa actividad nunca parecía cubrir gastos. Denison no podía alimentar a su hija sin subvenciones gubernamentales. Al final, desesperada, abandonaba cada nueva aventura comercial y volvía al trabajo *full time*, dejando a su hijita gran parte del tiempo sola.

La energía de Denison era tan ilimitada como los ruidosos rápidos del Niágara. Pero sin un canal ordenado por donde fluir, su fuerza torrencial de trabajo duro e ideas profesionales se disipaba en la niebla.

La trampa lineal

El problema era que Denison no era empresaria. Era una propietaria de pequeños negocios. Y lo único que podía conseguir con todos sus planes y esquemas era crear más trabajo lineal para ella misma, trabajo que, por su naturaleza, nunca podría hacerle ganar suficiente dinero.

El exterior refleja el interior

Debido a que no había logrado reconocer cuál era el problema fundamental, la vida de Denison continuó sin una solución real. Durante un tiempo, buscó cobijarse en el matrimonio. Pero cinco años con un marido que no hacía nada, la dejó peor que cuando empezó. Al final, Denison tuvo que escaparse con su hija con una orden de protección policial, para evitar los ataques de furia de su marido alcohólico.

"Después de ese matrimonio, tenía mi autoestima por el piso", dice Denison.

Pero tenía un problema aún peor. Mientras estaba todavía casada, Denison y su marido habían establecido un negocio de limpieza. Sonaba muy empresario en la superficie. Pero mientras Denison marchaba puerta por puerta ofreciendo sus servicios, no podía dejar de sentir que era cualquier cosa menos que una propietaria de negocios. Su piel se agrietó a causa de los productos químicos de limpieza que utilizaba. Muchas de las suntuosas casas de Aspen que limpiaba eran las mismas donde había hecho sociales alguna vez.

Era increíblemente humillante, recuerda Denison.

Con frecuencia, cuando Denison estaba de rodillas refregando el suelo de un baño, escuchaba a los invitados que llegaban y reconocía las voces de amigos y conocidos, o incluso de estrellas famosas del cine.

"Simplemente me miré a mí misma y pensé, Dios, sé que puedo hacer algo mejor que esto", dice Denison. "¿Qué estoy haciendo aquí? ¿Por qué estoy yo limpiando casas y ellos saliendo a esquiar todos los días? ¿Qué diferencia hay entre ellos y yo? ¿Por qué soy yo la trabajadora y ellos los jugadores?"

Orden interno

De hecho, la respuesta a la pregunta de Denison era muy sencilla. Le faltaba orden interior. Imponer el orden de un negocio en funcionamiento sobre el caos salvaje del mercado, es tarea para un gigante o un genio. Los que poseen este talento se convierten en grandes industriales y empresarios. Pero la mayoría de las personas necesitan dirección. Necesitan que otra persona domestique el mercado por ellos. Necesitan que otra persona establezca el orden que a ellos les falta internamente.

Todos los días, Denison sentía que su ilusión de ser propietaria de un negocio se deslizaba cada vez más y más lejos. A los 43 años, era una sirvienta, no una empresaria. Trabajaba todos los días de rodillas, refregando los baños de los demás.

Desesperadamente, investigó la idea de hacerse agente inmobiliaria. No requería capital inicial, y podía llegar a ganar mucho dinero. Pero en el fondo de su corazón, Denison sabía que sólo degeneraría en otra distracción debilitante. Significaba aprender acerca de un nuevo producto, sobre una forma completamente diferente de vender, acerca de un nuevo negocio que tendría que aprender frenéticamente a la vez que cuidaba de su hija y limpiaba casas, y sabía que esto, también, acabaría disolviéndose en el caos y el fracaso.

Los amigos le urgían a franquiciar su negocio de limpieza, pero Denison no podía pensar en cómo reducir su penoso trabajo diario en un sistema que los demás quisieran comprar.

Lentamente, Denison empezó a darse cuenta de que simplemente no podía hacerlo sola. Necesitaba un sistema que hubiera inventado otra persona, una estructura ordenada por medio de la cual pudiera canalizar sus energías.

"No quería llegar a los 50 años limpiando casas", dice Denison, "así que le pedí a Dios una oportunidad financiera. Dije, sólo envíame algo, porque toda mi vida he querido ser millonaria."

¿Venta Minorista o Mayorista? La Presentación Comercial Definitiva

Un día, Denison recibió una llamada sobre un nuevo cliente que acababa de trasladarse a la exclusiva zona de Snowmass. Reticentemente, Denison se arrastró al trabajo.

"Tenía una actitud de no querer estar allí realmente", recuerda.

Pero ese trabajo de limpieza estaba destinado a cambiar su vida. Los nuevos propietarios eran distribuidores de Nu Skin. Cuando entró, Denison observó cajas de productos para el cuidado de la piel por toda la casa. Por sus propias peripecias en el negocio del cuidado de la piel, Denison reconoció por los ingredientes, que los productos eran de alta calidad. "Pregunté al hombre que vivía allí dónde había conseguido los productos", dice Denison, y me dijo «Estamos en la distribución de *network*»."

El cliente de Denison, Mark Yarnell, le dio a Denison la presentación comercial definitiva.

"Puede comprármelos al por menor", dijo, "o puede hacerse distribuidora y comprarlos al por mayor. Lo que usted prefiera."

La venta fusionada

Los distribuidores del Network Marketing, con frecuencia hablan sobre separar sus esfuerzos de venta de sus esfuerzos de contactar prospectos. Pero, en la práctica, los dos esfuerzos funcionan mejor cuando se realizan fusionadamente. En esa primera reunión con Yarnell, Denison, como la mayor parte de los distribuidores experimentados, fue conquistada por medio de la venta fusionada, a veces llamada el método de contactar y vender.

Si Yarnell sólo le hubiera ofrecido los productos al por menor, Denison podría haberlos comprado en ese momento. Pero su precio, relativamente alto, podría también haber evitado que ella volviera. Yarnell habría conseguido una venta por única vez, pero habría fracasado en la construcción de su red de consumidores.

Pero cuando a Denison se le ofreció la opción entre venta minorista o mayorista, su cerebro comenzó a andar a cien kilómetros por minuto.

"Sabía que mis amigos estarían interesados en comprar estos productos", recuerda, "así que pensé que podía también convertirme en distribuidora y conseguirlo al por mayor, porque así podría convertir a mis amigos en parte de ello."

VENDER EL SUEÑO

Incluso si su prospecto no ha expresado ningún interés en nada, excepto en el producto, no causará ningún daño que en la primera reunión le deje saber acerca de "el sueño". Sólo para que ella o él pueda pensarlo. ¿Qué sueño? El sueño de la libertad financiera, por supuesto.

"Bien, puesto que quiere hacerse distribuidora", dijo Yarnell después de escuchar su respuesta, "quiero enseñarle algo."

Yarnell fue a su habitación y salió con un cheque de comisiones mensuales de u$s 15.000.

Esto es lo que gané con esta compañía el mes pasado, sonrió.

"Me quedé pasmada", dice Denison. "No podía creerlo. La suma más grande de dinero que había ganado alguna vez era u$s 4.000 al mes. Dije, Dios mío, ¿cómo lo ha logrado?"

Deje que las Herramientas Realicen la Venta

Las organizaciones de la *Ola 3* proveen una abundante cantidad de herramientas de venta, videos, cassettes y material escrito expertamente diseñados para hacer el contacto por usted. Cuanto más se apoye en estas herramientas, más tiempo tendrá para dedicarse a otros prospectos. Los videos son la mejor opción. Un video de contacto bien producido, da autoridad a su producto y a su oportunidad. Puede presentar su producto, su plan de compensación y el concepto mismo del Network Marketing, de manera efectiva y atractiva, en 30 minutos. Probablemente usted no pueda hacerlo.

En el momento en que Denison preguntó cómo había ganado tanto dinero, Yarnell sabía que ella estaba enganchada. Pero, en vez de contestar a su pregunta y pasarse el resto de la tarde hablando con ella, Yarnell dijo:

"No tengo tiempo para explicárselo ahora. ¿Por qué no se lleva este video a casa, lo mira y lo analiza?"

El efecto multiplicador

Un video puede causar efecto en una familia entera o un grupo de amigos, en el mismo tiempo que le llevaría a usted ofrecer una presentación personal del negocio a sólo una persona.

En el caso de Denison, debido a que no tenía una videograbadora en casa, se llevó la cinta de Yarnell a casa de una amiga, y las dos lo vieron juntas. Más tarde, Denison vio la misma cinta con su hija. Antes de devolver la cinta a Yarnell, la misma había auspiciado a tres personas, no sólo a una.

Vender la Red

Ninguna venta fusionada está completa si no vende también la red.

Esto significa vender no sólo el producto o la oportunidad, sino también la conveniencia y apoyo para comprar o trabajar a través de esa compañía en particular.

Mientras vende, su prospecto lo está observando detenidamente, para saber cuán duro es hacer este negocio. Si se pasa tres horas explicando el producto o la oportunidad, la mayoría de los prospectos comenzarán a calcular en sus mentes cuántos ratos libres de tres horas tienen en una semana para dedicar a estas maratones de ventas.

Pero si lo único que hace es darles un video, ellos piensan, "Eh, esto es fácil. Y sólo toma unos pocos minutos por cada persona. ¡Yo también puedo hacerlo!"

Después de ver el video de Yarnell, Denison comprendió de pronto qué le había estado faltando en sus anteriores aventuras comerciales. Era el poder de la red, un sistema diseñado por otros más sabios y con más experiencia que ella. Pero también uno en el que sus dones únicos serían magnificados por el poder de la duplicación.

"Cuando vi la técnica de crear una organización de cinco en cinco" (refiriéndose a la regla normal de MLM de auspiciar cinco líderes, y que cada uno auspicie otros cinco, etcétera), dice: "Sabía que podía realizar este negocio, y sabía que era mi oportunidad para conseguir finalmente mis objetivos y sueños financieros."

Otro rasgo importante de la red puede ser el programa de compensaciones de la compañía. También puede hablar sobre el futuro del Network Marketing por TV interactiva, y sobre programas específicos que su compañía esté planeando introducir.

Avance hasta que lo frenen

Si avanza demasiado, puede que pierda clientes que, de otra forma, se hubieran quedado en su red durante años. Aprenda a ser sensible a las señales que le envía la gente. Si siente que lo frenan, deje de avanzar.

"Después de que me hubieran comprado productos durante un tiempo", dice Denison, "ofrecía la distribución a todo el mundo. Y muchas personas simplemente decían, «Mira, no me interesa. Sólo quiero que tú me prestes este servicio»."

CONSIGA INICIALMENTE 20 CLIENTES

La técnica de venta fusionada hace que resulte virtualmente imposible enfocarse en clientes independientemente de prospectos. Sin embargo, cuando usted comienza, es una buena disciplina fijarse el objetivo de encontrar 20 clientes minoristas antes de auspiciar a un solo distribuidor.

Necesita una base de clientes minoristas, para seguir moviendo su producto. En caso contrario, se sentirá tentado de almacenar producto a fin de mantener su volumen mensual mayorista alto. Algunas compañías, de hecho, prohiben a los distribuidores comprar producto al por mayor, a menos que hayan movido una cierta cantidad al por menor cada mes. Denison recomienda construir un volumen mensual personal de venta al por menor de u\$s 500 a u\$s 1.000, antes de dirigir los esfuerzos a asociar.

La venta al por menor también lo forzará a intimar con el producto y construirá su confianza en que es algo que la gente realmente quiere.

Usted llega a conocer lo que vende, dice Denison. Y empieza a creer. Sabe de lo que habla, sabe en qué consisten los productos, porque los está utilizando y vendiéndoselos a la gente y ve los resultados.

SEA UN PRODUCTO DEL PRODUCTO

La mayoría de las compañías de Network Marketing tienen productos que el consumidor todavía no reconoce que necesita o desea, dice Howard Solomon, de Quorum. Y así queda en manos del distribuidor independiente que el consumidor sea consciente de que los productos existen y que hay una necesidad viable de ellos.

Hasta que toda la cultura comercial esté alineada, supondrá un difícil salto cultural para la gente comprar algo de un distribuidor de red, en vez de un negocio. No lo harán si no tienen una razón convincente. Y la razón más convincente, es que tiene algo extremadamente único que no pueden encontrar en ninguna otra parte.

La mejor forma de expandir este mensaje es convertirse en una demostración viva del producto. Utilice el producto usted mismo, y ni siquiera intente salir a venderlo a menos que haya logrado efectos benéficos tales que pueda garantizar con toda sinceridad su valor. Si usted es un creyente verdadero, esta es la presentación de ventas más atractiva de todas.

El primer gran auspicio de Denison, vino como resultado directo de su uso personal de los productos Nu Skin. Uno de los clientes de su empresa de limpieza era un cirujano plástico. Cuando limpiaba su casa un día, el cirujano observó que su piel parecía diferente. Esta fue la única rendija que Denison necesitó. Se lanzó decidida a una venta fusionada.

"Le dije que estaba en este nuevo negocio", dice "y que estaba realmente entusiasmada con él. Era un poco difícil pasar de ser la empleada, a decirle a un cirujano plástico que iba a ser multimillonaria."

Pero lo hizo. Ese mismo día, Denison fue a casa y trajo las muestras de producto y video de contacto para que los viera el hombre.

"El simplemente miró los productos, examinó los ingredientes y dijo «Estoy adentro»", recuerda Denison. "Un mes después, el cirujano completaba su carta de intención con Nu Skin para convertirse en un ejecutivo brillante."

"Se lanzó de cabeza adentro", explica Denison.

No venda, demuestre

Más poderoso que su testimonio personal, son los cinco sentidos del cliente. Siempre que sea posible, debe vender por medio de demostraciones, en vez de por persuasión.

Denison llevaba a clientes a su casa o hacía visitas para hacerles tratamientos con los productos que vendía.

"Simplemente pasaba por la rutina normal de limpiar, exfoliar, hidratar y después las dejaba descansando durante 20 minutos para pasar a un tratamiento de lifting", dice. "Cualquier persona que pruebe este lifting, comprará el producto, es increíble."

"Y el producto de cuidado de la piel es tan diferente de los que compra en grandes almacenes, que puede sentir la diferencia en su piel inmediatamente... Así conseguía a mis clientes."

Venda por convicción

Una de las armas más poderosas del arsenal de un vendedor de la *Ola 3*, es el poder para cambiar vidas que ofrece la oportunidad en sí misma. Así como el interés de un cliente por el producto puede utilizarse para captar a ese cliente como distribuidor, el interés de un cliente por su negocio puede utilizarse para vender producto.

Cuando comenzó con su negocio, Denison simplemente anunció a cada uno de sus clientes en la empresa de limpieza que ya no estaría

disponible después de la temporada de esquí, que finalizaría en mayo—
cinco meses después.

Decía, "Después de eso, se acabó. Me voy a un nuevo negocio",
dice Denison. "Y ellos decían, «Oh, Dios mío, ¿en qué te vas a meter?».
Y yo les decía que tenía una nueva línea completa de productos que
estaba presentando, y muchos decían, «Oye, ven y enséñame tus
productos»."

Desde luego, la táctica de Denison era arriesgada. No tenía
ninguna garantía de que sería económicamente independiente en cinco
meses, ni siquiera de que la compañía siguiera existiendo. Pero Denison cree que su voluntad de quemar las naves, causó una fuerte
impresión en muchos de sus clientes, despertando su interés en el
producto.

"Para ser exitoso, usted tiene que estar comprometido al 100%",
dice Denison. "Tiene que quemar las naves."

LA REGLA DEL METRO

Su capacidad única para llegar a la gente dentro de su esfera de influencia,
constituye su valor principal para toda compañía de Network Marketing.
También es su ventaja comercial más poderosa.

Muchos distribuidores dudan durante meses sobre a cuál de sus
amigos, parientes y socios dirigirse y a cuál no. Este tipo de forma
de pensar puede degenerar rápidamente en una completa parálisis. La
mejor forma de evitarlo es emplear la regla del metro. Esto significa
que venderá su producto u oportunidad a cualquiera que se acerque
a un metro de usted.

"Yo tenía mucho del tipo de persona que sólo quería hablar
acerca del negocio", recuerda Denison. "Era obsesiva, compulsiva...
y creo que uno tiene que estar obsesionado."

En el primer par de meses, Denison se había dirigido a su familia
más inmediata y clientes de limpieza. Luego pasó a la comunidad
profesional de Aspen.

"Auspicié a muchas personas por los productos", recuerda. "Asocié a una señora que es dueña de uno de los grandes gimnasios de la
ciudad. Asocié a otra que era agente inmobiliaria. También vendí
muchos productos a mis clientes de la empresa de limpieza."

El peligro principal del método del metro, es que aumenta la
exposición al rechazo. Algunos advierten que puede antagonizar a la

gente y provocar que eviten socializar con uno. Pero Denison no prestaba atención a las reacciones negativas.

"Algunas personas no me escucharían por quién yo era", recuerda. "Yo limpiaba casas y no podían hacerse a la idea de que iba a ser multimillonaria. Algunos se reían de mí. Pero algunas personas tienen una mente lo suficientemente abierta como para apreciar a alguien que tenga un sueño."

SERVICIO AL CLIENTE, LA CLAVE DE LAS VENTAS REPETITIVAS

En su libro "The E-Mith" (El Mito-E) el consultor de *management* Michael E. Gerber, cuenta cómo puso a prueba en una oportunidad a un nuevo peluquero. El hombre le lavó el cabello y se lo cortó con tijera, mientras su ayudante mantenía llena su taza de café. A Gerber le gustó el servicio y volvió por segunda vez. Pero esta vez, el peluquero utilizó las tijeras y la cortadora eléctrica, y no le lavó el cabello. La taza de café de Gerber se llenó una vez, pero no una segunda. Después de la tercera cita, en que la rutina se cambió una vez más, Gerber decidió que ya había tenido suficiente.

"Algo dentro de mí decidió no volver", escribe Gerber. "Ciertamente no fue el corte de cabello, ya que realizó un trabajo excelente. No era el peluquero. Era agradable, afable y parecía conocer su oficio. Era algo más esencial que eso. No había habido consistencia en la experiencia."

Como demuestra Gerber con su historia, la verdadera diferencia entre una cadena de restaurantes multimillonaria como McDonalds y el triste comedor popular de la esquina, es que usted sabe qué esperar de McDonalds. La consistencia es la clave del servicio al cliente.

Lo máximo en consistencia es provisto por los servicios de la *Ola 3* como la compra directa de Reliv, que permite a los clientes minoristas hacer pedidos a través de un número 0-800[12] y recibir su mercadería en unos días.

Sin embargo, incluso con un nivel de sistematización tan elevado, la oportunidad de proporcionar servicios adicionales por medio de la creatividad y contactos personales, nunca desaparece. Para algunos clientes, son esos "extra" fuera de la infraestructura de la *Ola 3*, lo que hace la diferencia entre quedarse en la red o dejarla.

Denison, por ejemplo, tiene clientes minoristas desde sus primeros días, que todavía se niegan a entrar en el programa de *Ventaja
Minorista*.

"Todavía tengo clientes en Colorado a quienes tengo que enviar
los productos por correo", dice Denison. "Ni siquiera quieren estar
en la *Ventaja Minorista*... quieren que yo los contacte, porque les
encanta el servicio. La *Ventaja Minorista* es mucho más fácil para mí
y para ellos. Pero quieren que los llame todos los meses y les diga
«Hola», y vea cómo les va. Les gusta el contacto personal... cuando
uno tiene mucha energía, a la gente le gusta hablar con uno. Así que,
supongo que soy una fuente de energía para ellos."

Construya una red de referencias

Es un gran error intentar construir una red de clientes únicamente
con sus contactos personales. El distribuidor de la *Ola 3*, multiplica
sus contactos construyendo una red de referencia.

Siempre que añada un cliente a su red, intente obtener de él los
nombres de otras personas que sepa que puedan estar interesadas en
comprar el producto. Algunos empresarios de red sugieren que pregunte directamente a cada cliente diez nombres. Pero esto puede
hacerlos retroceder. Algunos clientes pueden molestarse.

Denison utilizaba la red de referencias para penetrar en el san-
tuario interno de la elite de Aspen, personas a las que no habría llegado
a través de sus propios círculos sociales.

"Algunos de mis clientes en el negocio de limpieza estaban
relacionados con el tipo de personas «Quién es quién» en Aspen",
dice, "así que me aseguré de mostrarles los productos y que tuvieran
una buena experiencia. Aspen es una ciudad pequeña, y todo el mundo
se conoce. Así que tiene uno que codearse con la gente de moda, por
así decirlo. A la gente de moda le tiene que gustar una cosa, si usted
quiere que se haga popular."

La red de referencia de clase alta de Denison, le permitió contactar
a un hombre y su mujer que eran propietarios de una de las tiendas
más exclusivas de Aspen. Eran peces gordos, que permitieron que
Denison influenciara en un círculo mucho más amplio de personas
influyentes.

"La gente les admiraba", explica Denison, "así que, una vez en
el negocio, la gente decía, «Supongo que está bien que lo veamos.»"

A través de uno de sus ejecutivos frontales, Denison obtuvo

como referencia al dueño de los salones de belleza más importantes de la ciudad. Hoy, el equipo de marido y mujer son compradores mayoristas regulares.

Tratando con las objeciones

Por supuesto, no todo el mundo se tirará de cabeza. Muchos dirán que no. Y si usted se lo permite, minarán su confianza.

En los comienzos, Denison se acercó a una de sus clientes del negocio de limpieza, una mujer a la que admiraba mucho. Casada con un rico hombre de negocios, la mujer representaba el tipo de vida de alta sociedad a la que aspiraba Denison.

"La admiraba", dice Denison. "Quería ser como ella, viajando por todo el mundo, con las mejores ropas, una hermosa casa, ejercitándose todos los días, presidenta de esto, presidenta de aquello..."

Pero cuando Denison le mostró sus productos, la mujer levantó la nariz.

"Tenía mentalidad de nueva rica", dice Denison. "Creo que pensó que iba a venderle alguna línea barata de Avon o algo así. Cuando le enseñé los productos, dijo, «Son demasiado caros y este Nutrial huele demasiado a vitaminas». Ella simplemente criticó toda la línea de productos."

Pero Denison no se dio cuenta de la profundidad de la malicia de la mujer hasta que intentó contactar a otras personas dentro de su círculo social. Ninguna de ellas aceptaría hablar con Denison sobre el negocio. Su hostil prospecto, había hecho lo imposible para envenenar a sus amigas contra ella. La crueldad de la mujer podría haber paralizado a Denison, si lo hubiera tomado a título personal. Pero Denison dedicó su atención resueltamente a los mercados que todavía estaban abiertos para ella.

"Simplemente tuve que dejar que pasara", recuerda Denison. "Tuve que sentarme y convencerme a mí misma de no sentirme afectada por esto. Tuve que decir «No importa, hay más personas»."

INCAPACIDAD APRENDIDA Y DIÁLOGO INTERIOR

La importancia de hablar con uno mismo —el diálogo interior que mantiene uno consigo mismo todos los días— para construir la autoestima, es un tema sobre el que han escrito durante centurias tanto los predicadores evangelistas como el gurú motivacional W. Clement Stone.

Pero la ciencia de la psicología cognoscitiva, le ha añadido recientemente fundamento a esta antigua sabiduría. En 1966, el psicólogo Martin E.P. Seligman descubrió que se podía lograr que las ratas sufrieran depresión. Simplemente se las tiene que someter a electroshocks repetitivos. Al principio, luchan por escapar de la cámara de shocks. Pero cuando no encuentran salida, se echan sobre la plancha metálica y se abandonan al dolor. Una vez que las ratas han aprendido la incapacidad, se echan pasivamente en la plancha aún cuando una puerta se haya abierto. Las ratas han aprendido que es imposible escapar, así que ni siquiera intentan hacerlo.

En los casi 30 años desde este importante experimento, Seligman ha revolucionado el pensamiento de la psicología sobre la autoestima, y también el del mundo de los negocios.

Descubrió que la gente reacciona de forma muy parecida a las ratas. Aprenden "la incapacidad" después de sufrir reveses repetidos. E incluso cuando se les ofrece una salida, no logran sacar beneficio de ella.

Diálogo interior optimista

La diferencia entre las ratas normales y aquellas a las que se les ha enseñado "la incapacidad" es su diálogo interior. Las ratas normales piensan, "puedo escapar de este dolor saltando o trepando fuera de esta caja". Las ratas "incapaces" piensan, "no importa lo que haga, no puedo escapar al dolor, así que ni siquiera lo intentaré."

A lo largo de años de investigación, Seligman descubrió que el grado de optimismo o pesimismo de una persona está totalmente gobernado por el tipo de conversación interior que utiliza diariamente.

Por ejemplo, suponga que un cliente grita "¡Te odio! ¡Odio tus productos! No vuelvas a llamar jamás."

Una persona con un estilo pesimista de diálogo interior, asumirá, "Debe haber algo mal en mí. Debo haber hecho o dicho algo durante mi presentación que ha ofendido a esta persona."

Una persona con estilo optimista asumirá que la otra persona está en un error. "¡Esa persona debe haber tenido un día verdaderamente malo!"

Las tres formas dañinas de diálogo interior que Seligman identificó, se presentan a continuación: *Permeabilidad* es cuando usted universaliza una mala experiencia hasta que invade toda su vida. ¡Qué día!, puede decir después de la llamada ofensiva, "¿Cómo podré soportar esto durante ocho horas más?" La *personalización* significa culparse a sí mismo. "Debo haber dicho algo malo." *Permanencia* es imaginar que su mala suerte de ese momento es una condición crónica en su vida, como en, "¡Siempre me ocurre esto! Nunca consigo buenos prospectos."

Basándose en sus descubrimientos, Seligman inventó un test de 20 minutos para identificar a las personas con un estilo expresivo optimista. Después de instituir este test, The Seligman Attributional Style Questionnaire (SASQ), en su procedimiento de selección de nuevas contrataciones hacia finales de los 80, Metropolitan Life, experimentó un incremento del 50 por ciento en su participación en el mercado de seguros personales.

Un programa de autoestima

La organización de la *Ola 3* de hecho proporciona una estructura que, por su naturaleza misma, altera el estilo expresivo de las personas comunes, convirtiéndolos en super triunfadores seligmanianos.

"Realmente creo que el Network Marketing es un programa de autoestima", dice Denison. "Usted aprende a descubrir quién es, qué está dispuesto a hacer, y cuán fuerte es. Usted comienza, trabaja arduamente y puede que sienta que sus esfuerzos no están siendo bien recompensados. Pero, finalmente, usted se convierte en una mejor persona de lo que era antes. Florece como persona a través de este negocio."

EL TAO DE LA VENTA

En la cultura de la venta total, comprar y vender adquirirán un nuevo significado. Cuando ya no sea del dominio exclusivo de los comerciantes, mover producto se convertirá en una metáfora de la vida en sí misma, una proyección prevista desde hace tiempo en el número anual "Todo el mundo vende" de la revista Success.

"Yo comparo el vender con el vivir y el respirar", escribió Scott DeGarmo, redactor y editor de Success. "A menos que vendamos... no estamos realmente vivos."

En breve, vender se convertirá en un acto espiritual —un nuevo camino para la auto actualización. En su prosecución de la profesión de vendedor, los empresarios del Network Marketing desarrollarán salud mental y espiritual— ¡las mismas cualidades que se requieren para tener éxito en la Venta de la *Ola 3*!

"Como último análisis, ya no se trata acerca de quién gana más", dice DeGarmo, "ya que el mayor resultado de la venta es el desarrollo personal del individuo. Forma y fortalece a la persona, exponiéndola a las puñaladas del rechazo, a las batallas solitarias de la perseverancia, a la autodisciplina de la preparación constante... Si quiere vivir verdaderamente la vida, prepárese para vender."

Establezca objetivos

Cuando Denison terminó su primer matrimonio, su autoestima estaba destruida. Pero luchó por volver a levantarse por medio del poder de la visualización y la fijación de objetivos.

"Instalé un gran pizarrón de metas con todo lo que quería lograr", dice. "Imaginé que tenía 10 millones de dólares. Y recorté fotografías de las revistas sobre cosas que quería para mi futuro, como coches y casas y ropa, y construir un negocio alrededor del mundo, y tener una familia feliz y ser una buena madre y un líder exitoso en Nu Skin."

"Estaba muy enfocada, porque estaba cansada. Estaba realmente enojada por no tener lo que quería en mi vida."

La recompensa

Denison experimentó el poder de la visualización de manera notoria.

Ella y su nuevo marido, Mark Rogow, un próspero distribuidor de su compañía que había conocido en una convención, terminaron jugando un papel importante en la apertura del mercado japonés de Nu Skin. Un día, uno de sus distribuidores llamó y les pidió que visitaran Japón, donde había construido una red de considerable tamaño.

Denison y su marido se preguntaban si valdría la pena el viaje. Japón acababa de abrirse, e imaginaban que sólo podía haber un puñado de gente de Nu Skin allí.

Pero el distribuidor dijo, "No comprenden, ¡tienen 54 ejecutivos calificados en su red!"

"Mark sacó su calculadora", dice Denison, "e hizo unos cálculos diciendo, «Creo que estaremos allí la semana que viene»."

Ha nacido una estrella...

El primer viaje de Denison a Tokio excedió sus sueños más inverosímiles. Un Mercedes con chofer apareció en el aeropuerto para acercarlos al hotel. Todo había sido previamente pagado. Esa noche, llevaron a la pareja a un restaurante de primera, en el que 250 personas se levantaron y aplaudieron cuando Denison entró en el salón.

"Todo el mundo sonreía y nos miraba", recuerda.

Entonces el intérprete le informó, "Va a contar su historia esta noche. Esta es su primera reunión, y esta es su gente."

Denison podía sentir un nudo de emoción en la garganta al subir al podio y contar su sencilla historia, a través del intérprete. La audiencia de personas de negocios, estudiantes y profesionales de primer nivel, escuchaban cada una de sus palabras con atención.

"Les encantó", dice, "porque no ven algo así sucediendo con frecuencia en su sociedad; que una persona que limpia casas triunfe en los negocios. Después, hubo muchas reverencias, claro, y mucho de: «Oh, su piel es tan bonita», y «Oh, fue una hermosa historia»."

En su discurso, Denison habló sobre el pizarrón de sueños que había hecho, a partir de las fotos que recortaba de revistas, y de su gran sueño de hacer negocios alrededor del mundo algún día.

"Les conté que cuando era una niña, mi canción favorita era «Cuando deseas una estrella»", dice Denison. "Y después de mi discurso, me miraron directamente a los ojos, y dijeron «Somos parte de su sueño, y su sueño acaba de comenzar». Son gente realmente mística en algún sentido. Creen en las cosas. Creen en el sueño."

Hoy, siempre que Denison viaja a Japón, es tratada como a una estrella de cine.

"Me encanta Japón", continúa. "Allí me consideran una heroína, porque tengo una historia de éxito."

Un sueño hecho realidad

Toda la pasión, fe, empuje y energía de Denison, por sí mismas, jamás lograron elevarla por encima de la condición de empleada doméstica. Pero cuando canalizó esas energías a través del sistema de distribución de la *Ola 3*, Denison ganó no sólo riqueza, sino autoestima.

"Tengo un marido maravilloso", dice. "¡Vivo en una casa de 550 metros cuadrados, con vistas sobre la bahía de San Diego. Patino sobre hielo todos los días. Compro en las mejores tiendas. Viajo alrededor del mundo. Paso todo el tiempo que quiero con mi familia y mi hija. Tengo una vida que pocas personas podrían siquiera imaginar tener... Me siento realmente afortunada de haber perseverado y haberlo conseguido, y de haber creído en mis sueños y no haberme rendido jamás!"

(12) En su mayoría, las empresas de MLM han adoptado este sistema en la actualidad. (N. del E.).

Capítulo 6

PROSPECTANDO EN LA OLA 3

Edgar Mitchell sabía que era el momento de las manos sudorosas. Es ésta una jerga de astronautas que define un instante en el que la supervivencia pende de un hilo. El módulo lunar Apolo 14 había encendido sus motores a 180 km de altura, y comenzado su descenso en la Luna. Durante los primeros 100 km, todo fue bien. Entonces algo sucedió.

"No están conectados", dijo la calmada voz desde el control de la misión.

Su radar de aterrizaje no estaba funcionando. Los astronautas volaban a ciegas. Un error de cálculo podía hacer que su frágil nave espacial se estrellara contra la superficie rocosa. Lo más seguro hubiera sido abortar la misión. Pero los astronautas nunca lo consideraron, ni siquiera por un momento.

"Estábamos muy enfocados en el objetivo", recuerda Mitchell. "Después de haber llegado tan lejos, casi habríamos preferido estrellarnos contra la Luna que suspender la misión."

Así que, continuaron su descenso.

Incluso el circuito más minúsculo del módulo lunar había sido probado y vuelto a probar; se habían elaborado procedimientos para cada emergencia, y existían copias de seguridad de cada sistema. No se había dejado ninguna variable librada al azar. Pero finalmente, la misión dependía del valor, formación y disciplina de la tripulación.

Guiados por la voz de la radio, los astronautas trabajaban como locos, encendiendo interruptores, introduciendo programas informáticos, recorriendo con sus ojos el panel de instrumentos según patrones de control ejercitados. Sólo tenían un minuto para hacer que el radar funcionara. Después, estarían demasiado cerca de la Luna. Tendrían que volver.

Mitchell recuerda que entró en un estado de desdoblamiento casi como si estuviera separado de su cuerpo, observando los hechos desde una gran distancia. Ningún sentimiento de peligro o muerte entró en su mente. Sólo el profundo éxtasis de alcanzar su máximo rendimiento.

"Estaba totalmente concentrado en la tarea que tenía entre manos", recuerda Mitchell.

Escasos segundos antes del punto límite, al radar se encendió de pronto. Estaban a escasos minutos del aterrizaje. Mitchell los dirigía. Por la ventana, veían el polvo que se levantaba con su embestida, la alargada sombra de su nave en el suelo de la luna. La luz de aviso de superficie les indicó que el tren de aterrizaje habían tocado tierra firme. Estaban en la Luna.

"Lo que más sentía", recuerda Mitchell, "era un profundo sentimiento de alivio."

PROSPECTAR - EL CAMPO DE GLORIA

Por supuesto, en ese momento Mitchell debe haber sentido bastante más que alivio. Como Colón en las costas de San Salvador, Mitchell y los caminantes de la luna del Apolo, sin lugar a dudas incubaban pensamientos que sólo son familiares para un puñado de los más grandes de la historia. Habiendo pasado la prueba de las encrucijadas históricas más temibles, se habían demostrado a sí mismos su valía.

Los profesionales del Network Marketing soportan temibles pruebas también, especialmente en lo que se refiere a patrocinar distribuidores y contactar en frío. Ellos no reciben demasiadas alabanzas por sus esfuerzos de prospección. Pero deben generar cantidades acumuladas de valor y carácter que no son muy diferentes de las de los grandes exploradores y héroes.

En ningún otro área ha sido el tranquilizante impacto de la *Ola 3* más vital, o más revolucionario, que en el de la prospección. La prospección ha sido siempre la tarea más ardua con la que se enfrentan los empresarios del Network Marketing. Todos los días se enfrentan a un mundo de extraños hostiles o indiferentes, cuya atención deben captar y cuyas vidas deben esforzarse por tocar. ¿Cómo encuentra nuevos distribuidores? Cuando los ha encontrado, ¿cómo se acerca a ellos? Y una vez que ha establecido el contacto, ¿cómo los convence?

Edgar Mitchell descubrió que estas no son preguntas fáciles. En algunos aspectos consideraba a la prospección ¡tan desafiante como aterrizar en la Luna! Pero como con su aterrizaje lunar, Mitchell descubrió que el mejor procedimiento era desapegarse de sus miedos y confiar en el sistema.

"Con el programa Apolo, si no teníamos fe en el sistema", dice Mitchell, "y en nosotros mismos y en el equipo, no debíamos haber estado allí. Si no se tenía todo eso, no se estaba listo para el lanzamiento."

Un trabajo para héroes

Como muchos profesionales del *networking* de hoy en día, Edgar Mitchell era un refugiado de cuello blanco, forzado a involucrarse en negocios a causa de reveses financieros. Científico y filósofo, más que distribuidor, Mitchell descubrió que su doctorado en el MIT, le había dado escasa preparación para contactar extraños en la calle.

"Fue duro para mi ego", recuerda Mitchell. "Había ocupado posiciones de considerable autoridad, responsabilidad y destreza. Ahora me encontraba, a los 50 años, acercándome a extraños en la calle. Era como retroceder y ser un soldado de a pie en las trincheras."

Como la mayoría de las personas, Mitchell ha subsistido la mayor parte de su vida con ingresos lineales —dinero pagado a cambio de tiempo. Su expedición a la Luna, por ejemplo, le significó u$s 84.

"El salario medio diario del gobierno, en aquellos años, era de nueve dólares, si se nos proveía de comidas y alojamiento", explica Mitchell. "Bueno, nuestra nave era alojamiento del gobierno, las comidas eran provistas y estuvimos fuera nueve días, así que, esto significó ochenta y un dólares."

Después de retirarse en 1972, Mitchell ganaba mucho más como catedrático bien pago y consultor corporativo. Pero seguían siendo ingresos lineales. Eso significaba que podían ser eliminados en cualquier momento. Cuando una empresa naviera francesa de la cual era consultor fue víctima de una apropiación orquestada por el gobierno, a Mitchell lo eliminaron.

"Me costó mucho", recuerda. "No recibí ninguna de las bonificaciones que se suponía tenía que recibir. Y había estado fuera de los Estados Unidos durante tres años; había perdido todos mis contactos. Tuve que recomenzar mis prácticas de consultoría de nuevo."

Mitchell sabía que le llevaría meses o años reconstruir sus contactos. Necesitaba ingresos extra. Así que firmó como distribuidor de

Network 2000, compañía con base en Independence, que vende servicios telefónicos de larga distancia de US Sprint.

"Trabajé en ello con dedicación exclusiva durante dos años", dice Mitchell. "Utilizaba la regla del metro. Si alguien se acerca a un metro de usted, lo contacta, ya sea a la camarera de un restaurante o al personal de un hotel cuando se registra. Si se sienta junto a alguien en un avión, intente dirigir la conversación hacia su negocio de Network Marketing."

Debido a que confiaba en el sistema y se mantenía pegado a él, Mitchell tuvo éxito en la construcción de una red de varios cientos de personas y en la obtención de ingresos residuales mensuales que rondaban los u$s 1.700. Superó su timidez utilizando la misma fuerza interior que le había permitido aterrizar sano y salvo en la Luna.

"Simplemente me dije a mí mismo, «Hay que hacer esto», y me puse a hacerlo", dice.

PROSPECCIÓN DE BAJO IMPACTO

Una fuerza como la de Mitchell siempre mantendrá a los profesionales del Network Marketing en una buena posición. Pero la prospección ya no exige tanta heroísmo. Los *networkers* de la *Ola 3* emplean un procedimiento de bajo impacto en la prospección, que protege al distribuidor de muchos de los peores efectos de sus propios temores, defectos y debilidades. En la organización de la *Ola 3*, los sistemas y la tecnología amplifican el poder de prospección de cada empresario de red. Elija la compañía correcta, con las herramientas correctas, la infraestructura correcta, la imagen corporativa correcta y el sistema de prospección correcto, y su red crecerá, a pesar de las deficiencias en su experiencia comercial.

El sistema de la *Ola 3*

Cada líder en la línea ascendente, tiene su propio sistema de prospección. Siempre debe seguir el sistema que le haya enseñado su *upline*. Pero independientemente de las diferencias menores en el estilo o procedimiento que practique, los principios fundamentales de la prospección siempre serán los mismos.

El sistema de la *Ola 3* fusiona aquellas perspectivas esenciales y principios de prospección que los campeones del Network Marketing han perfeccionado a lo largo de 50 años de experiencia. Muchos aspectos del sistema son tan antiguos como la profesión de ventas en sí misma. Otros son tan actuales como las conferencias por satélite, los radiomensajes y las llamadas telefónicas en tres direcciones. Pero todos han sido probados en la práctica. Juntos, comprenden un tejido sin costuras de procedimientos normalizados, que, cuando son seguidos con fidelidad, aseguran el éxito a todo distribuidor.

A grandes rasgos, el sistema puede descomponerse en nueve pasos sencillos. Ellos se presentan a continuación:

PASO # 1: ESCRIBA SU LISTA CALIENTE

Los profesionales del Network Marketing la denominan de muchas formas. Mercado Caliente. Centro de influencia. Zona de confort. Pero siempre significa lo mismo. Se refiere al grupo de personas cercanas a usted. Amigos, parientes, compañeros de trabajo. Las personas a las que conoce por su nombre de pila. Este es su mercado primario. Diríjase a ellos antes de dirigirse a alguien más.

"Según los psicólogos sociales", dice Mark Yarnell, "cualquier persona de más de 25 años conoce a 2.000 personas por su nombre de pila. Pero necesita algún elemento activador que lo ayude a recordar."

Ese elemento es la "lista caliente". Siéntese y comience a anotar toda la gente que conoce personalmente. No se preocupe por dónde viven. Siempre que su compañía ofrezca distribuciones en su localidad puede contactarlos y auspiciarlos a distancia. Puede que pasen algunos días hasta que recuerde todos los nombres. Y puede que nunca llegue a su objetivo de 2.000. Yarnell, en su primer intento, sólo recordó 1.700 nombres. Pero si se enfoca en las estrellas, es probable que alcance la Luna.

En su libro "Being the Best You Can Be in MLM" (Siendo lo mejor que se puede ser en MLM), el notorio entrenador John Kalench recomienda estos ejercicios adicionales para inspirar su memoria:

• Copie todos los nombres de su agenda, incluyendo de las antiguas, si las conserva.

- En su mente, repase las diferentes áreas de actividad de su vida: familia, iglesia, trabajo, aficiones. Anote cada persona que se le ocurra relacionada con ese área.
- Mantenga sesiones de tormenta de ideas con grupos de amigos y familiares para intentar recordar a personas que ha olvidado.

"Elabore la lista de todos aquellos que haya conocido en su vida, sin calificar", dice Yarnell. "No piense, «Bueno, es abogado, no querrá hacerlo», o «Es una empleada doméstica o ama de casa, no podrá hacerlo». Anote a todo el mundo. Los primeros cuatro o cinco meses en este negocio deben dedicarse exclusivamente a contactar a su mercado inmediato."

Algunos empresarios del MLM desaconsejan dirigirse a los amigos y familiares. Dicen que esto podría aislarlo de las personas que más aprecia. Pero Yarnell aconseja un procedimiento más reafirmante.

"Aquella persona que no contacta a sus amigos y familiares", dice Yarnell, "o bien cree que éstos no le respetan, o no cree en el negocio en primer lugar. Si usted supiera con seguridad que puede lograr que la gente gane u$s 30.000 al mes, ¿no querría que su propia familia lo intentara primero?"

PASO # 2: ESTABLEZCA UNA META DE 30 PERSONAS AL DÍA

La acción es fundamental para generar *momentum* en su red. Mark Yarnell impulsa a los distribuidores a que se propongan como meta contactar 30 personas al día, cinco días a la semana. "Si usted mantiene este ritmo por el término de un año", dice Yarnell, "es factible que construya una lucrativa máquina de dinero."

"De las 600 personas que se proponga al mes, unas 570 lo rechazarán", dice Yarnell. "Quizá el 5 por ciento, o 30 personas al mes, se unirán a su red. De esos 30, puede que sólo uno se convierta en líder, es decir, distribuidor a tiempo completo en su grupo. Los otros 29 desistirán o se convertirán en consumidores."

Con semejante desgaste, ¿por qué funciona el sistema? Debido a las leyes de la probabilidad. "Es prácticamente seguro que obtenga al menos un líder al mes", explica Yarnell. "Y eso es todo lo que usted necesita. Al cabo de un año, tendrá 12 distribuidores frontales, que

moverán productos por un valor de al menos u$s 5.000 al mes."
Yarnell dice que lo más probable es que en ese punto tres de ellos
muevan al menos u$s 50.000.

PASO # 3: VENDA DE CORAZÓN

Muchos lectores se verán desanimados ante el desafío que significa
entrevistar a 30 personas por día. ¿Dónde va a conocer a toda esa
gente? ¿Qué les dirá? ¿Cómo se rompe el hielo? ¿Cómo los auspicia?

Un vendedor tradicional responde con un arsenal de rompehielos
preempaquetados, presentaciones comerciales, listas de respuestas a
objeciones y técnicas de cierre. Estas herramientas pueden ayudar
incluso a un novato. En último caso, los guiones de venta preempaquetados pueden ayudarlo a sentirse más seguro. La mejor fuente
para tales guiones es su propia línea de auspicio. También puede
consultar el excelente manual de Dennis Windsor, "The Script Book"
(El Libro de los Guiones), disponible en el catálogo de "Upline
Resources" que puede solicitar al número (800) 800-6439 (E.U.A.).

Sin embargo, los guiones comerciales son realmente una técnica
de alto impacto. Son más efectivos para ayudar a los profesionales de
la venta a presentar productos ante un gran número de personas que
al vendedor le importan muy poco o nada. La venta de alto impacto
se basa en la fuerza bruta. Para hacerlo bien, usted tiene que gastar
enorme cantidades de energía y tener una personalidad inusualmente
gregaria. Y generalmente, el prospecto sentirá su frialdad y desapego
por el producto.

"Yo soy anti-guiones", dice John Fogg, redactor de Upline. "Si
leo un guión, se escuchará como un guión. Es poco efectivo."

El acercamiento en la *Ola 3* viene del corazón. Es una conse-
cuencia de su entusiasmo natural por el producto. Al vender su
producto, usted descubre a los distribuidores que está buscando.

"Si usted vende productos para bajar de peso", dice Sandy
Elsberg, distribuidora de Life Extension Internacional, "puede conseguir un buen contacto a la semana simplemente por el hecho de
que usted ha disminuido cuatro talles en su ropa o cuatro agujeros
en su cinturón. Sus amigos y familia, los vecinos y colegas, observarán
los cambios en su ánimo, las sonrisas, su figura más esbelta, el coche
nuevo. De hecho, se acercarán a usted y le preguntarán qué está

pasando, por qué usted se ve y actúa de manera tan diferente. ¿Qué ocurrirá si usted consigue de esta manera un buen cliente a la semana, 50 semanas al año? ¿Y si cinco de esos cincuenta resultan tener tanto éxito como usted con los productos y deciden convertirse en distribuidores?"

Un entusiasmo sincero puede conquistar personas desconocidas de esta manera tan simple.

"Deje que la gente lo oiga «por casualidad» en lugares públicos", sugiere Elsberg. "Vendo productos en los restaurantes a la gente de la mesa de al lado, porque escuchan «por casualidad» mi conversación. Vendo productos en tiendas de ropa a las personas en el probador de al lado que me escuchan «por casualidad». Lo juro, si su entusiasmo es alto, puede conseguir que la gente lo siga al salir del ascensor."

Si usted realmente ama y utiliza el producto, el guión comercial apropiado le surgirá inconscientemente, de la misma forma que logra encontrar las palabras apropiadas para recomendar una buena película, un restaurante o un esteticista para sus amigos. Y su presentación será mucho más efectiva, porque se emite en sus propias palabras, en su propio estilo y viene de su corazón. La clave para la venta de la *Ola 3* es simplemente encontrar un producto que realmente lo entusiasme.

Usted tiene que haber comprado antes de poder vender

Kirby y Cynthia Wright descubrieron de la manera difícil que uno tiene que haber comprado antes de poder vender. Si siente pasión por el producto, la prospección, de alguna manera misteriosa, surgirá naturalmente. Pero si no la siente, ninguna técnica del mundo podrá conseguirle un solo distribuidor.

Todo lo que Cynthia quería en la vida era una cosa: escapar de "la tortura de nueve a cinco". Trabajaba 12 horas al día como gerente de sucursal de una oficina de empleo temporario, y casi nunca veía a su hija de tres años. "Comencé a sentirme muy frustrada con mi marido", admite. "Le decía, «¿Cuándo vas a ser lo suficientemente rico como para que yo pueda dejar mi trabajo?»."

Su marido, Kirby, salió virilmente a buscar la respuesta a través del Network Marketing. Primero, arrastró a Cynthia a una sesión de entrenamiento de una compañía que vendía filtros para agua.

"Estaban hablando acerca de cómo instalar estos filtros de agua",
recuerda Kirby, "qué tipo de arandela se utilizaba, los diferentes
tornillos y tuercas que se necesitaban, y cómo poner la toalla debajo
del aparato para no mojarse. Era como ser plomero. Cynthya y yo
nos miramos, y supe que no iba a funcionar."

Esa mirada inquieta...

Sin embargo, Kirby le dio una oportunidad. Eso fue un gran error.
Intentó imponer los filtros a sus amigos y vecinos, a pesar de que él
mismo no quería uno. "En cuanto empezaba a hablar de filtros de
agua, dice, la gente giraba sus ojos hacia mí y decía «Tengo que
irme»."

En lo profundo de su corazón, a Kirby simplemente no le gustaba
lo que vendía. Y la gente lo sentía. "A mí me parecía demasiado caro,
admite. No podía auspiciar a nadie porque yo mismo no creía en
ello." Al final, Kirby vendió un filtro, y guardó el resto en el garaje,
por valor de u$s 5.000.

A continuación, la pareja firmó con una compañía de cosméticos.
"Simplemente no era para mí", admite Kirby tímidamente. Luego
vino una compañía de productos para el cuidado de la piel. Pero la
detallada disertación bioquímica con que su auspiciador explicaba cada
producto intimidó a Cynthia.

"Era demasiado complicado", dice. "Sabía que no podría hacerlo."

Los Wright saltaron de una compañía de MLM a otra durante
más de tres años.

"En todo ese tiempo", dice Kirby, "auspicié a una persona en
total, vendí cerca de quinientos dólares en productos, y me gasté u$s
11.000. Me sentía un gran perdedor. Y además, mi mujer empezaba
a pensar que realmente lo era."

La diferencia ganadora

Como mecanismo de relojería, los Wright peleaban cada mes, cuando
las facturas vencían. Cynthia culpaba de su situación al Network
Marketing. Estaban derrochando el dinero en esquemas locos, decía.

Kirby también estaba desanimado. Pero algo en su interior simplemente no lo dejaba abandonar.

"Estaba convencido de que había algo para mí allí afuera", dice. "Tenía que haber algo."

Kirby tenía razón. Pronto descubrió una nueva compañía llamada Reliv, que vendía una bebida nutricional. Cynthia se estremeció al enterarse que había firmado con otra "estafa multinivel". ¿Cuándo aprendería finalmente?

Durante una semana, Cynthia evitó los intentos de Kirby para que probara la bebida. Todos los días, esperaba a que Kirby dejara la habitación, y luego la arrojaba a la pileta. Finalmente, para complacerlo, Cynthia aceptó probarla. Después de tan sólo una semana, se sentía como una mujer nueva.

"Me quedaba despierta hasta tarde. Antes, solía quedarme dormida en cuanto llevaba a mi hija a la cama. Ahora estaba despierta hasta medianoche. Observé que mis ansias de comida chatarra estaban desapareciendo. Las papas fritas y las hamburguesas me resultaban cada vez menos y menos atractivas."

"En ese momento comencé a interesarme, porque pensé que era algo en lo que podía involucrar a mi madre y a mi padre, a mi familia y a mis vecinos. Era algo sobre lo cual podía hablar con ellos."

Y desde luego habló. Cinco meses después, Cynthia se volcó al negocio con dedicación exclusiva. Kirby le siguió en otros tres meses. En el undécimo mes, habían alcanzado el nivel de máxima calificación de Reliv, obteniendo u$s 8.000 mensuales.

Actualmente, su ingreso anual es de aproximadamente u$s 250.000. La pareja que apenas pudo auspiciar a una sola persona, se había transformado mágicamente en campeones del auspicio— todo porque habían encontrado un producto en el que creían.

PASO # 4: SEGUIMIENTO

Cuando establezca contacto con un nuevo prospecto, es importante que realice un seguimiento telefónico dentro de las siguientes 24 horas. Para que las cosas continúen en movimiento, el entrenador en Network Marketing David Roller recomienda que llame a sus nuevos prospectos antes de llamar a sus distribuidores. Cuando se sienta para realizar sus llamadas telefónicas diarias, la tentación natural es hacer primero las llamadas más fáciles, en la mayoría de los casos, las personas que ya ha asociado y que ya conoce. Con frecuencia, esas llamadas fáciles duran tanto tiempo que ¡nunca llega a sus prospectos!

"Siguiendo ese sistema", dice Roller en su libro, "How To Make Big Money in Multi Level Marketing" (Cómo Hacer Dinero Grande en Marketing Multinivel), "acabará realizando todas las llamadas, incluyendo las más importantes— las de sus prospectos."

PASO # 5: UTILICE EL CALIFICADOR RÁPIDO

Usted puede comenzar a seleccionar o calificar a sus prospectos desde el momento que hace su primera presentación. En su libro "Big Al Tells All" (Big All lo cuenta todo), el campeón de formadores Tom Big Al Schreiter, recomienda que haga a cada prospecto las dos preguntas mágicas. Estas son: 1) ¿Quiere ganar algún dinero extra? y 2) ¿Está dispuesto a dedicar de 6 a 10 horas a la semana?

De acuerdo a Big Al, estas son las únicas dos cualidades que importan de un prospecto. El Network Marketing es el gran nivelador. En el momento de actuar, un concierge con frecuencia es más efectivo que el presidente de una compañía. Y un prospecto que no esté interesado hoy, puede que quiera volar en seis meses. Lo único realmente importante es descubrir si tienen el tiempo y el deseo en este instante.

Si su prospecto responde que no a las dos preguntas mágicas, probablemente usted no deba desperdiciar más tiempo con él o ella.

PASO # 6: LA GOTA DEL VIDEO

En años pasados, los distribuidores de MLM arengaban a los prospectos por horas con argumentos acerca de la compañía, la industria, el plan de compensación. El objetivo era persuadir a un prospecto interesado en ese mismo instante, incluso si esto significaba seguir con él hasta después de medianoche.

Pero en la prospección de la *Ola 3*, esto es lo último que debe hacer. Evite las discusiones prolongadas como si fueran una plaga. Su objetivo es mucho más fácil y mucho más modesto. ¡Simplemente consiga que su prospecto vea un video!

Esta técnica se llama "la gota del video".

Dado que ha expresado algún interés en esta oportunidad de negocios, puede decir, "me gustaría que me prometiera dos cosas. Le voy a enviar un video. Lo tendrá mañana por la mañana. Sólo dura 15 minutos. Prométame, primero, que verá el video. Y segundo que, cuando lo llame pasado mañana, me dirá lo que piensa acerca de él".

Y eso es todo. La conversación dura un minuto. No le exige que estire el cuello o ponga en juego su ego. Y si tiene cincuenta videos, puede tener cincuenta conversaciones como ésta al día— y contactar a todas esas personas.

Dos días después, le pregunta a la persona contactada qué le pareció interesante acerca del video. La respuesta de él o ella, le dirá a usted muchísimo.

Las cintas, una opción simple

Con frecuencia, la gente está demasiado ocupada para ver su video. Puede que tan sólo dure 15 minutos, pero su prospecto aún tiene que ir hasta el aparato de video, introducir la cinta, encender el televisor y pasar 15 minutos prestándole total atención al video.

Yarnell recomienda ofrecer al prospecto la opción de elegir entre un video y un cassette. ¿O quizá los dos a la vez? El prospecto mismo al no sentirse como para ver un video luego de una larga jornada, puede que decida él mismo escuchar la cinta en el equipo de su coche, mientras está en un embotellamiento de tránsito a la mañana siguiente.

Seleccionar por video

El video actúa como un filtro seleccionador o calificador de segunda línea. Distingue a los buenos de los malos contactos.

Cuando le pregunte a él o ella si le gustó el video, esté preparado para todo. Puede que se lo arrojen con algún comentario desagradable. Pero, ¿y qué?

"Se ha ahorrado gran cantidad de tiempo y esfuerzo, ¿no?" dice John Fogg, redactor de Upline. "Simplemente diga, «Envíeme el video de vuelta»... y sólo habrá invertido unos pocos minutos de su tiempo."

PASO # 7: ESCUCHAR

Pero, ¿qué si su prospecto parece interesado? En gran parte depende
de su reacción frente a la reacción del prospecto. En la prospección
de la *Ola 3*, no se espera que discuta con el contacto o responda a
todas las objeciones. En este punto, todo lo que usted necesita hacer
es ir al Paso 8 en el proceso de prospección.

Pregunte a su prospecto, "¿Qué le gustó más del video?" Y
después escuche atentamente la respuesta.

"He aprendido que las preguntas que realmente funcionan son
las orientadas a qué es lo mejor, qué es lo más interesante, qué es lo
más importante", dice Fogg. "Porque lo lleva a hablar de manera
positiva. Eso incentiva su reacción y su creatividad, más que las
preguntas sobre qué es lo que está mal, dónde está el problema. Estas
tienden a ser preguntas negativas."

A medida que su prospecto va respondiendo, usted debe estar
atento a cualquier insinuación sobre qué es lo que él o ella realmente
espera de esta oportunidad.

"Una vez que le dieron una mirada al negocio", dice Fogg, "ellos
comienzan a revelar qué es lo realmente importante en sus vidas,
cuáles son sus valores, qué problemas deben resolver."

Quizá su prospecto esté más interesado en hacer algún dinero
extra para salirse de deudas. Quizá esté buscando un trabajo a tiempo
parcial para su mujer. Quizá quiera ganar lo suficiente como para
retirarse en tres años. Prácticamente todo lo que diga su prospecto,
en esta etapa, le proporciona una excusa para sugerir pasar al Paso 8.

Howard Solomon, de Quórum, sugiere un procedimiento ligera-
mente diferente:

"Pregúnteles qué les disgusta más de lo que hacen", dice, "y si
tuvieran que elaborar una lista de sueños, cuál sería el primero de la
misma, algo que su situación actual nunca les permitiría lograr."

Aquí, también, cualquiera sea la respuesta que le dé el prospecto,
le abrirá una puerta para presentar su oportunidad como solución.

PASO # 8: REUNIÓN O CONFERENCIA
TELEFÓNICA

Una organización de la *Ola 3* bien equipada, le ofrecerá, en este punto, cuatro opciones diferentes para conducir a su prospecto a tomar una decisión. Puede invitarlo a una reunión abierta o a una conferencia vía satélite en casa de algún distribuidor, conectarlo a la próxima conferencia telefónica de su compañía, o ir al Paso 9, establecer una reunión en tres direcciones con su patrocinador *upline*.

Estos cuatro métodos son extremadamente de bajo impacto. Si lleva a su prospecto a una reunión abierta en una casa o en un hotel, su *upline* hará la presentación por usted, y la sinergia de todas esas personas entusiastas, reunidas en un salón, harán la mayor parte de la persuasión.

Una conferencia por satélite o teléfono, no requiere prácticamente ningún esfuerzo de su parte. Simplemente logre que su prospecto vaya al lugar en el momento apropiado, o realice una llamada a la hora oportuna. Los mejores presentadores de su compañía harán el resto por usted.

Pero tal vez su prospecto no quiera esperar hasta la próxima reunión o conferencia. Quizá su prospecto esté preparado ahora mismo para entrevistarse con su *upline*. Si es así, siempre puede saltear el Paso 8, y retornar a él después. Las reuniones y conferencias son tan valiosas para nuevos asociados entusiastas, como lo son para prospectos indecisos.

¡Vaya al Paso 9!

PASO # 9: EL CIERRE DE DOS EN UNO

"Los videos no hacen que la gente firme", dice John Fogg. "La gente hace que la gente firme."

En cuanto obtenga una reacción positiva a su video, debe llevar a su prospecto lo más pronto posible frente a un ser humano, para cerrar el trato. Este es el cierre de bajo impacto. En una presentación telefónica en tres direcciones, un distribuidor habla y el otro simplemente observa. Usted es el observador. Todo lo que tiene que hacer es lograr que su contacto se comprometa a una llamada telefónica en tres direcciones, con su *upline*. Usted simplemente está en línea, escucha y aprende.

Existen muchas razones por las que un equipo de dos personas funciona mejor que una persona. En primer lugar, hay poder en los números. Usted se siente más seguro cuando trabaja con un socio. Si está contactando a un amigo o miembro de la familia, es menos probable que pierdan tiempo en nimiedades si hay un extraño en la otra línea. Además, su prospecto tenderá a pensar más en su oportunidad simplemente porque ya ha convencido a dos personas, en vez de una.

Cuando le pida a su prospecto que se reúna con su auspiciador, ya sea por teléfono o en persona, es importante que recuerde que él o ella no sabe qué esperar y puede que esté un tanto ansioso. Asegúrese que su prospecto sepa que la reunión no supone ninguna obligación. Esto alivia la presión.

PASO # 10: CONSIGA QUE SE COMPROMETAN

En buena hora. Ha hecho un cierre. Ha logrado un nuevo asociado. Pero hay un paso final que dar para el proceso de selección. Hasta que su nuevo asociado haga el compromiso de trabajar realmente en el negocio, sólo es un nombre más en la lista.

Un nuevo asociado muestra su compromiso llenando una orden de pedido. Muchos nuevos distribuidores son demasiado tímidos para hacer presión sobre este tema. Están tan entusiasmados de haber firmado un nuevo asociado, que no quieren asustarlo insistiendo en que empiece a trabajar el negocio.

El entrenador de MLM David Roller, aconseja a los distribuidores que observen el principio de "no puedes perder lo que no tienes". De hecho, usted realmente no tiene un nuevo asociado hasta que él o ella se haya comprometido en el negocio. Supongamos que ocurre lo peor. Le pide a su nuevo asociado que compre u$s 500 en mercaderías y que establezca cinco citas telefónicas en tres direcciones con gente de su lista caliente. Su prospecto grita, "¡No! No tengo tiempo para todo eso. Creo que realmente no quiero estar en el negocio".

¿Ha perdido usted realmente algo? No. Porque en primer lugar, este prospecto nunca quiso realmente trabajar en el negocio. No ha perdido nada, porque nunca tuvo nada que perder.

Evite la sobrecarga de información

Uno de los errores más comunes es proveer demasiada información al prospecto. La mayoría de ellos no quieren una disertación detallada sobre los puntos fuertes de su compañía. Sólo quieren saber si sobrevivirá. No necesitan una tesis doctoral sobre su producto. Sólo quieren saber si la gente lo comprará. Y, en la mayoría de los casos, no están muy preocupados sobre cómo funciona el plan de compensación. Sólo quieren saber cuánto dinero pueden ganar.

Evite la tentación de cargar a su prospecto con cada video, folleto y manual de formación que provee su compañía. Esta es la mejor forma de asegurar que su prospecto no mire ninguno de ellos.

Utilice un buen video de contacto, preferentemente no más largo de 15 minutos. El resto de la información puede esperar hasta que él o ella comiencen a entrenarse.

Por sus propios medios

No podrá depender de su auspiciador para siempre. Después de tres meses más o menos, deberá ser capaz de hacer sus propias presentaciones, y de hacer de orador en sus llamadas en tres direcciones. ¡Ahora tiene que enseñar a sus propios asociados cómo se hace!

Tiene que convertirse en maestro del sistema de persuasión de la Ola 3. (Ver Capítulo 7 para más detalles)

PROSPECCIÓN REFORZADA MEDIANTE PUBLICIDAD

Muchos empresarios del Network Marketing intentan potenciar sus esfuerzos de prospección mediante herramientas tales como la publicidad y los contactos por correo. Los empresarios de red experimentados aconsejan a los principiantes que se mantengan alejados de tales distracciones. Para usarlas correctamente, usted normalmente tiene que gastar mucho dinero. Además pueden convertirse en muletas psicológicas para los distribuidores que temen la venta cara a cara. La cantidad de actividad que supone poner un anuncio o hacer un *mailing*, hace que los distribuidores sientan como que están haciendo algo. Pero probablemente obtendrían mucho mejores resultados tan sólo levantando el teléfono y utilizando la lista caliente.

No obstante, los *networkers* en todos los niveles debieran estar al tanto de que dichas técnicas existen. Y los avances de la tecnología harán próximamente que las técnicas de prospección potenciadas estén al alcance incluso del empresario de red estándar.

LA PUBLICIDAD COMO COMPROMISO DE LARGO PLAZO

La letra impresa es el medio de comunicación favorito de los anunciantes de Network Marketing. Los anuncios de oportunidades pueden encontrarse en periódicos diarios y semanales, en revistas y en diarios gratuitos para clientes. La radio y la televisión se utilizan con menos frecuencia, sin embargo la difusión de la televisión por cable ha animado a más y más compañías a utilizar espacios informativos de respuesta directa.

La mayoría de los empresarios de red experimentados están de acuerdo en que las propagandas de única vez son una pérdida de tiempo. Para conseguir resultados reales, debe anunciar regularmente durante un largo período. Esto le permitirá obtener de parte de la empresa publicadora, tarifas especiales por cantidad, haciendo que bajen los costos, aún cuando sea escasa la respuesta de la gente. También proporciona credibilidad a su anuncio, a los ojos del prospecto. Muchos potenciales prospectos no responderán a su anuncio las primeras dos o tres veces que lo vean. Pero, después de varias veces, empezarán a considerarlo como una institución establecida y tenderán a ser más curiosos y tener más confianza.

La propaganda perfecta

¿Qué debería decir su anuncio?

El distribuidor de Life Extension International, Harry Rubin, dice: "Escriba el anuncio que lo hubiera atraído a usted. Intente pensar en una frase que dé respuestas. Ese es su anuncio."

No existen reglas para redactar una propaganda, excepto que debe evitar cualquier insinuación de publicidad falsa. No sólo no es ético, sino que no logra atraer la clase de prospectos que usted busca.

Supongamos que pone un anuncio como éste, tomado del libro de Big Al "How to Create a Recruiting Explosion" (Cómo Lograr una Explosión en la Asociación):

BUSCO AYUDA
Gane u$s 300 - 500 al mes, a tiempo parcial. Formación
gratuita.
Posibilidades ilimitadas para líderes.
Llame al 999-9999.

Según Big Al, el problema con este anuncio es que parece prometer trabajo asalariado. Y si promete a la gente un trabajo, ellos esperarán que les proporcione eso. Los prospectos que contesten a estos anuncios, pueden sentirse engañados cuando se les ofrezca, en cambio, una oportunidad de invertir su propio tiempo y dinero en un emprendimiento de negocios. Big Al sugiere esta alternativa:

OPORTUNIDAD DE NEGOCIOS
Sea propietario de su propio negocio a tiempo parcial.
Importante compañía de Network Marketing busca distribuidores a tiempo parcial. Menos de u$s 100 para comenzar. Llame al 999-9999.

El correo directo es sólo para expertos

La primera regla de prospección por correo es... ¡no lo haga!
Como señala Big Al, hacer *mailings* es caro e improductivo y se pierde tiempo. Puede que llegue a pagar a un agente hasta u$s 50 por cada mil nombres. Añada los costos de envío, los sellos postales, los sobres y los retornos con reembolso, prepago, y un *mailing* de sólo 50.000 nombres podría costarle más de u$s 20.000.
Es más, no hay garantía de que realmente vaya a obtener el dos por ciento de retorno por su *mailing* directo según predicen los profesionales de esta actividad.
"No existe un retorno medio promedio en las órdenes por correo", dice Big Al, "porque no hay un promedio de órdenes por correo."
El correo directo es para expertos. Tienen el dinero, los agentes, los publicistas de primer nivel y los diseñadores gráficos para realizarlo. Y si pierden u$s 20.000 en un *mailing* que no funciona, aún siguen en el negocio.
Hasta que se haga famoso, es mejor que utilice las reuniones de dos en uno.

El avance tecnológico

A pesar de que parecería que la desaliento, reconozco que la prospección potenciada con herramientas tiene futuro en el Network Marketing. La clave estará en la nueva tecnología. A medida que las computadoras sean más baratas y más amigables, el correo directo y otras formas potenciadas de prospección se harán cada vez más asequibles al distribuidor promedio.

En un futuro inmediato, un número cada vez mayor de distribuidores harán sus contactos mediante propagandas de respuesta directa provistas de números gratuitos de correo de voz. Los que respondan recibirán cartas personalizadas, generadas por PC. Los mailings directos también tendrán asociados números de correo de voz, que han demostrado ser efectivos en el aumento de respuestas.

Pero, en la actualidad, estas tecnologías residen principalmente en las manos de los expertos en PC. Todavía cuesta miles de dólares equiparse con el software y hardware necesarios, y todavía toma gran parte de su precioso tiempo realizar contactos en frío. Por el momento, el distribuidor promedio debe mantener el uso del teléfono y de su mercado caliente.

Cómo encontrar su perla

La historia de la ostra ha estado circulando por la industria del Network Marketing desde hace años, en diferentes versiones. No sé quién la inventó originalmente. Pero encapsula perfectamente la correcta metodología para seleccionar a sus prospectos.

Había una vez dos buscadores de perlas, Stavros y Giorgos, que vivían en una isla griega. Stavros tenía mucho éxito, pero Giorgos apenas podía mantener a su familia. Un día, Stavros le ofreció a Giorgos bucear con él, para ver si podía ayudar a su poco afortunado colega.

Giorgos buceó hasta el fondo del mar y recogió una ostra con buen aspecto. Entonces la subió hasta la superficie, la llevó con cariño a la playa, y procedió a abrir la ostra con el cuchillo.

"¿Por qué has salido tan pronto?", le preguntó Stavros. "¡Has desperdiciado una zambullida completa para recoger tan sólo una ostra!"

"Sé lo que hago", dijo Giorgos. "Tengo un presentimiento sobre esta ostra. Tiene algo especial."

Stavros observó en silencio mientras su amigo acababa de abrir la ostra. ¡Ah, no había ninguna perla! Giorgos cerró la ostra con cuidado, la sostuvo entre sus manos y se sentó sin moverse, balanceándose con los ojos cerrados.

"Giorgos, ¿qué estás haciendo ahora?", preguntó Stavros.

"Creo en esta ostra", dijo Giorgos. "Si la cuido y la mantengo caliente, tal vez produzca una perla, por gratitud."

Meneando su cabeza, Stavros se marchó. Se estaba haciendo tarde, y necesitaba hacer algo de trabajo. Mientras Giorgos cuidaba de su ostra especial, Stavros volvió a bucear, llenando con 100 ostras su balde, llevándolas a la playa, y abriendo metódicamente cada una de ellas. Cada ostra que no tenía perla, Stavros la devolvía al agua.

A la caída del sol, Stavros buscó a su amigo. Giorgos todavía estaba cuidando de su ostra vacía.

"¿Ha habido suerte?", preguntó Giorgos.

"Sí", contestó Stavros. "He tirado 95 ostras vacías. Pero he encontrado cinco con perlas en su interior. Creo que llevaré a mi esposa a la taberna esta noche para celebrarlo."

"Stavros, siempre fuiste un hombre de suerte", dijo Giorgos.

No es suerte

Por supuesto, la suerte no tiene nada que ver con ello. El campeón de los auspiciadores es siempre aquel que hace 100 malos contactos... ¡para conseguir cinco perlas!

Muchos empresarios del Network Marketing se comportan como Giorgos. Siguen volviendo al mismo prospecto una y otra vez, incluso aunque él o ella siga diciendo que no. Por supuesto, a los Giorgos no les gusta el rechazo. Pero es mucho más fácil soportar el rechazo por parte de un prospecto conocido, que arriesgarse a ser rechazado cien veces por parte de una multitud de perfectos extraños. Justifican su inactividad diciéndose a sí mismos que están trabajando con un prospecto obstinado.

No pierda su tiempo suplicando o discutiendo con gente que parece cerrada o excesivamente escéptica. Si tiene que empujarlos para que empiecen, probablemente tenga que empujarlos para que trabajen cada día, después de que hayan firmado. Siga el principio de la historia de las ostras, tira las vacías al mar.

"Es cuestión de seleccionar suficiente gente", dice el distribuidor de Quórum, Howard Solomon. "Busque a los que quieran hacerlo."

¿Qué hacer con las ostras vacías? Por supuesto, en Network Marketing, no hay ostras completamente vacías. Puede que no contenga la perla de un potencial líder frontal. Pero incluso el peor prospecto puede aún convertirse en consumidor. También puede proporcionar referencias para otros contactos, que puede que resulten ser portadores de perlas.

¡Nunca está de más preguntar!

SU MERCADO POTENCIAL

La regla del 80/20 establece que el 80 por ciento de su negocio será hecho por el 20 por ciento de los distribuidores de su red. Así que tiene que asegurarse de tener los distribuidores adecuados.

La mejor forma de conocer a pequeños propietarios de negocios y otros profesionales motivados, es por medio de las organizaciones comunitarias. Suscríbase a actividades y cursos en la Cámara de Comercio local. John Fogg de Upline, recomienda acercarse a los grupos locales como los Lions, Rotary y Kiwani y ofrecerse voluntariamente para hablar de un tema como "Network Marketing, ¿Ola del futuro o Estafa piramidal ilegal?"

Pequeños propietarios

Los propietarios de pequeños negocios proporcionan una estupenda tierra fértil para la prospección del MLM. En primer lugar, entienden ya las dificultades de llevar adelante un negocio. Ya han tenido que luchar con las grandes decisiones de la vida al decidir trabajar por su cuenta. También es más probable que tengan reservas de crédito y en efectivo necesarias para convertirse en líderes frontales.

Otra razón por la que los dueños de pequeñas empresas están preparados para el Network Marketing es que sufren.

"Tienes que ir en busca de la gente que está sintiendo dolor en este momento", dice Tom Hill de Nu Skin. "Y esos son los pequeños propietarios."

Como señala Hill, los propietarios de pequeños negocios de hoy en día se quejan del elevado costo de los impuestos, de los beneficios para el trabajador y de las regulaciones gubernamentales. Muchos están totalmente abiertos a escuchar una forma de hacer negocios que evite la burocracia.

"Terry y yo tenemos 5.000 distribuidores en nuestra red", dice Hill, "pero no tenemos que pagarles un centavo en seguridad social, beneficios médicos, desempleo, ¡nada! Y, si uno de ellos resbala y cae, no tengo que darle una compensación. Así que uno tiene las ventajas de un negocio tradicional, sin los dolores de cabeza. Cuando explico esto a muchos pequeños propietarios, están muy abiertos a la idea."

Contactar a otros empresarios de red

Algunos empresarios del Network Marketing abogan por buscar a los líderes exclusivamente en las categorías de empresarios de red experimentados.

"Es como un equipo de deporte profesional, cuando se empieza una franquicia", dice Howard Solomon de Quórum. "A quién ponen en el equipo? No ponen un anuncio en el periódico, ¿no? Van tras otros equipos de deporte profesionales. Ellos reclutan, forman y seleccionan jugadores profesionales. Esta es una forma de hacer Network Marketing."

Solomon recomienda que incluso los distribuidores nuevos pregunten entre sus amigos para ver a quién conocen en Network Marketing.

"Encuentra gente que no esté satisfecha con su compañía actual", dice Solomon, "gente que esté buscando un vehículo mejor."

Hágase global

La revolución de la *Ola 3* ha abierto un terreno fértil de prospección, totalmente desconocido para los empresarios de red del pasado, los mercados extranjeros.

Tom y Terry Hill tienen *downlines* en Hong Kong, Australia, Nueva Zelanda, Japón y otros países. Por sí solos, nunca hubieran podido manejar las complicaciones de construir un imperio internacional. Pero la infraestructura global de Nu Skin lo hizo casi fácil.

Realmente, la mayor parte del tiempo, ¡los Hill ni siquiera tienen que salir de su casa para auspiciar en esos países!

"Uno de mis distribuidores más fuertes es una señora de Sydney, Australia, a quien nunca conocí", dice Tom Hill. "Realizo mucho trabajo telefónico con ella. Nos enviamos mutuamente información por fax y por correo. Yo le envío cintas de video y cassettes de entrenamiento."

Cuando es necesario, los Hill se comunican con sus redes extranjeras vía teleconferencias globales organizadas por la compañía matriz.

La infraestructura de Nu Skin maneja todos los detalles técnicos que hacen prohibitivos los negocios extranjeros, que mantienen a la mayoría de la gente promedio confinada dentro de sus propias fronteras. Impuestos, tarifas, aduanas, licencias de importación-exportación, todo eso es arreglado por la compañía por adelantado, antes de abrir un país a los distribuidores de Nu Skin. Las computadoras de la compañía también aíslan a los distribuidores de las complicaciones enervantes de la conversión de moneda.

"Todos los meses recibimos un listado", dice Hill. "Muestra país por país, dando el volumen total que hemos movido allí, con un desglose de lo que hemos ganado expresado en dólares estadounidenses."

UTILICE LA IMAGEN CORPORATIVA

Es mucho más fácil lograr la atención de un prospecto cuando representa a una compañía multimillonaria, con una trayectoria reconocida. Los distribuidores de la *Ola 3* han aprendido a potenciar la imagen corporativa como una poderosa herramienta de prospección.

Tom Hill lo utilizó con beneficios concretos en sus aventuras internacionales. Se alojó en el Hong Kong Hillton con una lista de 300 contactos, muchos de ellos referencias de sus downlines, y otros obtenidos de un libro de referencias de una biblioteca, que enumeraba pequeños propietarios de negocios de Hong Kong.

"Me enfoqué en presidentes de compañías con ventas de u$s 10 a 50 millones al año", dice Hill.

Como agente de cambio para Merrill-Lynch, Hill había realizado gran número de llamados en frío a dueños y presidentes de compañías.

Sabía lo difícil que era localizarlos por teléfono. Los ejecutivos de alto nivel de Estados Unidos vivían tras murallas de fortalezas siempre en guardia contra presentaciones de venta no solicitadas. Pero Hill descubrió que la prospección internacional era mucho más sencilla.

Auspició a un agente inmobiliario de Hong Kong que había ganado una fortuna construyendo proyectos en Vietnam y en otros lugares de Oriente Medio. El hombre estaba cansado de tener que invertir millones en capital cada vez que lanzaba una nueva aventura. Estaba buscando opciones con bajo costo inicial.

"Lo llamé y me presenté como hombre de negocios americano, representante de una compañía multimillonaria", dice Hill. "Le dije que me gustaría tener la posibilidad de conocerlo y discutir algunas oportunidades. Fijó una cita."

Hill se encontró con el hombre en la recepción de su hotel. Después de hacer su presentación de 20 minutos, Hill se recostó en su asiento y mantuvo la respiración, preparándose para lo peor. Un ejecutivo americano podría haberse sentido engañado. Podría haber perdido el control, furioso por haber perdido su tiempo en una presentación de Network Marketing. Pero, para su alivio, Hill descubrió que los hombres de negocios asiáticos tienen una actitud más iluminada.

"Firmó en ese momento", dice Hill. "Dijo «Vamos a empezar»."

La última noticia que tuvo fue que el hombre lo estaba haciendo excepcionalmente bien. Esto no es sorprendente, teniendo en cuenta la ética laboral extraordinaria que Hill observó entre los hombres de negocios asiáticos.

"Están activos las 24 horas", se maravilla. "Y ¡hablan de alta tecnología! Salíamos a cenar y llevaban teléfonos y máquinas de fax portátiles. Les encanta enviar fax y hablar por esos teléfonos portátiles. Es casi constante."

Sin la profunda infraestructura internacional de Nu Skin, Hill nunca habría tenido acceso a esa forma de trabajo notoriamente ética. Ni hubiera disfrutado de la increíble aventura de moverse y tratar con los grandes ejecutivos del Océano Pacífico.

Potencial ilimitado

Nada logrará eliminar el temor a las llamadas en frío, ni el aguijón del rechazo. Pero el procedimiento de bajo impacto de la prospección de la *Ola 3* le da un poder no conocido por los vendedores de antaño. Le da el poder de concentrar cada elemento de tiempo, esfuerzo e ingenuidad en un solo propósito, sin distracciones. Ese propósito es conocer gente y persuadirlos de enlistarse en el negocio.

"Ponga todos los huevos en una sola canasta", dijo Andrew Carnegie, "y después obsérvela."

Carnegie comprendía que la fuerza del esfuerzo concentrado de un individuo es tal que ningún obstáculo puede oponérsele. Así ocurre con el distribuidor de la *Ola 3*, cuyo único esfuerzo es soñar, planear y trabajar con el sistema. Si uno tan sólo sigue los procedimientos, seguramente alcanzará las metas más elevadas.

Capítulo 7

PERSUASIÓN EN LA OLA 3

Imagine que acaba de convencer a un prospecto escéptico de echar un vistazo a su oportunidad. Ve su video de 15 minutos, y quiere saber más. Acepta hablar con su auspiciador en una llamada en conferencia, pero está ocupado y no le gustan las multitudes.

¿Qué hace Ud. ahora?

En el pasado, la respuesta era... nada. Nada excepto entregarle más y más folletos y fotocopias con información que nunca leerá. Nada, excepto perseguirlo por teléfono y personalmente, hasta que finalmente él desea que usted caiga muerto. O retraerse y mantener una amistad con él durante muchas semanas y meses, esperando pasivamente el momento apropiado para empezar a hacer su presentación nuevamente.

Hoy en día, no obstante, existen otras opciones.

EL SISTEMA DE PERSUASIÓN DE LA *OLA 3*

Los empresarios del *networking* de la Ola 3 han perfeccionado una abundante cantidad de nuevos métodos que los capacitan para ampliar su poder de persuasión durante los momentos críticos del proceso de prospección. Entre ellos, se encuentran las deslumbrantes nuevas tecnologías como las reuniones vía satélite y las teleconferencias. Más sutil, pero igualmente poderosa, es la gama más tradicional de sistemas finamente sintonizados para manejar las objeciones, romper los prejuicios y trabajar con sus *downlines* para lograr entusiasmar a los prospectos por medio de reuniones y encuentros en casa.

Pero todas estas técnicas tienen en común un solo principio: Lo hacen capaz de aprovechar el conocimiento, esfuerzos y entrenamiento de otros para que hagan el trabajo por usted. La clave, como siempre, es confiar en el sistema, y no reinventar la rueda.

131

Intervención electrónica

Quizá el ejemplo más puro de persuasión de la *Ola 3*, es la teleconferencia de la compañía. No requiere ningún esfuerzo de su parte. Pero es notablemente efectiva para movilizar a sus prospectos más difíciles hacia una decisión.

Por ejemplo, en la situación descripta anteriormente, simplemente pida al prospecto difícil que marque un número determinado a una hora concreta y escuche. Su compañía hará el resto.

"Simplemente escuche durante 25 minutos", dígale. "Si no lo encuentra interesante, cuelgue, y no habrá más obligaciones."

Es una prospección de una presión increíblemente baja. Su prospecto marca el número y escucha a un locutor profesional saludar a los asistentes, y anunciar cuántas personas están escuchando la llamada, cifra que puede varias de varios cientos a miles. La audiencia puede incluso ser internacional, con gente escuchando desde muchos países diferentes. El alcance de la audiencia impresionará a su prospecto.

Entonces comienza el "show". El locutor presenta y entrevista a un número de destacadas personalidades de la compañía, pudiendo elegir entre el fundador y presidente, alguno de los distribuidores más exitosos o un nuevo distribuidor con una historia de "mendigo a millonario". Con todo el brillo y glamour de un *talk show* de Hollywood, la teleconferencia vende el producto, la compañía, y a la misma industria del *networking*. Después de 25 minutos, su prospecto puede no estar totalmente decidido a comprar su oportunidad. Pero ahora sabe que es algo grande.

La reunión por teléfono con altavoz

Cuando Kyrby y Cynthia Wright mantuvieron su primera reunión para Reliv, llevaban en la compañía con base en Chesterfield, sólo dos semanas.

No sabíamos nada, admite Cynthia. Teníamos a cinco prospectos sentados en nuestra sala, y no teníamos ni idea de qué decirles.

Pero los Wright no tenían que decir nada. Estaban manteniendo una reunión por teléfono con altavoces (es decir sacando la conversación "al aire"). A la hora acordada, llamaron a su auspiciador, Tom Pinnock, que vivía a cientos de millas de Orlando. Su auspiciador proporcionó, a través del teléfono con altavoz, una presentación comercial de 30 minutos a una absorta audiencia. Tres de los cinco prospectos, firmaron en el acto.

"Hicimos esto en todas las reuniones durante los primeros 30 días", recuerda Cynthia.

Los Wright descubrieron que las reuniones por teléfono con altavoz, generaban una "mística" sobre su auspiciador, que les ayudaba en sus esfuerzos comerciales.

"De hecho crea algo de misterio", dice Kirby. "Porque el hecho de no poder verlo, les intriga."

Cuando Pinnock finalmente viajó para dirigir personalmente una reunión en la sala de los Wright, se había convertido en una pequeña celebridad.

"Todo el mundo se moría por conocerlo", dice Cynthia. "La noche que él vino teníamos a 30 personas en nuestra casa."

Utilice CHOP (chispa de otra persona)

Los empresarios de MLM de los primeros tiempos tenían que ser maestros de la chispa comercial. Pero los distribuidores de la *Ola 3* utilizan el CHOP. Cualquier distribuidor con u$s 500 y 20 minutos libres, puede comprar e instalar una antena satelital que transformará su hogar en un minicentro de convenciones. Sus invitados pueden ver la presentación de una compañía en su propia sala, con todas las características de una convención política con cervezas y pizzas, ¡y Ud. no necesita un gramo de formación o habilidades comerciales para presentarlo!

"Hicimos una transmisión de 30 minutos desde una enorme conferencia regional en Dallas", dice Kirby Wright, de Reliv. "Miles de prospectos lo vieron por todo el país, en sus salas, en centros de conferencias de hoteles, en todas partes. Llegaron a escuchar al presidente de la compañía, al inventor del producto, a muchos distribuidores de éxito. Fue extremadamente bien recibido."

Las conferencias por satélite y por teléfono inyectan chispa profesional justo dentro del proceso de venta, haciendo saber al prospecto que hay miles de otras personas que están participando de la misma oportunidad. La presentación se pule. El talento se eleva. Depende totalmente de la acabada destreza de otros. Y cuando termina, Ud.

está libre para dedicar sus energías a la parte divertida del proceso de prospección, relacionarse con el prospecto como amigo.

El factor comando

Hoy en día, hacemos la guerra con bombas inteligentes computarizadas, los misiles Tomahawk. Pero los comandos de Fuerzas Especiales todavía practican las artes primitivas del combate cuerpo a cuerpo. Desde luego, su entrenamiento en el uso de los puños, pies y cuchillos es mucho más intenso y sistemático que antes. Esto es porque el guerrero de hoy debe ser tan peligroso para el enemigo desnudo y desarmado, como lo es cuando está equipado con las últimas gafas de visión nocturna y misiles Stinger de lanzamiento desde el hombro.

Así mismo, "los comandos" de la *Ola 3* deben adiestrarse en la doctrina de la "prospección cuerpo a cuerpo". Toda la tecnología del mundo no lo ayudará si, cuando se apaga la TV y finaliza el video o la teleconferencia, Ud. se encuentra contemplando a su prospecto como un tonto, sin encontrar las palabras apropiadas.

Prospección mano a mano

La prospección mano a mano sigue siendo la única fase interactiva del proceso de persuasión. Sólo hablando con un ser humano, sus prospectos tendrán la oportunidad de expresar sus objeciones y obtener respuesta a sus dudas más profundas.

En las etapas iniciales de su negocio, su *upline* se ocupará de esto por usted, por medio de reuniones o llamadas telefónicas en conferencia. Pero, eventualmente, su auspiciador acabará haciéndolo "salir del nido". Tendrá que hacer su propia presentación y a la vez enseñar a otros cómo hacerla.

El mejor método, para empezar, es siempre el que le ha enseñado su auspiciador. Pero a medida que Ud·adquiere maestría en los fundamentos, querrá expandir su repertorio con un arsenal de probadas herramientas de persuasión.

UN PROCEDIMIENTO DE SEIS PASOS

La persuasión de la *Ola 3* es un proceso de venta de baja presión. Su propósito no es cerrar una venta, sino ofrecer opciones y posibilidades. Su objetivo es persuadir a su prospecto de que la forma que Ud. ha encontrado para vivir y actuar en los negocios, es mucho más sencilla, más divertida y más lucrativa que la de él. A continuación, ofrecemos un procedimiento de persuasión en seis pasos, que sintetiza los mejores pensamientos de los líderes del MLM expresados hasta la fecha:

PASO # 1: CONSTRUIR RELACIONES

No es necesario que Ud. haga un curso de Dale Carnegie para establecer relaciones con la gente. Todo lo que tiene que hacer es demostrar un interés sincero en ellos. El entrenador líder en MLM, John Kalench, recomienda la técnica del ¿Cómo está? Cuando conozca a su prospecto, pregúntele "¿Cómo está?" Probablemente le contestarán con un "Bien, gracias" sentido a medias. Es entonces cuando inclinándose hacia adelante usted pregunta, "No, sinceramente. ¿Cómo se encuentra?"

Escuche muy atenta y pacientemente lo que diga su prospecto a continuación. Podría ser cualquier cosa. Y realmente no importa lo que diga. Simplemente manténgalo hablando, tanto tiempo como pueda. Cuando desfallezca, anímelo con frases como "Cuénteme más sobre eso". Para cuando haya acabado de hablar, tendrá el raro sentimiento de que ha encontrado un espíritu inusualmente afín. Y esto sólo tomará unos pocos minutos.

PASO # 2: EMPLEE LA TÉCNICA DEL ABC

"¿Intentaría verter café caliente en un termo con la tapa puesta?", pregunta Leonard Clements, editor de Market Wave. "¿Podría poner una cinta de video en su videocasetera si ya hubiera otra dentro?" Desde luego que no. Desafortunadamente, la forma en que la mayoría de las personas contactan personas en MLM tiene más o menos el mismo sentido.

Según Clements, la mayoría de los auspiciadores de MLM intentan imponer el Network Marketing en la gente, sin prepararlos adecuadamente. Para traer una solución a este problema, Clements ha desarrollado lo que llama "La Técnica del ABC".

Clements cita una empresa de investigación comercial que realizó un estudio de personas no propietarias de negocios, preguntándoles: "¿Ha considerado alguna vez la posibilidad de ser propietario de su propio negocio?"

Un 85 por ciento respondieron que sí, dice Clements. La siguiente pregunta era, "¿Por qué nunca lo intentó?" En casi todos los casos, los entrevistados dieron las mismas cuatro razones:

- Supone demasiado dinero.
- Supone demasiado tiempo.
- Es demasiado riesgo.
- No sé cómo hacerlo.

La belleza del Network Marketing es que elimina estas cuatro objeciones, dice Clements. Las erradica completamente.

Para ilustrar esto, Clements sugiere que le pregunte al prospecto si asumiría el compromiso de un negocio que:

- Tiene unos costos iniciales totales de menos de u$s 500 y unas posibilidades de ingresos mayores que las ganancias de algunos de los directores generales de las empresas Fortune 500. (No supone demasiado dinero)
- Requiere una inversión de tiempo total tan pequeña como de 10 a 20 horas semanales. (No requiere demasiado tiempo)
- Le permite seguir trabajando en su trabajo actual, hasta que los ingresos de su negocio sean suficientes para que gane al menos lo mismo. (No requiere demasiado riesgo)
- Existe una compañía que se ocupará de toda la investigación y el desarrollo, nóminas, envío de mercaderías, impuestos, problemas legales, etcétera. Y esta compañía realizará estos servicios todos los meses, durante la vida del negocio por unos u$s 20 al año, aproximadamente. (No se requieren conocimientos especiales para realizarlo)
- Proporciona consultores expertos de manera gratuita, para formarlo y aconsejarlo personalmente durante un número de horas ilimitado, a lo largo de la vida del negocio.

Pregúntele si lo considerarían, si todo esto fuera cierto, dice

Clements. Probablemente dirán algo como «Bueno, sí, seguro. Pero tiene que haber alguna trampa».

En ese momento, Ud. debe responder que el Network Marketing proporciona todo lo anterior. Habrá completado así el Paso A del proceso ABC: sugerir a su prospecto que el Network Marketing es más fácil que empezar un negocio convencional.

El Paso B es un poco más difícil. Ahora tiene que convencer a su prospecto de que el Network Marketing es legítimo. Muchos distribuidores cometen el error de lanzarse a una defensa apasionada de su negocio, mientras critican el abuso por parte de los medios masivos de comunicación. Esto es demasiado. Su prospecto no quiere luchar con lo establecido, y si siente que ésta es su intención, probablemente perderá el interés. En la mayoría de los casos, cuando un prospecto dice, "¿No es eso una estafa piramidal ilegal?", simplemente lo que desea es que usted le asegure que le está proponiendo algo legal. La mejor y más rápida forma de proporcionar esta seguridad es la siguiente: 1) Reconocer que han existido muchos abusos por parte del Network Marketing en el pasado, igual que con las franquicias, negocios inmobiliarios, la especulación en bolsa y cualquier otra forma de negocio; y 2) Señalar que el Network Marketing tiene ahora 50 años, ha entrado en su tercera y madura ola de evolución, y está siendo usado ya por empresas como Coca-Cola, Gillette, Colgate-Palmolive, MCI, etc..

El Paso C es el más fácil. Es cuando Ud. concretamente presenta su producto y oportunidad. Utilice la técnica de presentación recomendada por su auspiciador.

PASO # 3: RESPONDER OBJECIONES

Si su prospecto plantea preguntas u objeciones durante su presentación ABC, debe pedirle que las anote, para responderlas más tarde.

Deje que termine de plantear la idea primero, podría decirle, y para cuando haya acabado, probablemente algunas de sus preguntas habrán sido contestadas.

Del noventa al noventa y cinco por ciento de todas las «objeciones» que tendrá, serán las mismas que han sido respondidas una y otra vez por cientos, incluso miles de distribuidores, dice John Kalench en "Being the Best You Can Be in MLM", (Siendo lo Mejor que Usted pueda Ser en MLM).

La técnica ABC está diseñada a medida para responder automáticamente a muchas de las objeciones más comunes. No obstante, su prospecto puede aún tener todavía algunas preguntas legítimas. Ahora es el momento en el que Ud. debe formular una buena promesa. Kalench recomienda un procedimiento en seis pasos para manejar cualquier objeción.

Según Kalench, el primer paso para manejar cualquier objeción es escuchar. Escuche la objeción en su totalidad. No interrumpa. No lo corte. No suponga que sabe lo que va a decir antes que acabe de decirlo.

En segundo lugar, transforme la objeción en una pregunta. La mayoría de las objeciones, según Kalench, son tácticas dilatorias para retrasar una decisión, o preguntas disfrazadas. En muchos casos, su prospecto puede plantear una objeción que a usted le parece que ya se ha tratado en su presentación ABC. No se enfade. No diga, "Como ya le he explicado...." Esto sólo insulta a su prospecto.

Cuando el prospecto ha terminado de plantear su objeción, transfórmela, en su mente, en una pregunta. Kalench sugiere que haga esto añadiendo la frase "¿No es cierto?", al final. Por ejemplo, si su prospecto dice, "Oh, sí, esto es como una de esas cosas piramidales de las que he oído hablar", añada mentalmente la pregunta, "¿No es cierto?", y de repente Ud. se dará cuenta que su prospecto realmente le está preguntando si su negocio es legal, una pregunta muy importante y válida. Supongamos que su prospecto dice, "Simplemente no tengo tiempo para hacerlo". Añada la frase "¿No es cierto?", y verá bastante claramente que él quiere saber si puede triunfar en este negocio, teniendo un tiempo siempre limitado.

Ahora que comprende la verdadera naturaleza de la objeción de sus invitados, reconozca que ellos plantean un tema legítimo. Una buena frase es, "Comprendo lo que dice". Y luego haga una pausa. No utilice la palabra pero. Si dice "Comprendo lo que dice, pero..." es sólo otra forma de decir "No comprendo lo que dice."

Ahora responda a la objeción. Kalench desaconseja intentar asfixiar la pregunta de su prospecto con hechos. En la mayoría de los casos, él ya conoce los hechos, pues ya los ha escuchado en su presentación ABC. Lo que realmente quiere es seguridad y ánimo. La mejor forma de proporcionar esto, según Kalench, es contar una experiencia personal o la de alguien que Ud. conozca.

Por ejemplo, supongamos que su prospecto dice, "No creo que

realmente tenga una personalidad de tipo comercial". Cuéntele cómo usted también se sentía inseguro cuando se inició en el Network Marketing. Relate algún incidente gracioso en el que vivió alguna situación embarazosa por su inexperiencia comercial. Entonces cuéntele cómo, con la ayuda de su aupiciador y el sistema de formación duplicable de la organización de la *Ola 3* a la que representa, pudo trascender sus propias faltas de conocimiento y comenzar a lograr éxitos.

Mostrando su imperfección y vulnerabilidad, Ud. construye relaciones con su prospecto. Y su historia porporciona precisamente el tipo de seguridad que él necesita.

Después de contar la historia, asegúrese de que ha logrado profundizar. Pregúntele, "¿Tiene esto algo de sentido para usted?, ¿Puede ver cómo ésto también podría ocurrirle a usted?, ¿Aclara esto su preocupación?"

El paso final en el "sistema de contra-objeciones" de Kalench, es presentar alternativas a su prospecto. Si él todavía duda, puede quitarle algo de presión presentándole una opción. Suponga que su objeción es que no tiene tiempo. Dígale, "Mire, ¿por qué no prueba el producto durante un par de semanas y ve si le gusta?". No importa cuál sea su objeción, siempre habrá alguna alternativa que pueda ofrecer y que parecerá un compromiso.

PASO # 4: TRABAJAR CON LA IDEA DE DOLOR Y PLACER

Los psicólogos están de acuerdo en que el miedo al dolor es mucho más persuasivo que el deseo de placer. Pero el motivador más poderoso de todos es la combinación de dolor y placer. Una de las formas más seguras de conseguir que su prospecto piense, es convencerlo de que vivirá para arrepentirse de no haberse involucrado ahora en el Network Marketing. Al mismo tiempo Ud. puede suavizar la "amenaza" mostrando más beneficios del MLM.

Esta es una técnica dura. Pero si su prospecto no se impresiona con la presentación ABC, es el momento de sacar la artillería pesada.

¿Puede jubilarse antes de morir?

Algunas veces, Yarnell utiliza puro temor como incentivo para lograr que se unan a su red. Este procedimiento es especialmente efectivo en tiempos difíciles como los que corren, cuando muchas personas están sin trabajo. También puede utilizarse con personas que trabajan mucho por poco dinero, como los profesores.

El método de Yarnell es preguntar a la gente, "¿Ud. podrá jubilarse antes de morir?"

La mayoría de las personas harán una mueca con la cara y lo mirarán perplejos. Esta es la respuesta correcta. Ahora, vuelva a plantear la pregunta.

"¿Con sus ingresos actuales, podrá reunir suficiente dinero como para poder permitirse el retiro? ¿O tendrá que seguir trabajando hasta el día de su muerte?"

Ahora ha captado su atención. Señale al prospecto que, con el ritmo de inflación actual del tres por ciento, una persona de 35 años que hoy gane u\$s 60.000 al año, no podrá retirarse manteniendo su actual nivel de vida. Esto es debido a que, para cuando tenga 65 años (en el año 2023) tendrá que ganar u\$s 150.000 al año para poder comprar lo que hoy compra con u\$s 60.000.

Si consigue colocar sus ahorros a un interés del cinco por ciento, dice Yarnell, necesitará un "huevo en el nido" de u\$s 3 millones.

Su desventurado prospecto tendrá que ahorrar u\$s 43.915,66 al año, a partir de este día. Pero si sólo gana u\$s 60.000, sería más que la totalidad de sus ingresos netos, libres de impuestos. Evidentemente, es imposible.

Entonces Ud. deja caer la gran pregunta.

"¿Cómo puede generar casi u\$s 100.000 en ingresos disponibles anuales durante las siguientes tres décadas?"

En la mayoría de los casos, su prospecto se encontrará perdido. Especulación en bolsa, bienes raíces, y otros trucos para hacerse rico rápidamente en la última década, se han evaporado en su totalidad. Para la mayoría de las personas, la única opción que resta es el Network Marketing.

El lanzamiento del sistema

Ya fue bastante dolor. Ahora es el momento de verter más placer. La experiencia demuestra que lo único que su prospecto quiere escuchar es que el negocio será fácil de manejar. Sin decepcionarlo, hay muchas cosas que puede decir para reforzar la idea de que el Network Marketing es más fácil que otros negocios.

Nunca subestime ante su prospecto la dificultad de hacer que su negocio funcione. Sólo logrará que se vuelva contra usted más tarde, cuando los distribuidores desanimados comiencen a culparlo por haberlos conducido a través del "sendero del jardín". Debe decirles siempre exactamente cuánto dinero costará, cuánto trabajo supondrá y cuántos meses probablemente pasarán hasta que vea resultados satisfactorios.

No obstante, existen aspectos de su negocio de la *Ola 3* que facilitan la posibilidad de éxito, más que en los negocios convencionales. Enfatice estos aspectos. Venda a sus prospectos el poder del sistema de la *Ola 3*, así como los programas de crecimiento personal de su compañía, los libros, cassettes y videos disponibles, así como los seminarios ofrecidos en el área de su prospecto.

PASO # 5: ALIVIE LA PRESIÓN

A lo largo de su presentación, debe mantener un delicado equilibrio entre la presión y el alivio. Las mejores formas de aliviar la presión son seguir recordando a su prospecto que existe una salida.

Siempre recuerde, esta es una prospección de bajo impacto. Condimente a cada una de sus palabras y frases con "reductores de impacto" como "garantías de reembolso" y "ninguna obligación en absoluto." Siempre que sienta que su prospecto está reaccionando negativamente a la presión, recuérdele que existen opciones que requieren menos dinero y esfuerzo que un compromiso a tiempo total con el negocio, por ejemplo trabajar en el negocio a tiempo parcial. Asociarse como consumidor. O vender sólo lo suficiente para financiar el uso personal del producto. Y siga recordando al prospecto que su compañía ofrece una garantía de reembolso en todos sus productos, (como lo hacen las compañías de buena reputación).

PASO # 6: APLIQUE LA SINERGIA

Quizás el arma más potente en el arsenal de persuasión de la *Ola 3* es la sinergia. Esto es lo que ocurre cuando muchas partes o componentes trabajan juntos, para crear una fuerza mayor que la suma de las partes. En Network Marketing, los componentes son los individuos. Actúan juntas al unísono para generar un entusiasmo contagioso.

Los satélites y las teleconferencias utilizan la sinergia. Gran parte de su poder de convicción viene de la presencia invisible de una gran audiencia que observa. Su prospecto no ve esta audiencia, pero sabe que está ahí. Una conversación por teléfono con altavoz añade mayor sinergia, porque el prospecto escucha la conferencia en presencia de otras personas.

Pero la mayor sinergia de todas sigue viniendo de esas técnicas de Network Marketing más tradicionales: las reuniones en vivo. Ya sea una reunión hogareña con la presencia de una docena de personas, o una convención nacional a la que asisten miles, la reunión en vivo sigue siendo una de las herramientas de persuasión más poderosas del MLM. Si aspira a ser un *upline* líder, debe convertirse en maestro de las reuniones en vivo.

El "party plan"

La reunión de MLM clásica se desarrolla en la sala de conferencias de un hotel, a la que asisten cientos de personas. Estos actos son caros y difíciles de organizar. Hasta que su organización esté bien desarrollada, deje estos eventos a sus *uplines*. Tienen el dinero, el talento y la experiencia para organizarlos. Los empresarios del *networking* menos experimentados que intentan reuniones en hoteles, con frecuencia se encuentran frente a una sala de conferencias cara, ocupada tan sólo con un puñado de sus distribuidores.

Por esto la mayoría de los líderes en MLM recomiendan que los nuevos distribuidores comiencen con reuniones hogareñas, ("party plan"). La distribuidora de Life Extensión International, Sandy Elsberg, sugiere un procedimiento en etapas para las reuniones de presentación, al cual llamo plan de reuniones.

¿Para qué sirven las reuniones hogareñas?

Al igual que en una reunión en un gran hotel, el propósito de una reunión hogareña es presentar el producto, la oportunidad, y testimonios positivos de los distribuidores, para conseguir nuevos asociados, y vender productos. También lo ayuda a enseñar a nuevos distribuidores, pues sus nuevos asociados le ayudan a llevar adelante la reunión y a hablar con los invitados.

"Es más fácil estar en una reunión hogareña que en un hotel", dice Elsberg, "más intima... más cálida, barata, menos intimidatoria, y no envía un mensaje conflictivo". Hay algo en mostrarse en un hotel de categoría con un montón de extraños, después de un día de trabajo duro en la oficina, que no encaja bien con todas las libertades prometidas por el MLM.

Cómo realizar una reunión en casa

Uno de los puntos de prospección principales de una reunión en casa, es su facilidad de duplicación. Todo el mundo en la reunión debe ver lo fácil y divertido que es hacerla. Deben ser capaces de imaginarse a sí mismos haciéndolo.

Los refrescos no deben ser demasiado sofisticados. No pierda el tiempo con decoraciones exageradas. Concéntrese, en cambio, en crear una atmósfera cálida, hogareña.

Ponga música. No se recomienda servir alcohol. "Nadie se ofenderá si no sirve alcohol", dice el entrenador John Kalench, "pero algunos pueden ofenderse si lo hace."

Sobre todo, haga que sus invitados se sientan relajados y como en casa.

El extremo frontal y el extremo posterior

Elsberg divide las reuniones en extremo frontal y extremo posterior. Durante el extremo frontal, se presenta el producto y la compañía. En el extremo posterior, se presenta el plan de compensaciones, se habla del mercado, y se proporcionan testimonios de inspiración y otras motivaciones.

División del trabajo

Para evitar su propio agotamiento y el de su hogar, debe considerar que el dar reuniones hogareñas es una obligación de sus asociados.

En la reunión, su *downline* actúa como anfitrión o anfitriona, lo presenta y usted ofrece su propio testimonio.

"Ud. provee toda la literatura, todo los productos y cualquier material de apoyo para que la noche sea un éxito", dice Elsberg.

La presentación

La forma concreta de su presentación dependerá de su producto, su compañía y el tipo de personas a las que desea llegar. En esto, como en todo, el mejor consejo es remitirse a su línea de auspicio. Su auspiciador ha hecho esto muchas veces, y sin duda, tiene ya preparada una presentación efectiva. No reinvente la rueda.

Utilice una videocasetera

Haga el máximo uso posible de los videos de contacto de su empresa. Esto atraerá a las personas de orientación visual que pudiera haber entre sus invitados, y libera al orador de gran parte de su carga. Elsberg recomienda tener un video puesto constantemente, mientras la gente está llegando a la reunión.

El envoltorio

Después de la presentación, asegúrese de dejar tiempo para trabajar con el grupo de invitados, tomando pedidos de productos y firmando nuevos asociados. Este es también un buen momento para invitar a todos a la reunión de la semana siguiente, quizá con una invitación impresa con la hora, el lugar y el invitado especial.

"Su invitado podría ser alguien que perdió peso con sus productos o un gran testimonio de éxito financiero", sugiere Elsberg.

De tres en tres

Elsberg recomienda un procedimiento *de tres en tres* para construir su negocio por medio de reuniones. Auspicie a los que está formando para dar reuniones, por parejas. Si patrocina a un matrimonio, es perfecto. Pero si su asociado es soltero, únalo con un colega para que puedan trabajar juntos como un equipo. Usted y su par de asociados forman el trío. Esto potencia sus esfuerzos de enseñanza, pues ahora está preparando a dos que dan reuniones, con el esfuerzo de formar a uno.

Su objetivo es conseguir tres equipos de personas que den reuniones y trabajar con ellos simultáneamente, reservando un día diferente de la semana para que cada equipo dé su reunión.

Entrenamiento de cuatro semanas

Cada equipo necesitará cuatro semanas de formación antes de estar preparados. Cada semana, el equipo dará una reunión. Después de hacer una reunión con una nueva pareja, o par de distribuidores, pregunte quién se ofrece como voluntario para hacerse cargo de la mitad de la siguiente reunión. Deje que esa persona se ocupe del extremo frontal, que es la mitad más fácil, mientras que usted toma el extremo posterior. En la semana tres, usted se retira del proceso y deja que sus estudiantes realicen la presentación. El que realizó el extremo frontal en la semana dos, pasa ahora a hacer el extremo posterior, mientras que su compañero desarrolla el principio. Su único trabajo durante la semana tres será presentar su testimonio, y cerrar la reunión.

La semana cuatro es la de graduación. Siga asistiendo a la reunión. Pero su equipo se ocupa de todos los aspectos. Ud. esta allí solamente para proporcionar ánimo y reconocimiento.

"Momentum" de la reunión

Su "máquina de reuniones" seguirá creciendo de tres en tres. Después de haber hecho pasar tres equipos por el ciclo de entrenamiento de cuatro semanas, comience con otros tres equipos. Al finalizar el entrenamiento, cada equipo se convierte en el líder frontal de una rama separada de reuniones en su organización, rama que puede dar sus propias reuniones de manera independiente.

"Han aprendido cómo hacer presentaciones", dice Elsberg,

"cómo hacer llamadas en conferencia, cómo contar su historia, cómo vender, cómo contactar y auspiciar y cómo enseñar... y cada una de estas líneas tiene de 20 a 30 personas, quizá 50."

Según Elsberg, una vez que usted tiene seis líneas de reuniones en su red, ha llegado a la cima o "momentum" del "party plan". Ud. esta listo para ofrecer su primera reunión en un hotel.

¿POR QUÉ LA GRAN REUNIÓN?

Muchos pioneros de la *Ola 3* no ven con buenos ojos las actuales reuniones en hoteles. Las ven como reliquias pasadas de moda de una era anterior. Creen que actualmente la gente no tiene tiempo para reuniones. Sospechan de la atmósfera carnavalesca, los testimonios de estilo *"revival"*, el aire de desenfado. Muchos de los empresarios de última generación del *networking*, se sienten mucho más cómodos trabajando tras la pantalla color humo de bajo impacto de videos interminables, teleconferencias e informativos por satélite.

Pero el poder que ofrecen las grandes reuniones en hoteles, es el mismo que el de los primeros tiempos de Nutrilite. Y, hasta hoy, a nadie se le ha ocurrido una metodología efectiva que duplique plenamente tal sinergia.

La reunión "antes" de la reunión

Las primeras impresiones son las más fuertes. Sus invitados deben sentir el completo impacto de su reunión desde el mismo momento que ingresan por la puerta. Elsberg llama a este momento la reunión antes de la reunión.

"Cuando entran, ¡es definitivamente una reunión!", dice. "La música es cálida, las personas están trabajando en red y todo el mundo ayuda a todo el mundo a sentirse bienvenido y cómodo. Alguien le trae una bebida... otra persona está trayendo más sillas... otro lo acompaña a la muestra de productos. Hay posters y globos por todas partes, con mucho humor y diversión."

La mesa de inscripciones

Sus invitados se llevarán la primera impresión con su mesa de inscripciones, que debe instalarse justo fuera de la sala de reuniones. Elsberg sugiere cubrirla con un mantel de lino y festonearla de globos y *confetti*. Si su compañía tiene un artículo reciente en la prensa, amplíelo y expóngalo, de manera visible, sobre un caballete. Debe dar a cada invitado una copia del artículo junto con el resto de la literatura.

John Kalench aconseja poner en la mesa de suscripciones a personas alegres, dispuestas, para que provoquen una primera impresión positiva. En la mesa, tome el nombre, dirección y número de teléfono de todo el mundo y proporcione a cada asistente una tarjeta con código de colores para el nombre. El color distinguirá a los asociados de los invitados.

Ambientación

Como en una reunión hogareña, desde el momento en que entran los invitados, no permita nunca que se sientan aburridos o dejados de lado. Puede haber música alegre, para contribuir al entusiasmo. Trabaje con el grupo intensamente, poniendo empeño en conocer a cada nuevo invitado, al cual reconocerá por el color de su etiqueta. Instruya a los líderes de primera línea para que hagan lo mismo, y pase la voz a toda la organización. A menos que los distribuidores de su red tengan instrucciones concretas de trabajar con la gente, puede que tiendan a tratar la reunión como un evento social y se acerquen a sus amigos. Durante la reunión, los líderes de la línea ascendente deben circular, manteniendo el ojo sobre sus *downlines* y asegurándose de que la gente se enfoque en los invitados, y no entre sí.

El truco de la silla

Otro importante efecto ambiental es que durante toda la reunión, al menos en la primera parte, los invitados deben tener conciencia subliminal de que se están añadiendo sillas constantemente. Esto crea la impresión de que la asistencia a la reunión excede las expectativas. De hecho, en una reunión bien planeada, debe deliberadamente poner menos sillas que el número de invitados esperado. No hay nada peor que las sillas vacías, pero pocas cosas más positivas que el sonido constante de nuevas sillas añadiéndose para una audiencia en continuo aumento.

Muestra de productos

La muestra de los productos en el fondo de la sala debería ser un centro de energía. Si su producto es un artículo de alimentación de fácil prueba, ofrezca muestras. Esto provocará que la gente haga cola.

La muestra propiamente dicha debe causar buena impresión, debe ser profesional e interesante. No ahorre. Llénala de propuestas, cuadros, gráficos y literatura de la compañía.

La presentación

John Kalench recomienda que el primer orador debería extenderse de 20 a 30 minutos y probablemente no debería ser una super estrella. Sus invitados necesitan ver a alguien con quien pueden identificarse, no a algún multimillonario. Es mejor tener un nuevo distribuidor que haya obtenido algún éxito moderado.

La presentación debe introducir a la industria del Network Marketing, la compañía, los productos y la oportunidad. Kalench sugiere que debe ir seguido de 45 minutos del testimonio de un distribuidor, diagramado para responder a cinco preguntas clave:

- ¿Es sencillo este negocio?
- ¿Puedo divertirme con él?
- ¿Puedo ganar dinero con él?
- ¿Me ayudarán a hacerlo?
- ¿Es este el momento adecuado para involucrarme?

Al igual que en la reunión hogareña, debería dejar tiempo para que usted y sus *downlines* trabajen con los invitados.

Invitado especial por teléfono con altavoz

Elsberg sugiere traer a un invitado especial en el teléfono con altavoz durante la reunión. Esto ayuda a implicar a personalidades prominentes, como el presidente de su compañía, que de otra forma no tendría el tiempo para asistir. Tal novedad también añade un aire de entusiasmo.

"Haga que la gente se sienta importante", dice Elsberg, "que desde alguna parte, esta personalidad está llamando, en ese mismo momento, para hablar con ellos."

Sin tiempos muertos

El ritmo es crucial. "No permita ningún momento vacío", dice Elsberg, "no permita espacios torpes en los que se termina una pieza pero la siguiente no ha empezado."

Esto es especialmente importante durante la fase de testimonios, cuando Ud. tenga a un número de gente subiendo al podio uno tras otro.

"¡Convierta esto en un desfile de testimonios!", aconseja Elsberg. "Tenga a su gente preparada para que estén en movimiento en el momento en que comience el desfile... sin detalles, toque sólo puntos importantes, uno o dos minutos máximo, uno detrás de otro."

La fuerza de los números

El autor motivacional W. Clement Stone escribió una vez que la mejor clase de dinero a utilizar en un negocio es DOG (dinero de otra gente).

Los empresarios de red van dos pasos más allá, dice Sandy Elsberg. Utilizan TOG (tiempo, talento y técnicas de otra gente), y EOG (energía, educación y entusiasmo de otra gente). En resumen, utilizan *el poder de la gente*. Las otras personas son su mayor recurso en el Network Marketing.

Un desfile de testimonios en una reunión, convencerá más rápidamente que una presentación al estilo personal. Una organización enorme, de nivel nacional, impresionará mucho más profundamente que un distribuidor con un video. Los grandes números de personas implicadas en su negocio, amplían su poder de convicción, mostrando a su prospecto que Ud. no está solo. Las teleconferencias, las reuniones por teléfono con altavoz, las reuniones en los hogares y en hoteles, y desde luego, la totalidad de la parafernalia de las técnicas de convicción de la *Ola 3*, han sido diseñadas en forma experta para permitirle aprovechar el poder de la gente, residiendo la fuerza de los números en su compañía. Adhiérase y manténgase en el sistema, siga los procedimientos, y nunca se enfrentará a un prospecto sin un ejército de aliados invisibles detrás de usted.

OPORTUNIDAD

Capítulo 8

PATROCINAR EN LA *OLA* 3

Mantente unida a tu *upline* y alejada de otros líderes", advierte Mark Yarnell, "hasta que estés generando unos u$s 50.000 al año."

Kathy Denison quedó impresionada por la advertencia de su auspiciador. ¿Por qué tenía que mantenerse alejada de otros líderes? ¿Qué era tan peligroso en ellos? No obstante, aún sin entenderlo, Denison, se mantuvo "pegada" al consejo de su patrocinador. Sólo meses después descubrió la sabiduría que había en él.

Denison se había mudado a California. Su patrocinador estaba ahora a mil millas de distancia. Se encontraba rodeada de extraños. La primera vez que Denison asistió a una reunión de presentación de la oportunidad, se quedó pasmada.

"Uno de los distribuidores Diamante Azul, estaba dando un discurso en un hotel", dice Denison, "y dijo que la única forma de ser exitoso en este negocio, era lograr que la gente comprara cinco *kits*, alrededor de u$s 1.500 en producto, en el momento de firmar."

Denison había aprendido un esquema totalmente diferente de Yarnell. Ella vendía a los nuevos asociados un *kit* de tan sólo u$s 150.

"De repente pensé «Oh, Dios mío, ¡voy por mal camino!»," dice Denison.

Pero su pánico tuvo poca vida. Denison descubrió que el método de Yarnell funcionaba igual de bien en California como había funcionado en Colorado. Y, a pesar de los comentarios de los líderes locales, el negocio de Denison siguió floreciendo.

"Cada uno tiene una forma diferente de hacer el negocio", concluye Denison. "Cada uno tiene su propia opinión."

SIGA EL SISTEMA DE SU AUSPICIADOR

Auspiciar es un arte, no una ciencia. No hay una sola fórmula que funcione para todo el mundo, todo el tiempo. Sin embargo, 50 años de prueba y error en el Network Marketing, han proporcionado un principio básico del que nadie debería alejarse.

Debe trabajar con el sistema de su auspiciador, sea cual fuere.

"Cuando comienzas en el negocio", dice Denison, "estás en una curva de aprendizaje. Y es más fácil mantener una única forma de hacer el negocio. Cuando empiezas a leer manuales de entrenamiento de otras personas y a escuchar sus cintas, te confundes. Comienzas a pensar: «No estoy haciendo esto correctamente..., no estoy haciendo aquello correctamente...». Empiezas a juzgarte a ti mismo. Es abrumador."

Al comienzo, hágalo a la manera de su auspiciador. Sólo después de completar su aprendizaje debería atreverse a experimentar. En el sistema de Yarnell, esto significa después de ganar u$s 50.000 al año en su negocio de Network Marketing.

"En ese punto", dice Denison, "puedes hacer lo que quieras."

Confíe en el sistema

Pero, ¿cómo sabe que los consejos de su auspiciador son los correctos?

No puede saberlo exactamente. Pero tiene que confiar en el sistema. Si su auspiciador fuera totalmente incompetente, el sistema lo habría eliminado hace mucho tiempo. El sistema personal de su auspiciador puede no ser el mejor, pero funciona. Y, con todas sus imperfecciones, siguiéndolo logrará las metas mucho más deprisa que perdiendo dinero, tiempo y energía tratando de reinventar la rueda.

El poder de la humildad

Terry Hill tuvo que dejar de lado su orgullo para comenzar realmente a aprender. Como vendedora top de la Corporación Xerox, Hill estaba acostumbrada a hacer negocios en elegantes oficinas y restaurantes de cinco estrellas. De manera que, cuando se dirigió a su primera reunión con Mark Yarnell, se asombró al ver que la dirección que le había dado era la de una pequeña casa privada en un barrio de poca afluencia. Hill casi se da vuelta y se va. De hecho, la única razón por la que no lo hizo fue que llegó otro coche y estacionó detrás de ella, dejándola encerrada. De todas manera, decidió entrar y conocer al hombre.

Yarnell, en esa época, era un pastor sin un centavo, que se había volcado al Network Marketing cuando sus prédicas ya no pudieron pagar las cuentas. Pero Hill sintió que él conocía el MLM mejor que ella. Se convirtió en su alumna.

En MLM, todo el mundo empieza por abajo, dice Hill. Es una experiencia muy humillante.

Hill llama a los primeros seis meses de su negocio en Nu Skin "...una de las épocas más devastadoras de mi vida. Por muy duro que lo intentaba, no podía lograr igualar los ingresos que tenía en Xerox." Desesperada, llamó a Yarnell.

"¿Qué es lo que anda mal?", preguntó.

Yarnell le dijo que desaprendiera todas sus poderosas habilidades comerciales. En Xerox, se la conocía como una vendedora agresiva, de alta presión. Estas eran facultades muy importantes cuando se vendían impresoras láser caras a compañías de primer nivel y cada venta se valuaba en millones. Pero en el Network Marketing, no servía para nada cerrar una venta, es decir, auspiciar a un nuevo distribuidor, si al día o la semana siguiente, el nuevo auspiciado decidía abandonar.

"Realmente era una decisión de estilo de vida lo que estaba vendiendo", dice Hill. "Es muy personal. Y lo único que realmente funciona es que tu asociado crea en el producto y en la oportunidad."

El método de Yarnell era opuesto al de Hill. No presionaba a los posibles candidatos y pasaba muy poco tiempo con ellos. Se presentaba a las citas en jeans, daba el plan en 45 minutos y luego dejaba su número telefónico. Los que volvían a llamar eran los que a él le interesaban.

Una vez que Hill entendió la fórmula entró al camino fácil. En un año y medio, había sobrepasado sus ingresos anteriores en Xerox. Actualmente, ella y su esposo son millonarios. Y lo hizo siguiendo los consejos de un predicador de provincia.

Auspiciar: El verdadero trabajo de la Ola 3

Auspiciar es el verdadero trabajo del Network Marketing. Los sistemas y la tecnología de la *Ola 3* han quitado hace tiempo la mayor parte de las otras funciones de las manos de los humanos. Las computadoras de la compañía manejan la papelería y los pedidos de productos. Los videos y las conferencias telefónicas quitan dificultad a la prospección. ¿Qué le queda a usted por hacer?

"Todas las herramientas y tecnología lo liberan para que se enfoque en la parte más intangible de este negocio", dice John Fogg, editor de Upline, "que son las relaciones con las personas. Su trabajo es desarrollar a su gente y darles apoyo para la construcción de sus negocios."

El método de la vuelta de llave

¿Significa esto que un profesional del MLM debe ser un profesor, mentor y líder talentoso, para poder triunfar? ¿Qué pasa si es tímido? ¿Poco comunicativo? ¿Más una persona que escucha que una que habla? ¿Poco seguro de sus conocimientos? ¿Cómo puede intentar enseñar a otros, cuando no está seguro de cuánto sabe usted mismo?

¡La *Ola 3* ataca de nuevo!

Incluso en este última frontera de comportamiento estrictamente humano, los sistemas y la tecnología se han combinado para crear un sistema de bajo impacto, aerodinámico, simplificado y accesible al distribuidor promedio.

"Lo que usted encuentra en el Network Marketing", dice John Fogg, "es una operación de vuelta de llave, en la que un nuevo. distribuidor puede entrar, dar vuelta a la llave, ponerse en marcha, y ya está en el negocio."

Llevado a la más pura esencia, un auspiciador *upline* hace dos cosas, hace presentaciones y responde a preguntas de sus distribuidores. Los sistemas de la *Ola 3* han hecho estas dos tareas mucho más sencillas.

"Hay un entrenamiento que se debe realizar, pero es mucho menor que la tarea de conducir un McDonalds", dice Fogg. "Usted tiene un sistema de negocios duplicable, que Richard puede dar a Mark, quien, a su vez, puede dárselo a Sally, etcétera. Usted se enfoca en el desarrollo de esos individuos como líderes, más que en gerenciarlos."

Liderazgo enlatado

En resumen, tiene que esperar a ser un viejo sabio antes de poder impartir su sabiduría a sus discípulos. En una organización de la *Ola 3*, se patrocina por etapas, enseñando a sus *downlines* sólo lo que ha aprendido hasta ahora.

En verdad, como señala Fogg, realmente comienza a auspiciar a alguien en el momento que ofrece su producto. Supongamos que vende un producto para perder peso. Su prospecto lo prueba y pierde peso.

"¿Alguien en su trabajo le ha comentado acerca de su pérdida de peso?", pregunta. "¿Les ha comentado sobre el producto?"

Eso es. Lección número uno. Ya ha empezado a enseñar la regla de las tres patas y los fundamentos de la prospección a través de las ventas.

Digamos que su prospecto ya tiene a esa altura a cinco o seis personas que quieren el producto. La mayoría de los prospectos reaccionarán diciendo, "Le daré los nombres para que pueda venderles el producto."

Esta es su excusa para empezar a auspiciarle a su prospecto el siguiente nivel de logro.

"Es estupendo", dígale. "Gracias por las referencias. Pero déjeme sugerirle algo. ¿Por qué no se da los nombres a sí mismo? Puede conseguir los productos al por mayor para su propio uso, venderlos a estas personas al por menor y guardar el dinero en su bolsillo. En esencia, obtendrá su producto gratis."

La lección número dos está ahora también enlatada. Ha ayudado a su prospecto a ver lo fácil que es realmente ingresar al negocio como distribuidor.

Fogg llama a este método *acorralarlos en el negocio*. Antes de que se den cuenta de lo que ha ocurrido, están sentados servicialmente frente a usted, esperando sus siguientes instrucciones.

EL PRINCIPIO DE MAESTRÍA

Sólo cuando sus nuevos auspiciados hayan logrado la maestría del primer paso en el negocio, debe pasarlos al siguiente.

Digamos que su prospecto mueve sólo u$s 50 de producto al

mes, de su producto nutricional. Y digamos que vende otros u$s 50 a una o dos personas que conoce. Totaliza u$s 100 al mes.

"Hace u$s 100 de volumen durante un mes o dos", dice Fogg, "y podría decir con facilidad que ha llegado a la maestría de ese paso del negocio."

Ahora mueva a su auspiciado al siguiente paso. Enséñele a convertirse en auspiciador. El ya sabe todo lo que hay que saber sobre mover u$s 100 al mes. Ahora déjelo enseñar a otras personas a hacer exactamente lo mismo.

A partir de ese momento, su auspiciado está construyendo su línea frontal. Digamos que pertenece a una compañía en la que se convierte en ejecutivo de cinco estrellas al auspiciar a cinco líderes frontales. El objetivo de sus auspiciados debería ser entonces auspiciar a cinco personas cada uno, y enseñarles a mover u$s 100 en producto al mes.

Una vez hecho esto, su auspiciado tendrá ahora un volumen personal mensual de u$s 600. Después de hacer esto durante un par de meses, habrá logrado la maestría. Ahora enseña a sus cinco asociados a que hagan lo mismo. ¿Cómo lo hacen? De la misma manera que él lo hizo. Utilizan u$s 100 en producto ellos mismos y logran que cinco personas muevan u$s 100 al mes.

Así que ahora su auspiciado tiene a cinco personas haciendo u$s 600 de volumen al mes. Esto le da un volumen personal de u$s 3.600 mensuales. Después de mantener ese nivel durante un par de meses, él ya ha logrado la maestría. Ahora puede enseñar a cada uno de sus cinco líderes a hacer lo mismo. Y así continúa...

CINCO LÍDERES

A medida que su organización crece, se llenará de personas a tiempo parcial, compradores mayoristas y personas que simplemente no quieren trabajar. No les preste atención. Concentre su tiempo y su energía en los líderes frontales, aquellas personas a las que contactó y auspició personalmente.

El número óptimo de líderes frontales dependerá del plan de compensación. Pero, en general, cinco[13] es considerado el máximo que se puede auspiciar personalmente con efectividad. Si cada uno de esos cinco patrocina a otros cinco líderes, entrenándolos de acuerdo con el principio de la maestría, su grupo *downline* se extenderá como el fuego.

DESARROLLE ANCHURA

Los empresarios del Network Marketing experimentados dicen que la frontalidad nunca es lo bastante amplia. Usted debe seguir auspiciando a líderes frontales, mucho después de que tenga sus cinco líderes. Esto es porque usted no puede realmente saber cómo funcionará un nuevo *downline* hasta meses después. Algunos pueden parecer buenos al principio, pero les falta constancia y más tarde abandonan. Otros pueden irse a otra empresa de MLM. Y aún otros pueden tener alguna situación con usted, o abandonar por razones personales.

Para encontrar un buen líder, debe pasar por grandes cantidades de prospectos. Es mejor sobrellevar este tedioso proceso, a largo plazo, sobre una base de continuidad, que recurrir a él en caso de emergencia, si experimenta pérdidas repentinas en su línea frontal.

CONSTRUYA UN LÍDER CADA 30 DÍAS

Con la finalidad de enfocar sus esfuerzos en forma más efectiva, Big Al recomienda entrenar a un líder por vez. Cada 30 días, usted comienza a formar a un nuevo líder.

Comience por seleccionar al distribuidor más prometedor de su línea frontal y ofrézcale lo siguiente: "Si quieres ser un líder, estoy dispuesto a ser como un servidor tuyo con dedicación *full-time* durante al menos un mes, o hasta que logres el nivel de líder."

Luego cúmplalo. Hay mucho por hacer en 30 días, para ayudar a su estudiante a experimentar resultados inmediatos, a saber:

Dos en uno

Lo primero que usted necesita hacer como servidor *full-time* de su estudiante, es tomar el compromiso de convertirse los dos en uno a cualquier hora del día o de la noche. Durante esos treinta días, nunca deje a su estudiante dar el plan de negocios sólo. Insístale que le traiga a todos sus prospectos, bien sea mediante una llamada en conferencia o en una reunión de persona a persona. Después muestre la oportunidad exactamente como lo hizo su auspiciador con usted con esta técnica de dos en uno.

Ponga turbinas en la línea descendente de su nuevo downline

Durante esos treinta días, todos sus contactos y prospectos engrosarán la red de su nuevo *downline*. Nada lo entusiasmará ni inspirará tanto como ver crecer su negocio.

Prepare a los nuevos asociados de su downline

Ayude a sus asociados con la técnica del dos en uno, contactando, y participando de reuniones en los hogares.

Comparta su línea ascendente

Reserve dos días por semana, para que usted y su nuevo asociado puedan trabajar *full time* con su auspiciador.

Compre publicidad

Puede que usted o su *upline* quieran invertir algún dinero para poner anuncios para su nuevo *downline* en un periódico local.

El Efecto del Dinero en la Mano

"Nada motiva mejor", dice Big Al, "que ayudar a la gente a alcanzar sus metas."

En muchos campos, los líderes de ventas han comprendido desde hace tiempo que la mejor manera de captar la atención de la gente es mostrarles que ganarán más dinero si hacen las cosas a la manera de usted.

Armstrong Williams tuvo una vez una *downline* llamada Nancy, que era incapaz de convencer a alguien para que pusiera los u$s 35 necesarios para iniciarse como distribuidor de "Bahamian Diet" de Dick Gregory. Nancy lo había intentado todo. Finalmente, en su desesperación estaba decidida a abandonar.

Muchos auspiciadores hubieran etiquetado a Nancy como persona problemática y la hubieran dejado ir. Habrían ahorrado el tiempo y la energía para otros *downlines* más prometedores. Pero Williams creía en Nancy y quería que tuviera éxito.

"Dije, «Trabajemos juntos»", dice Williams. "Déjame ir contigo, y hagamos que esto funcione."

En la primera cita comercial, Williams localizó el problema. Al hacer sus presentaciones Nancy no miraba a la gente a los ojos.

"La mayoría de la gente siente que si una persona no puede mirar a los ojos, no es confiable", dice Williams.

Por supuesto, Nancy era absolutamente confiable. Pero era tímida. Williams le hizo practicar el contacto ocular hasta que se convirtió en natural en ella. Después la acompañó a diez citas de negocio, en las que él personalmente auspició a diez personas en la red de Nancy, sólo para reforzar en ella la idea de que podía hacerse.

Nancy captó el mensaje. No sólo pasó a triunfar, ¡sino que se convirtió en la persona de mayor performance en el grupo de Williams!

De igual manera, el plan de 30 días de Big Al pondrá dinero en los bolsillos de cada "alumno" que lo desarrolle. A medida que los demás distribuidores frontales vean lo que sucede, ellos pronto estarán esperando su turno.

Trabajar hacia atrás

Cuando se trata de poner metas a los *downlines*, John Fogg recomienda trabajar hacia atrás.

Supongamos que su auspiciado quiere ganar u$s 50.000 al año, al término de dos años. Este es su objetivo. Ahora, vaya hacia atrás, hacia el presente, poniendo metas de manera regular a lo largo del camino, que usted considere realistas de acuerdo con su plan de bonificaciones.

Por ejemplo, si su *downline* necesita tener doce líderes fuertes para alcanzar un objetivo de u$s 25.000 en el primer año, esto significa que un líder al mes bastará. Por lo tanto, auspiciar un líder se convierte en su objetivo durante el período intensivo de formación de 30 días.

"Momentum" de liderazgo

No todos los miembros de su línea descendente necesitan ser líderes, y no lo serán. Pero sin unos cuantos peces gordos comprometidos, usted estará siempre tratando de evitar que su negocio deje de funcionar.

Un líder en su red, puede proporcionar cientos de veces el volumen de un número de personas con poco vigor trabajando *part time*. Es más, los líderes se comprometen con su línea descendente. Han invertido gran parte de su tiempo y dinero para construir el negocio y no querrán abandonar el barco tan rápido como otros distribuidores.

PONGA EL PILOTO AUTOMÁTICO EN SU LÍNEA DESCENDENTE

Con suficientes líderes en su red, usted podrá poner el piloto automático a su negocio. Se puede confiar en líderes preparados para que hagan reuniones por usted, mientras se va unas semanas a las Bahamas. En resumen, la cantidad y calidad de sus líderes está en proporción directa con la cantidad de tiempo libre que podrá obtener de su negocio.

El principio de 3-30-300

Quizás el peor enemigo de su libertad de tiempo es un fenómeno que David Roller llama el principio de 3-30-300. Según esta ley universal del comportamiento del distribuidor, las exigencias de atención por parte de sus *downlines* tenderán a monopolizar el cien por ciento de su tiempo y energía, ¡independientemente de que su organización esté formada por 3, 30 ó 300 personas! A menos que luche con estratagemas conscientes, pronto se verá reducido a la esclavitud, como una empleada doméstica sobreexigida, a total disposición de sus señoras o señores *downlines*.

"Usted no puede ser todo para todos", dice Roller. "Tendrá que decidir dónde será mejor invertir su tiempo."

Priorice sus esfuerzos

La técnica más simple y poderosa para volver a recuperar su vida es priorizar a qué *downlines* va a entrenar.

Roller sugiere hacer una lista de los nombres y números de teléfono de cada distribuidor a los que auspicie personalmente. La lista debe estar en un formato fácil de editar. Por ejemplo, puede escribirlos en lápiz, en pequeños autoadhesivos, o mejor aún, en su computadora o procesador de textos.

Ahora, disponga los nombres en orden, empezando por los distribuidores más activos, por volumen mensual. Cuanto más arriba estén en la lista, más merecerán su atención. Cuando escuche su contestador automático cada día, utilice esta lista para decidir a quién le contestará el llamado y cuánto tiempo pasará en el teléfono con cada persona.

La lista deberá actualizarse al menos una vez al mes.

Hable con descargas de información

Como líder, responder preguntas es uno de sus deberes más importantes y que más tiempo le consumirá. Sin embargo, muchas de sus respuestas son desperdiciadas, por ser demasiado largas y complicadas. A la persona que pregunta, simplemente "le entra por un oído y le sale por el otro", y probablemente vuelva al cabo de unos días, a hacer la misma pregunta otra vez.

Aprenda a hablar con descargas de información.

Entrénese a sí mismo para responder a las preguntas tan sucintamente como sea posible. Haga un juego de ello. Con cada llamada, impóngase el desafío de evacuar cada pregunta, y lograr que el interrogador cuelgue el teléfono lo antes posible. A medida que usted gane práctica, lo sorprenderá cuán poca información necesitará realmente para devolver cada llamada.

También esté alerta a las preguntas irrelevantes. Si su *downline* le pregunta sobre algún tema abstracto, de manera suave pero firme, retrotráigalo al tema real— cómo conseguir resultados prácticos en su red ahora mismo.

Control de tráfico

A medida que su red crece le exigirá cada vez más tiempo. De repente, usted tendrá más llamadas de teléfono de las que pueda manejar. Su informe mensual se verá colmado de nombres extraños. Lo llamarán personas de otros estados o provincias pidiéndole que las auspicie, que responda a sus preguntas, que vuele hacia allí y haga reuniones para ellos. Su teléfono se convertirá en un "cuello de botella" de información, con llamadas entrantes y salientes, colapsando en una enervante masa de *"beeps"* de llamadas en espera e interrupciones de desconocidos que se sienten importantes y que quieren que usted deje lo que está haciendo y conteste a su llamada en ese preciso instante.

Resumiendo, el flujo de su información estará fuera de control.

La tecnología de la *Ola 3* ofrece algunas soluciones sorprendentes a la situación del "control de tráfico". Una de las más poderosas es la casilla de mensajes. Utilizada de manera creativa, este sencillo aparato puede transformar su atasco telefónico en una super autopista informativa.

¿Quién es el jefe?

¿Quién es el jefe? ¿Usted o su teléfono?

En el pasado, los líderes en la línea ascendente saltaban cada vez que sonaba el teléfono como perros entrenados al comando de su amo. Los contestadores automáticos convencionales proporcionaban sólo la ilusión del control. En la práctica, los líderes con contestadores, normalmente dejaban lo que estaban haciendo y escuchaban cada llamada que estaba entrando. Y a menos que quisieran instalar media docena de líneas telefónicas, tenían que soportar el bombardeo constante de sonidos de llamadas en espera, justo en medio de sus conversaciones más profundas con sus líderes frontales. Por supuesto, usted podría ignorar los *"beeps"*. Pero entonces probablemente pasaría el resto de su vida preguntándose si el que llamaba era el "pez gordo" que podría haberlo colocado en la vía fácil.

Procesamiento de mensajes

El correo de voz, por otra parte le da a usted el total control. Controla el flujo de información tan exacta y voluntariamente como manipula las teclas de su procesador de textos.

Un sistema de procesador de mensajes, toma mensajes durante todo el día y toda la noche, sin interrupciones de terceros llamados. Los mensajes pueden ser tan extensos como sea necesario. Y su casilla de mensajes seguirá grabando, incluso aunque usted esté en la otra línea realizando una sesión de entrenamiento de dos horas con uno de sus líderes frontales.

Los buenos sistemas de correo de voz le permitirán guardar o borrar algunos mensajes concretos; rebobinar y avanzar; o realizar un cheque rápido, que le permita escuchar los primeros segundos de cada mensaje. Algunos servicios tienen un menú de opciones, similar al que guía a los neófitos de la computación a través de los primeros pasos del software.

"Supongamos que alguien me deja un mensaje, contándome una gran historia sobre cómo han utilizado un libro en particular en su organización", dice John Mann, distribuidor de "Klamath Falls", CellTech, basada en Oregon. "Puedo extraer ese mensaje y enviárselo a diez de mis líderes clave, y ellos pueden oír el testimonio en las propias palabras de quien lo grabó, en vez de tener que repetirlo yo una y otra vez."

Utilice claustros de comunicación

Los usuarios de correo de voz pueden estructurar sus días de trabajo alrededor de lo que Glen Davidson de "Concord Communications" llama claustros de comunicación.

Un claustro de comunicación es un tiempo específico que usted reserva cada día para interactuar por teléfono. Usted escucha sus mensajes y responde a los más importantes o urgentes. El resto del día, usted ni siquiera piensa en el teléfono. Mientras esté realizando reuniones personales o de tormenta de ideas o cualquier otra actividad, su casilla estará recibiendo mensajes.

Si alguien en su red llama preguntando algo que podría contestar mejor uno de sus líderes frontales , usted tan sólo oprime un botón, y el mensaje es derivado a la persona apropiada.

Y si usted sólo tiene que responder un simple sí o no, sólo llama a su servicio de mensajes y dice sí o no. De esta manera, usted no correrá el riesgo de ser atrapado en una conversación prolongada e inesperada, tan sólo porque lo pescaron en un momento verborrágico.

Construya tecno-relaciones

Uno de los usos más poderosos del servicio de mensajes es la creación de tecno-relaciones, interacciones personales que nunca habrían existido sin la intervención de la tecnología. El Network Marketing es un negocio de persona a persona. Sus resultados dependen de la *calidad y cantidad* de sus contactos humanos. Cuando eso es puesto a funcionar en una red de la *Ola 3*, el servicio de mensajes aumenta ambas.

John Mann era un dotado compositor y concertista de cello. Pero a los 26 años, llegó a la conclusión de que con la música, no conseguía pagar sus cuentas.

"Juré que dejaría de componer profesionalmente hasta que tuviera los recursos económicos para realizar mis propias grabaciones y decidir dónde tocar", dice. "Finalmente, estoy logrando ese viejo sueño a la edad de 40 años."

Hoy, Mann tiene más de 12.000 personas en su red en CellTech. Atribuye gran parte de su reciente éxito y libertad a sus tecno-relaciones. Lúdico por naturaleza, confiesa haber sentido debilidad siempre por los aparatos y "chiches tecnológicos".

"Como músico profesional, estaba acostumbrado a experimentar con nuevas formas de comunicación a través de instrumentos físicos", dice. "Me fascina la forma en que la tecnología permite a gente común hacer cosas no comunes."

Sin embargo, incluso un apasionado de la técnica como Mann, se quedó boquiabierto cuando su auspiciador le habló por primera vez sobre las casillas de mensajes.

"No podía lograr darme cuenta de qué me estaba hablando", dice Mann. "No podía hacerme a la idea. No entendí."

Como la mayoría de la gente, Mann pensó que el servicio de mensajes era un contestador automático más. Pero después de conectarse, descubrió que acababa de entrar en un mundo nuevo.

Entre algunas de las tribus de indios americanos, se pasa un bastón de orador alrededor del consejo. El que tiene el bastón puede hablar, sin que lo interrumpan. Mann llama a las casillas de mensajes bastón de orador electrónico, que mejora la interacción humana en formas que sus inventores ni siquiera hubieran imaginado.

Cuando alguien de su red graba un largo mensaje en su casilla de mensajes, debe escuchar cada palabra, sin interrumpir. Las conversaciones pueden extenderse por días. Sus distribuidores pueden decirle exactamente lo que pasa por sus mentes, con una sola llamada. No reciben señal "de ocupado", ni se encuentran con un contestador automático roto, o una voz apurada que dice, "Estoy hablando por la otra línea, lo llamaré más tarde".

Con el servicio de mensajes, Mann estableció una "tecno-relación" con su mayor productor, un distribuidor en el tercer nivel de profundidad, a quien Mann casi no conocía.

"Empezamos a intercambiar mensajes por este servicio", dice Mann. "Luego de seis meses, mensaje tras mensaje, nos familiarizamos el uno con el otro, intercambiando historias personales. Es como sentarse junto a alguien en un largo viaje en ómnibus. Realmente llegamos a conocernos. Ahora es uno de mis mejores amigos. A través del correo de voz."

Las casillas de mensajes mejoran la comunicación entre sus *downlines*, según Mann, causando que distribuidores en muy diferentes líneas de una organización, puedan intercambiar datos sobre programas de entrenamiento, innovaciones tecnológicas, nuevos libros y cassettes disponibles e incluso compartan testimonios inspiradores.

"Produjo una mayor unidad de propósito e intercambio de experiencias en nuestra compañía", dice Mann. "Y esto se traduce directamente en mayores ganancias."

Mesas redondas interactivas

Mann aconseja utilizar el servicio de mensajes para crear mesas redondas interactivas en las redes. Digamos que usted necesita conversar sobre un tema importante. Envía un informativo por el servicio de mensajes a los seis líderes frontales, explicando la situación en detalle, y pidiendo respuestas dentro de las veinticuatro horas. Su mensaje de tres minutos costará menos de un dólar. Sus respuestas pueden llegar a sumar un total de tres o cuatro dólares en la factura telefónica. Incluso manteniendo esta forma durante un par de días, el total de su conferencia probablemente no excederá los diez dólares. Es mucho más barato que una conferencia normal o una reunión en persona, que implica grandes gastos en tiempo, viajes y facturas de hotel.

Boletines informativos de la *Ola 3*

Hace mucho tiempo que los líderes usan los boletines como herramienta informativa. Mantienen a sus distribuidores al día sobre las novedades de la compañía, publican historias de éxitos y proveen un *fórum* para que los *uplines* líderes motiven a sus organizaciones. Una suscripción gratuita a su boletín, proporciona también un lindo premio para ofrecer a los nuevos prospectos.

Pero producir boletines de calidad es difícil y costoso. Sólo las cuentas por diagramación e impresión, suponen una barrera infranqueable para muchas personas, dado su precio, sin mencionar los costos de envío.

De todos modos, cada vez más compañías y líderes están ofreciendo a sus redes boletines a través de las casillas de mensajes. Una o dos veces al mes, su línea descendente recibe las novedades en su buzón electrónico. La transmisión puede costarle dos dólares en total.

Por supuesto, el conocedor de computadoras puede elegir utilizar tecnología informática para el mismo propósito. John Mann utilizaba su Macintosh para producir un boletín mensual y distribuirlo a un grupo selecto de doscientos líderes de su red vía fax.

"Esos doscientos líderes, a su vez, lo transmitían a su gente", dice Mann. "La intención era que el boletín convenciera a los asociados consumidores para que se convirtieran en distribuidores. Funcionó. En dos meses, el volumen de dólares de mi grupo se incrementó en un treinta por ciento."

El "networker" tecnificado

Mann, de CellTech, es un pionero en la aplicación de la PC al Network Marketing. El utiliza un *software* de contabilidad para computar las cuentas de pérdidas y ganancias, y emplea *software* integrado para transferir instantáneamente nombres de un sitio a otro, entre su agenda, el archivo de prospectos y el sistema Rolodex. Envía *mailings* con cartas personalizadas para cientos e incluso miles de distribuidores o prospectos. Y su base de datos le permite direccionar sus *mailings* a subgrupos seleccionados, por ejemplo todos los asociados de su red que no hayan consumido productos en los últimos dos meses.

"Puse un anuncio que atrajo más de 60 respuestas, y cada una de esas personas recibió una carta tipeada y personalizada", dice Mann, "gracias a la simpleza de este sistema de *mailing*." ¿Cuánto mejor cree que hubiera sido el resultado obtenido, si hubiera enviado una carta focotopiada?

El vacío de la PC

Por supuesto, en la organización de la *Ola 3*, el lugar apropiado para el *hardware* informático es nuevamente el escritorio de su casa. Cada distribuidor no malgasta su tiempo jugando con "*modems*" y "*disk drives*".

Sin embargo, a medida que las computadoras se hacen más baratas y más fáciles de usar, la revolución de la PC barrerá el mercado del Network Marketing inevitablemente. Incluso hoy, muchos líderes hacen uso ingenioso de las PCs para lo que, como *uplines*, saben hacer mejor: patrocinar a otros líderes.

Para el distribuidor medio, el costo de u$s 2.000 del equipo, así como el tiempo y esfuerzo requeridos para manejar el nuevo *software*, todavía supone una barrera para lanzarse al Network Marketing de la Era de la Información. Pero la brecha de la PC se está cerrando rápidamente. En un futuro cercano, es probable que las compañías de la *Ola 3* ofrezcan *software* y servicios *on line* de la misma manera que ofrecen medios más tradicionales a sus distribuidores.

Y los líderes de la *Ola 3* seguirán inventando nuevas y mejores formas de emplear esa tecnología para auspiciar y formar mejores líderes.

EL SIGNIFICADO DE LA MAESTRÍA

Su éxito o fracaso en Network Marketing depende en última instancia de su capacidad para crear líderes autosuficientes. En la era de la *Ola 3*, esto no significa emprendedores disidentes, con egos sobredimensionados y hordas de talento. Significa personas que confíen en el sistema lo suficiente como para seguirlo, aún cuando usted no esté detrás de ellos para asegurarse de que sigan las reglas.

En ningún otro campo puede aplicarse mejor el viejo adagio, "Para liderar, debes primero aprender a seguir."

El distribuidor de la *Ola 3* debe apagar su ego y desarrollar su creatividad en un sistema que puede parecer, en apariencia, ridículamente simple. El distribuidor se convierte en maestro sólo cuando aprende a apreciar las décadas de "prueba y error" que han transcurrido hasta lograr formular este sistema; sólo cuando es lo suficientemente sabio como para utilizar los procedimientos existentes de la compañía, sin tratar de reinventarlos.

(13) Esto varía considerablemente según las distintas empresas (N. del E).

Capítulo 9

La Quinta Fuente de Ingresos

oward Solomon venía pegando fuerte. En los tiempos en que la National Safety Associates (NSA) era la compañía más "candente" y de más rápido crecimiento en MLM, Solomon era uno de sus distribuidores top, con una fuerte red de miles de personas. Mientras circulaba el dinero, Solomon y su mujer viajaban por todo el país, inspirando a otros con su asombrosa historia de éxito.

La mayoría de las personas en esta industria, habrían considerado a Solomon como el profesional del Network Marketing ideal. Pero Solomon se da cuenta hoy que tenía serios puntos ciegos. Como la mayoría de los *networkers*, Solomon suponía que sólo había cuatro maneras de ganar dinero en MLM: bonificaciones mayoristas, bonificaciones por ventas, regalías *(royalties)* y bonos de liderazgo.

¡Pero no es así!

La revolución de la *Ola 3* ha abierto una quinta fuente de ingresos, quizá aún con más ventajas que las tradicionales. Y usted ni siquiera tiene que ser distribuidor para acceder a ella.

REMONTAR LA OLA

Hoy, el Network Marketing ejerce un impacto invisible en los mercados de capitales del mundo. A medida que la *Ola 3* madure y se profundice, su impacto crecerá exponencialmente. Inversores sagaces ganarán millones subiéndose a la ola de compañías MLM en rápido crecimiento, no sólo involucrándose como distribuidores, sino también a través del mercado accionario.

El inversor sagaz puede dar un gran golpe siguiendo la cadena de influencias ocultas que emanan de los mercados globales de capital, como ondas de agua en un estanque, a partir de cualquier desarrollo exitoso de Network Marketing.

Howard Solomon aprendió esa lección de la forma más dura.

Siga sus corazonadas

Usted habrá oído hablar de la comezón del séptimo año. Howard Solomon tuvo algo más exasperante que eso. Tuvo una corazonada de siete años.

A mediados de los '80, Solomon era propietario de un pequeño negocio. Su compañía vendía, instalaba y monitoreaba sistemas de alarmas contra robos. Era un buen negocio. Solomon vivía confortablemente. Su plantilla laboral incluía entre seis y doce empleados. Pero en el fondo, Solomon sabía que estaba en una trampa.

"Nunca era capaz de romper ese techo de cristal", admite, "y alcanzar esa calidad de vida y libertad que es un sueño esquivo para todos nosotros."

Parte del problema, Solomon lo sabía, era que su producto era demasiado caro. Las alarmas contra robo inalámbricas que vendía, eran la última "obra de arte" del mercado. No necesitaban instalación eléctrica, y estaban diseñadas para sonar antes de que el ladrón tirara la puerta— no después, cuando habría sido demasiado tarde. Toda esa tecnología costaba dinero. El sistema de alarma de Solomon costaba de u$s 2.000 a 3.000 hacia arriba.

"No podía tener un alcance masivo", dice Solomon. "El mercado era muy limitado. Me dije a mí mismo que si alguna compañía podía comercializar masivamente un sistema similar por menos de u$s 1.000, se adueñaría de la industria."

Pero Solomon no creía ser el hombre que pudiera hacer esto. No tenía el dinero. No tenía una fábrica. No tenía el *"know-how"*. Era tan sólo un pequeño hombre de negocios promedio. Encogiéndose de hombros y suspirando, Solomon intentaba olvidar su corazonada.

Vigile con "ojo de aguila"

Los profesionales del Network Marketing son una raza aparte. Como un águila oteando el campo desde su nido en las alturas, el *networker* observador puede, a menudo, utilizar su especial y ventajosa posición de observación para discernir tendencias y posibilidades que permanecen ocultas al mundo de negocios convencional.

Solomon nunca tuvo la expectativa de convertirse en *networker*. Como la mayoría de los propietarios de pequeños negocios, observaba esa industria con desdén. Pero, un día, alguien que él conocía a través de su negocio, llamó a Solomon aparte y le planteó un desafío.

Dijo, «Voy a poner mi cheque mensual en la mesa, y tú harás lo mismo. Si mi cheque es mayor que el tuyo, ¿dedicarás una hora para escuchar lo que tengo que decir?».

Solomon asintió. Cuando vio la cifra del cheque del otro hombre, se quedó prácticamente infartado.

"Mi ego fue a parar rápidamente al bolsillo trasero", dice Solomon. "Y presté atención."

El hombre era distribuidor de National Safety Associates (NSA), una compañía que comercializaba filtros para agua. Solomon se hizo distribuidor ese mismo día. Ascendió rápidamente a la cima. Durante los cuatro años siguientes, Solomon vivió la vida de alta calidad que nunca había podido conseguir como propietario de un pequeño negocio. Vendió su negocio de alarmas contra robo sin pensarlo dos veces. Finalmente, había logrado el éxito.

Pero de vez en cuando, Solomon todavía sentía la antigua corazonada. "Pero, ¿cuándo desarrollará algún empresario un sistema de alarma inalámbrico accesible?" En los momentos de ocio se encontraba a sí mismo preguntándose, "...y, ¿cuánto dinero ganaría realmente?"

Durante el tiempo en que Solomon fue un vendedor convencional, estas fueron meras especulaciones. Pero involucrarse con el Network Marketing finalmente le abrió los ojos y los oídos a la mayor oportunidad de su vida.

La magia de la duplicación

El mundo está lleno de soñadores como Solomon, personas con ideas multimillonarias que nunca llegan a implementarlas. En el mundo de negocios convencional, tales personas son rechazadas e ignoradas. Siempre llega algún "mejor jugador" que los saca de competencia. Sólo aquellas particulares almas en las que confluyen la apropiada mezcla de impulso, dinero, genio y oportunidad, acaban llevando sus grandes ideas al mercado. Los soñadores pasan el resto de sus vidas preguntándose, "¿Qué pasaría si...?"

Pero, gracias a la peculiar magia del Network Marketing, un soñador como Solomon no tuvo que abandonar su sueño sólo porque alguien lo dejara fuera de competencia. La ley de la duplicación asegura que el sueño de un hombre puede ser compartido por otro, y otro, y otro...

Atrape el momento

La gran oportunidad de Solomon llegó en 1992. Un gran empresario del *networking* le habló a Solomon sobre una nueva compañía llamada "Quorum International". Conocido como hombre que pegaba fuerte, Solomon estaba acostumbrado a protegerse de las presentaciones de cada nueva compañía que aparecía. Pero esta vez era diferente. Para su asombro, Solomon escuchaba que Quorum vendía sistemas de seguridad inalámbricos, por unos pocos cientos de dólares.

"Fue como un *«déja vu»*", recuerda Solomon. "Aquí estaban todas las piezas que había estado buscando."

Solomon siguió su corazonada. Dejó su cómoda posición en NSA y se unió a la novel compañía.

"Fue la mejor decisión de negocios que he tomado en mi vida."

Hoy, Quorum se ha convertido en una de las "estrellas" que más rápido ascienden en Network Marketing, con una proyección de ventas en 1993 de u$s 250 millones y más de 300.000 distribuidores en sus redes.

Solomon se siente como en "casa" con el producto.

"Entiendo la tecnología", dice. "Comprendo la forma de pensar del consumidor y, desde luego, comprendo el potencial del mercado."

Si hubiera permanecido solo, Solomon probablemente habría seguido sin hacer nada sobre su brillante corazonada por el resto de su vida. Pero como distribuidor de Quorum, se convirtió en líder de una industria internacional en la cual Solomon había sido anteriormente tan sólo un pequeño y humilde engranaje. Su red en Quorum tiene en la actualidad 60.000 personas. Solomon y su esposa no son meros representantes comerciales, sino que están totalmente involucrados en el desarrollo de la estrategia de la compañía.

"Hemos jugado un papel instrumental, ayudando a desarrollar Quorum", dice Solomon, "y estamos entre las personas con mayores ganancias en la compañía actualmente."

PERSPECTIVA 20/20

Ahora bien, siendo tan exitoso, ¿por qué se lamenta tanto Solomon hoy en día?

Porque él pasó por alto el poder de la quinta fuente de ingresos.

"Tenía los ojos tapados", admite Solomon. "Estaba un doscientos por ciento focalizado en construir mi negocio en Quorum."

Lo que Solomon no supo percibir era la magnitud del impacto de Quorum sobre un fabricante apenas conocido, con base en... ¡Hong Kong!

"Applied Electronics" de Hong Kong era dueña del setenta por ciento de Quorum International. Y fabricaba el ciento por ciento de los productos de Quorum. Durante años, Applied Electronics ha producido de todo, desde partes de computadoras a calculadoras, pasando por juguetes y juegos para corporaciones multinacionales como Texas Instruments e IBM, que buscaban beneficiarse con mano de obra barata en Hong Kong. Pero era una pequeña compañía en un mercado aún más pequeño. Sus acciones, en la bolsa de Hong Kong, se vendían por centavos. Sólo los más cuidadosos observadores de los negocios de la costa del Pacífico notaban apenas la existencia de Applied Electronics.

En poco más de un año, como resultado directo del fenomenal crecimiento de Quorum en Estados Unidos, las acciones de Applied Electronics multiplicaron por diez su valor.

"Gané algo de dinero con ello", dice Solomon. "Pero, siendo las perspectivas 20/20, debería haber invertido mucho más. Si tuviera que hacerlo de nuevo, hipotecaría mi casa, los niños, el perro y pondría todo en acciones de Applied."

Comercio interno

Solomon era como la mayoría de las personas. Su idea de la especulación en bolsa era repartir una pequeña parte de sus ahorros en acciones *"blue chip"*. Pero ahora ha aprendido una valiosa lección. Ha aprendido que los profesionales del *networking* pueden usar su ojo avizor para descubrir inusuales oportunidades, invisibles para los asesores de bolsa convencionales.

"La mejor forma de invertir en Network Marketing", dice Solomon, "es formar parte de una compañía que esté en la curva de crecimiento. Debido a que estaba en Quorum, veía el tremendo crecimiento que estaba experimentando. Podía prever el impacto que iba a tener en Applied Electronics. Esto hubiera sido casi imposible de ver estando fuera de la industria."

Compañías MLM comienzan a cotizar en bolsa

A medida que el Network Marketing se infiltra en el mundo de los negocios convencionales, crea oportunidades de inversión "calientes" donde antes no existía ninguna. Tomemos Rexall, por ejemplo. Fundada en 1903, Rexall es un nombre doméstico, reconocido en el setenta y ciento por ciento de los hogares americanos. Las droguerías de Rexall solían llenar el paisaje.

Pero vinieron tiempos duros para la empresa. En 1985, la compañía de vitaminas Sundown compró la marca registrada. Ahora llamada Rexall Sundown, la venerada marca ha regresado, tomando por asalto el mercado con una estrategia de distribución agresiva. Los productos Rexall se venden ahora en negocios minoristas, por correo y por Network Marketing. La subsidiaria de MLM de la compañía, Rexall Showcase International, fue lanzada en 1990, contando ahora con 25.000 distribuidores. Los analistas Raymond James & Associates, quienes cosuscribieron el IPO de Rexall, estiman que, en un mercado alcista, las acciones de Rexall deberían aumentar hasta un cuarenta por ciento en el próximo período, en gran parte gracias al uso que han hecho de la distribución MLM.

Encuentre las relaciones ocultas

Aunque es cierto que los sofisticados directivos de la *Ola 3* son mucho menos tímidos que sus predecesores para hacer crecer el dinero a través de los mercados de capital, sería prematuro esperar una avalancha de cotizaciones en bolsa por parte de las compañías MLM. Los empresarios del Network Marketing han evitado tradicionalmente la bolsa. Con costos bajos y un fuerte *"cash-flow"* (flujo de dinero), las compañías MLM exitosas pueden permitirse mantener todas sus acciones "en familia". Incluso después de 33 años, Amway (con una facturación de u$s 4,5 millones) sigue siendo una corporación privada (que no cotiza en bolsa).[14]

El impacto real de la *Ola 3* sobre el mercado de valores se sentirá indirectamente, por una red de clientes, proveedores, socios y compañías matrices interconectados, cuya relación con el Network Marketing no siempre está clara a los ojos del observador casual. Así como Applied Electronic multiplicó por diez el precio de sus acciones por ser propietaria de Quorum, muchas corporaciones en los años por venir aumentarán sus ventas a través de alianzas permanentes o temporarias con compañías MLM. Preste atención a esas relaciones ocultas, y puede que usted descubra algunas oportunidades sorprendentes.

POSICIONARSE EN EL MERCADO CON VELOCIDAD

La experiencia de Quorum muestra claramente que si hay una cosa que el Network Marketing puede hacer por un fabricante, es introducir un nuevo producto en el mercado con mayor velocidad que ningún otro método conocido. Y eso puede hacer toda la diferencia en el mundo.

En "The 22 Immutable Laws of Marketing" (Las 22 Leyes Inmutables del Marketing), los autores Al Ries y Jack Trout afirman que "Es mejor ser el primero que ser el mejor. Según la así llamada ley del liderazgo, el líder del mercado en cada categoría de productos suele ser el que entra primero, incluso aunque sus competidores lleguen después con un producto superior."

Por ejemplo, cuando el analgésico Ibuprofen fue inventado, Advil, Nuprin y Medipren entraron en el mercado, en ese orden, con productos similares. ¿Adivine quién es el líder en la actualidad? Advil, con una participación del cincuenta y uno por ciento. ¿Cuántas personas recuerdan que Bert Hinkler fue el segundo hombre que voló sobre el Atlántico? ¿O que voló más rápido que Charles Lindberg y con un consumo menor de combustible? A nadie le importa.[15]

Por esa razón, la velocidad en el mercado es uno de los indicadores más seguros del éxito a largo plazo de una empresa. Y el Network Marketing es una de las herramientas más efectivas para lograrlo.

La autopista de distribución

La industria del Network Marketing está evolucionando rápidamente rumbo a convertirse en una gigantesca autopista de distribución, con una infraestructura establecida de distribuidores bien preparados, canales de información de alta tecnología e incluso acceso rápido a los mercados extranjeros.

Como ha demostrado Amway brillantemente, esta autopista de la distribución puede ser utilizada por cualquier compañía, no sólo la compañía de MLM en sí. Amway, por ejemplo, mueve productos y servicios para MCI, Coca Cola, Firestone, Chevrolet y muchas otras marcas líderes en el mercado.[16]

En el futuro, las compañías de Network Marketing servirán más como autopistas de distribución que como una fuerza de ventas especializada para un solo fabricante. Los inversores sagaces tendrán en cuenta las alianzas virtuales en formación, que tendrán lugar a lo largo de la autopista.

EFIMERIDAD: EL MILAGRO DEL MOMENTO OPORTUNO

El mundo corporativo no deja de hablar sobre corporaciones virtuales, definidas por Business Week como una red temporal de compañías que se unen rápidamente para explotar oportunidades rápidas de cambio... Una vez hecho el negocio, se vuelven a separar.

Una de las fuerzas clave de una corporación virtual es su efimeridad. Puede aparecer y desaparecer en un abrir y cerrar de ojos. A diferencia de las divisiones corporativas y departamentos gubernamentales, las corporaciones virtuales duran exactamente lo necesario, y ni un segundo más.

Las alianzas MLM encajan perfectamente en este modelo. Para utilizar el Network Marketing, una compañía no necesita hacer un compromiso permanente.

"US Sprint" se benefició enormemente de su alianza con una compañía de MLM, Network 2000. Con sus distribuidores haciendo llegar los servicios de larga distancia de "US Sprint" a todos los rincones de Estados Unidos, la incipiente compañía atrapó rápidamente una cantidad considerable de la participación en el mercado de AT&T.

Pero entonces llegó el momento de digerir sus ganancias. US Sprint había alcanzado los límites de su furioso crecimiento. Ahora necesitaba enfocarse en el servicio al cliente y la renovación del negocio. La atmósfera circense de su éxito comercial original ya no parecía apropiada para la imagen de una compañía estable y en desarrollo, que US Sprint intentaba mostrar. Hasta el día de hoy, Network 2000 sigue vendiendo US Sprint. Pero US Sprint ha cambiado el foco de sus esfuerzos de marketing a una fuerza de venta directa convencional.

Son esos destellos efímeros del crecimiento del MLM los que proporcionan el suelo más fértil para los inversores atentos de la *Ola 3*.

UN COMPLEMENTO PODEROSO

En las prioridades del distribuidor de la *Ola 3*, la quinta fuente de ingresos nunca debe sustituir al trabajo real del Network Marketing, que es la venta y duplicación. Sin embargo, proporciona un poderoso complemento a las oportunidades tradicionales ofrecidas por esta industria.

Antes de que acabe el siglo, cada industria habrá buscado su propia relación particular con la autopista de la distribución. Y, para muchas de esas industrias, esta relación resultará ser el Network Marketing.

Como los mercaderes del pasado, los distribuidores de la *Ola 3* se moverán con facilidad entre los belicosos grupos de poder de ricos y poderosos. Más que ningún otro sector de la sociedad, tendrán acceso privilegiado a las arterias pulsantes de bienes e información por las que correrá la industria del siglo veintiuno. Y, desde sus nidos de águila, los distribuidores de la *Ola 3* localizarán antes que nadie esas rápidas alianzas que son una señal de oportunidad, esas corporaciones virtuales que se unen y se separan en un abrir y cerrar de ojos, en medio del protoplasma burbujeante de la economía.

Por lo tanto, la antigua búsqueda del poder personal cierra su círculo, el lento vendedor ambulante se ha convertido en maestro inversor, determinando el destino de las industrias detrás de la escena. Y, mientras trabaja en su humilde negocio tan diligentemente como siempre, el *networker* profesional prospera silenciosamente gracias al ingreso residual más poderoso de todos: la quinta fuente de ingresos.

(14) Actualmente supera los 7,3 billones, y subsidiarias, como Amway Asia Pacific cotizan en Bolsa (N. del E.).

(15) Los dos párrafos anteriores parafrasean y en parte citan un artículo escrito por el autor en la revista Success, julio/agosto 1993.

(16) Actualmente Amway comercializa a través de sus redes más de 20.000 productos entre bienes y servicios (N. del E.).

Capítulo 10

Más Allá de la *Ola* 4

Imagínese que estamos en el año 2010.

Usted hace todas sus compras directamente a través de una pantalla. Cualquier producto o servicio que pueda imaginar, puede ser ordenado electrónicamente y enviado a su casa en 24 horas.

¿Suena conveniente? ¡No esté tan seguro!

Encienda la pantalla y mueva el cursor al rubro alimentos. De pronto, usted estará recorriendo un supermercado tan grande como los Jardines Colgantes de Babilonia. Pasillos llenos de productos se expanden en todas direcciones. En los estantes, usted ve imágenes animadas de legumbres genéticamente producidas, jugueteando, bailando, y llamándolo por su nombre.

Un paquete sellado de legumbres hidropónicas irradiadas lanza flashes de luz a su retina, mientras una voz extraña e hipnótica susurra, "Cómprame, cómprame", en perfecta sincronización con la frecuencia de onda *theta* de su cerebro. A medida que usted involuntariamente, se acerca para tomar el producto, su trance se ve interrumpido por otros paquetes cercanos que ladran, gritan o simulan un tiroteo automático, por sirenas de bombardeos o uñas arañando una pizarra.

"¡No lo escuches!" gritan. "¡Cómprame a mí!"

En la sección de verduras, una caja de pepinos agigantados artificialmente dice frases a lo Jimmy Durante: "¡No soy tu nariz! ¡Soy un pepino genéticamente alterado! ¡Cha, cha, cha! ¡Caliente!" Usted se sonroja al pasar junto a un estante con tomates maduros, contorneándose obscenamente, y susurrando promesas sexuales explícitas a su oído.

Cada producto tiene su estilo propio y personal. Pero todos están tras el mismo premio. Quieren que ponga el cursor sobre ellos. ¡Cuidado! En el momento en que lo haga, estará bajo su control. Su pantalla estallará en un fantasmagórico programa interactivo, focalizándose en ese producto concreto. Anuncios de testimonios de clientes, historia de quejas y demandas, información nutricional, incluso testimonios de celebridades, desfilarán ante su campo visual en colores brillantes, acompañados de luces intermitentes y sonido rítmico blanco, diseñado para neutralizar su resistencia psicológica.

En síntesis, ir de compras en el año 2010 será una pesadilla.

LA SOLUCIÓN DE LA *OLA 3*

Este escenario fantástico quizás sea una ligera exageración. Pero no tanto. A pesar de sus ventajas, el *marketing* electrónico demostrará ser una molesta y alterante experiencia para la mayoría de la gente. Sólo la *Ola 3*, el retorno del elemento humano, brindará alivio a los horrores de comprar en el futuro.

La venta de persona a persona ha sido utilizada durante miles de años, y el Network Marketing durante al menos cincuenta. Pero nunca ha habido una necesidad más desesperada de ellos que ahora.

La razón de esto es la *sobrecarga de información*.

Hubo un tiempo en que se creía que las computadoras simplificarían nuestras vidas. Los ejecutivos soñaban con oficinas sin papeles. Los empleados soñaban con andar vagando todo el día, mientras sistemas inteligentes hacían el trabajo por ellos. ¡Sigan soñando! Hoy en día todo el mundo sabe que las computadoras sólo agregan complejidad, papeles, confusión y trabajo a cualquier oficina.

Lo mismo sucede con la super-autopista de la información. La gente ya está abrumada por el gran volumen de datos sin elaboración que de golpe los ataca cada día. A medida que la televisión interactiva sustituya al centro comercial, la sobrecarga de información alcanzará un punto de crisis. La gente se sentirá atrapada en un espacio cibernético del consumidor, cuya rareza asombrará, enojará e intimidará al comprador más audaz.

Sólo la intervención humana masiva podrá suavizar la crisis.

Piense cuánto alivio es conseguir finalmente hablar por teléfono con una persona viva y real, después de pasar treinta minutos discutiendo con un sistema de respuestas eletrónicas automáticas sobre un error en la facturación de su tarjeta de crédito. En el siglo veintiuno, los *networkers* serán las personas reales que lo guiarán sano y salvo a través de la jungla de afluencia de datos.

"Estamos en el umbral de una nueva era de la comunicación", dice Wayne McIlvaine, ex director de marketing de la agencia de publicidad McCann-Erickson. Algunas de las corporaciones más grandes del mundo, incluyendo General Foods, Campbells Soup, Phillip Morris y Nabisco, acuden a McIlvaine para aprender lo que el futuro deparará a sus industrias. Y, compañía tras compañía, McIlvaine aconseja... ¡el Network Marketing!

"El Network Marketing es la ola del futuro", dice. "Las corporaciones más importantes están teniendo que reconocer el hecho de que ya no tendrán tan sólo cuatro redes televisivas para publicitar, sino cien. Están considerando el hecho de poder comprar seis horas al día de tiempo en televisión para efectuar venta educativa, en lugar de treinta a sesenta segundos... Ahí yace la gran oportunidad del Network Marketing. Porque puede que sea difícil para la gente descubrir cómo acceder a toda esta información sin ayuda de un profesional del *networking*."

LA DIFERENCIA HUMANA

Volvamos a nuestra fantasía de vida del año 2010.

Usted depende de empresarios de red todos los días. Sin ellos, su vida sería aterradora. Sus amigos del MLM siempre parecen tener un buen dato acerca de las mejores compras. Usted confía es sus opiniones, porque los conoce personalmente y los ve usar los productos. Lo que es más importante, seguir su consejo le evita tener que aventurarse en la jungla de datos usted mismo.

Tomemos, por ejemplo, a su vecina. Vende automóviles. Ella lo guía a través de la una maraña de comerciales informativos digitalizados, que se parece a una masa de tallarines pegoteados y, sugiere qué coches debería usted ver entre todos los miles de modelos disponibles, y luego dirige su atención a los anuncios específicos que se centran en los puntos de venta claves del coche. Si a usted le gusta un automóvil en particular, ella hará el contacto con el concesionario más cercano, que se presentará en la puerta de su casa con un modelo de demostración de la última importación de México o Indonesia.

Lo que es realmente asombroso de su vecina, es que no utiliza el tipo de manipulación de venta de alta presión que lo asalta en la jungla de datos. No le dispara flashes en la cara. No utiliza programación neurolingüística. No imita sus gestos, ni observa su plexo solar para verificar su ritmo respiratorio, ni tampoco estudia los movimientos de sus ojos para determinar si es usted es un tipo de personalidad visual o sinestésica. En realidad, no hace ningún intento de lavarle el cerebro, hipnotizarlo o programarlo de ninguna otra forma. Lo único que hace es escuchar sus problemas, sugerir soluciones y dejar que usted decida.

Finalmente, usted está tan agradecido por sentirse tratado como ser humano, que nunca soñará siquiera en comprarle un automóvil a otra persona.

LOS LÍMITES DEL CONTROL

Hace cien años, justo cuando comenzaba la Era Industrial, la gente temía que algún día las máquinas esclavizarían a la humanidad. La película de ciencia ficción de los años 20, Metrópolis, visualizaba una ciudad mecanizada del futuro, poblada por automatones sin rostro, sin vida, vagando como hormigas. Esta visión de pesadilla casi llegó a ocurrir. Los ejecutivos de esa década, imponían entrenamientos de eficacia a los empleados, obligando a los trabajadores a trabajar en líneas de ensamblaje, en las que la máquina fijaba el ritmo y el trabajador tenía que seguirlo. Los arquitectos diseñaban edificios con la forma de cajas de cristal y acero gigantescas, cuyas ventanas no podían ser abiertas, estructuras más apropiadas para ser habitadas por robots que por seres humanos.

En la base del pensamiento de la Era Industrial estaba la idea de que la gente, al igual que las máquinas, podía ser controlada. Los últimos vestigios de este espejismo pueden verse en las enseñanzas del gurú del *management* W. Edwards Deming, que urgía a los directivos a medir estadísticamente todos los detalles del rendimiento de un equipo de trabajo. También lo vemos en el desarrollo del nuevo *software* que de hecho espía a los usuarios de computadoras y reporta inmediatamente a sus gerentes en cuanto reducen el paso en su esfuerzo laboral.

Pero todo esto está llegando a su fin. Los expertos predicen que, a finales del siglo veintiuno, la racionalidad mecánica quedará subordinada a los lazos espirituales, morales y sociales entre hombres y mujeres en los lugares de trabajo.

"Las firmas... han comenzado a exceder los límites de la racionalidad como estrategia para controlar a los trabajadores", escribe el profesor de *marketing* Nicole Woolsey Biggart en "Charismatic Capitalism: Direct Selling Organizations in America." (Capitalismo Ca-

rismático: Organizaciones de venta directa en América). "Los trabajadores que se sienten como engranajes... de la maquinaria corporativa,
presentan patologías previsibles: alienación, agotamiento... ausentis-
mo, baja productividad, e incluso sabotaje."

Es el Network Marketing, con su manera menos racional de
hacer las cosas, lo que cree Biggart que habrá de presidir el estilo
directivo del futuro. El Network Marketing devuelve el control al
individuo. Y hace que la máquina sirva a la persona, en vez de lo
contrario.

La Revolución de Manos Libres

El Network Marketing no es un negocio de baja tecnología. Por el
contrario, se apoya en la tecnología más avanzada del mercado. Pero
utiliza esa tecnología para simplificar el trabajo, en lugar de compli-
carlo.

Por ejemplo, los distribuidores de Nu Skin, Tom y Terry Hill,
siguen el rastro de una red global de 5.000 distribuidores, utilizando
tan solo un teléfono y un juego de tarjetas con índice.

Las personas como los Hill, pueden permitirse descartar sus
computadoras, precisamente porque su compañía matriz, Nu Skin,
está llena de *megabytes* en la oficina principal. Si los Hill desean saber
quién está en su red, llaman a un número de información especialmente
habilitado y programado y piden una copia impresa actualizada. Lo
mismo sucede con los datos de bonificaciones y ventas. Si quieren
enviar un aviso a sus *downlines*, llaman a otro número, graban el
mensaje, y después marcan un código, que transmite ese mensaje
instantáneamente a las casillas de mensajes de sus distribuidores, o,
si lo prefieren, sólo a un distribuidor en particular. De forma similar,
los Hill verifican periódicamente el "buzón" de su correo de voz, en
busca de mensajes de *uplines*, *downlines*, o de las oficinas principales
de Nu Skin.

"Cuando envío información a un prospecto", dice Tom Hill, "es
normalmente en forma de video, cassette o material impreso que la
compañía ya ha creado, y yo tan sólo le adhiero un memo con un
pequeño mensaje escrito a mano para la persona."

LA *OLA 4*: UNA NACIÓN DE NETWORKERS

Si las cosas siguen yendo de esta forma, el Network Marketing se volverá eventualmente tan sencillo, que virtualmente cualquiera podrá hacerlo en cualquier momento y en cualquier lugar. Nos convertiremos en una nación de *networkers*, distribuidores a tiempo parcial que ganan ingresos residuales cada vez que recomiendan un producto a un amigo.

Imagine una vez más, que estamos en el año 2010. Usted es la última persona en su país que se niega a ser miembro de una red. Todos sus vecinos lo han hecho. Todos sus amigos, parientes y compañeros de trabajo. ¡Pero no usted! Usted continúa sosteniendo su tosudez.

Incluso su jefe es un distribuidor de red. Trabaja fuera de casa en los bosques de California del norte, mientras que usted vive en Telluride, Colorado. Pero ambos se reúnen por tele-conferencia dos o tres veces a la semana.

"¿Has probado Diet-Gel, Dick?", le pregunta al final de una reunión. "Es estupendo. Perdí 15 libras la semana pasada con ese producto. Es lo mismo que comían los astronautas en su primera misión a Marte."

"Realmente no quiero perder peso en este momento", protesta usted.

"Está bien. Pero quizás algún día lo quieras. Te lo recordaré cada tanto. ¿No te importa que ponga mi número de identificación en tu programa de Diet-Gel?, ¿no?"

Lo que esto significa es que la próxima vez que usted compre Diet-Gel en un supermercado interactivo, su jefe, Harry, automáticamente recibe una comisión por su compra, incluso aunque sea diez años después de esta conversación.

"A propósito", añade antes de colgar, "¿has visto esa película nueva, *Vengadores Antiterroristas*? ¡Es buenísima! Grandes pandillas de drogadictos barren Manhattan con una maleta que contiene una bomba de neutrones, y entonces el comando antiterrorista contraataca declarando la ley marcial y poniendo a millones de sospechosos en campos de detención por toda América."

"Oh, no sé, Harry. Suena demasiado como la vida real. Me vine aquí a las «Rockies» para escapar de todo eso."

"Bien, en caso de que cambies de idea, ¿te importa?..."

"No, Harry. No me importa. Tienes mi permiso para poner tu número de identidad en esa película, no hay problema."

Y así la vida continúa. Usted tiene tantos miles de números diferentes de identificación de personas, marcando distintos productos y servicios en sus programas de compras desde el hogar, que la mayor parte del tiempo no tiene ni idea quién gana dinero con qué. Usted se dice a sí mismo una y otra vez que no le importa. Pero empieza a sentirse marginado.

Es difícil olvidar que todo hombre, mujer y niño que conoce, recibe un cheque computarizado de bonificación todos los meses, de los miles de bienes o servicios que recomiendan a todos sus amigos y vecinos. Es más, pueden comprar todos esos bienes y servicios a sí mismos con un descuento mayorista, que puede llegar hasta el cincuenta por ciento.

¡Entonces usted empieza a sospechar que es la última persona en su país que paga el precio de venta total por algo!

"Estas compañías de Network Marketing", dice la anciana invitada a su programa preferido de charlas en vivo por televisión, una mujer que solía ser una prominente periodista en las décadas de los '80 y '90, "¡no le pagan un centavo a menos que de hecho venda algo! He estado previniendo a la gente sobre el Network Marketing durante veinte años. ¿Cómo pueden seguir dejándose engañar?"

"¡Eso es!", grita usted desde su sillón. "¡Díselo! No nos rendiremos nunca. No seremos nunca distribuidores de red. ¡Nunca!"

Pero en lo profundo de su ser, usted sabe que es sólo cuestión de tiempo...

Se acerca

Este escenario futurista está más cerca de lo que usted piensa.

Como en muchos otros aspectos, Nu Skin también ha sido pionera en la tecnología del Network Marketing de la *Ola 3*. Su programa de Ventaja de Venta Minorista ha funcionado desde 1991. Otras compañías, como Reliv, han seguido programas similares. Estos programas de entrega de mercaderías permiten al cliente elegir productos en un catálogo y pedirlos por medio de un número gratuito. El operador preguntará el número de referencia del distribuidor impreso en el catálogo. Este número corresponde al distribuidor que le entregó el catálogo. Esto asegura que el distribuidor reciba su comisión por el pedido. Sin un número de distribuidor, la operadora no dará curso a la orden.

"Después de unas horas de haber ingresado el pedido", dice Tom Hill de Nu Skin, "ya está en un camión dirigiéndose al aeropuerto. Así que todo mi trabajo es levantar el teléfono, llamar personas y darles la mano."

Puede que, Hill ni siquiera se entere de que el pedido fue hecho, hasta fin de mes cuando reciba una copia y un cheque de bonificación por ello.

McIlvaine alaba estos programas de envío de mercadería, como un paso importante en el camino hacia la *Ola 3*.

"De repente, hay una actitud diferente", dice. "Los distribuidores están percibiendo «No tengo que hacer reuniones en casa, no tengo que ir vendiendo puerta a puerta. Sólo tengo que comunicarme y hacer pedidos»."

Los distribuidores de Nu Skin ya están esperando con interés programas más avanzados que están actualmente en desarrollo.

"Cuando entre en juego la TV interactiva", dice Hill, "usted enviará un catálogo al cliente en un disco láser, el cliente introducirá ese disco en su video, y verá a alguien hablando sobre los productos, y explicándolos. Si desean adquirir algo, simplemente utilizarán el control remoto. Incorporado en ese disco, estará nuestro número personal y único de identificación, así que recibiremos nuestra bonificación por la venta."

Unase desde los cimientos

En diez o quince años, los actuales ataques de los medios de comunicación a la industria del Network Marketing parecerán páginas de los juicios de las brujas de Salem. El Network Marketing estará tan introducido en la sociedad, que ni siquiera se le seguirá calificando como un negocio distinto y aparte. Será una herramienta normal utilizada por todas las industrias.

Aquellos con visión de futuro ingresarán ahora, en los cimientos. Hoy es el momento de lograr la maestría en sus fundamentos. El momento para construir su red es hoy. Esté preparado. Pues muy pronto sus amigos, parientes y colegas se dirigirán a usted en masa, pidiéndole que los guíe a través de la jungla de afluencia de datos del siglo XXI.

Capítulo 11

Es Más que el Dinero

Según la American Medical Association (Asociación Médica Americana)", dice John Fogg, editor de Upline, "se dan más casos mortales de ataque al corazón a las 9 de la mañana de un lunes, que en ningún otro momento de la semana. También en ese horario, de las 8 a las 10, se dan más los casos de primera vez. Y, según el Instituto Nacional de la Salud, la mayor cantidad de infartos, causa número tres de mortalidad en América, ocurre entre las 8 y las 9 de la mañana."

"¿Cuál es la conclusión obvia?", pregunta Fogg. "La gente prefiere morir que volver al trabajo."

Bromeando a medias, Fogg sugiere un nuevo slogan para captar distribuidores: "Network Marketing, ¡la vida que salves, podría ser la tuya!"

TRANQUILIDAD DE ESPÍRITU A TRAVÉS DEL MARKETING EN RED

En un mundo en el que la competencia es cada día mayor, y la presión sobre los empleados sobreexigidos cada vez más cruel, el stress en el trabajo se ha convertido en una verdadera amenaza para la vida, la libertad y la búsqueda de la felicidad. El Network Marketing ofrece un verdadero alivio. La gran mayoría de los distribuidores de red ganan tan sólo ingresos modestos en sus negocios. Sin embargo, obtienen un tesoro más preciado que el oro: tranquilidad de espíritu. Incluso *networkers* a tiempo parcial, adquieren un mayor control sobre sus vidas, puesto que, desde el momento en que reciben su primer cheque por bonificaciones, su supervivencia no depende sólo de un trabajo y un jefe.

No se trata sólo de dinero

Contrariamente a la creencia popular, los estudios indican que la mayoría de los *networkers* no están interesados en hacerse ricos. El boletín de MLM *Market Wave (La Ola del Mercado)*, encuestó el año pasado a 1.000 distribuidores de red, preguntándoles, "¿Qué nivel de ingresos piensa conseguir, de manera realista, con el Network Marketing?"

Las respuestas fueron abrumadoras.

Más del 86 por ciento dijo que se hubieran quedado satisfechos con u$s 250 más al mes, dice el editor de *Market Wave*, Leonard Clements, o con un poco más de flexibilidad horaria, por ejemplo, reemplazando los ingresos familiares actuales, con alguien de la familia que trabaje veinte horas flexibles a la semana para lograrlo, en vez de dos personas trabajando cuarenta horas con horario fijo.

Dicho de otro modo, la mayoría de las personas que están en el Network Marketing no tienen expectativas o deseos apremiantes de hacerse ricos. Sólo quieren algún dinero extra y un poco más de tiempo libre.

La distribuidora de Beverly Hill International, Marjorie Musselman, atravesó muchos altibajos en su carrera en el MLM, cambiando de compañía varias veces a lo largo de los años. Pero, a pesar de lo escarpado del camino, Musselman alcanzó sus objetivos. Luego de que su marido fuera despedido, sus cheques de bonificaciones ponían la comida en la mesa y ayudaron a su marido a iniciar su propia compañía de seguros, después de que perdiera el trabajo. Para Musselman, unos pocos cientos de dólares extra al mes le proporcionaron la salvación. Y los cheques ocasionales que llegaban por montos de u$s 1.600 a u$s 2.000 o más, eran recibidos en casa de los Musselman como maná del cielo.

"Cuando recibía un cheque de u$s 2.800", declara, "para mí, ¡era como recibir un millón de dólares!"

LOS INTANGIBLES: MÁS IMPORTANTE QUE HACERSE RICO

Claramente, la gran mayoría de los *networkers* entran en el negocio por razones menos tangibles que el dinero. Estas razones, *los intan-*

gibles, como podríamos llamarlas, demostrarán tener mucha más importancia a medida que la *Ola 3* vaya ganando terreno en la industria.

En el horizonte se vislumbra un profundo cambio en la cultura del Network Marketing. Algunos de los cambios ya han comenzado. En las presentaciones comerciales sofisticadas del actual *networker*, frases como flexibilidad de tiempo e ingresos sustanciales *part-time* han tomado el lugar de las promesas falaces de hacerse rico de la noche a la mañana y de los cálculos exponenciales y sorprendentes, dibujados en el reverso de los sobres y las servilletas de restaurantes.

La cultura de la *Ola 3* presta poca atención al millonario ocasional de MLM. Sus héroes son personas normales, que trabajan esforzadamente. Los profesionales de red de la *Ola 3* ya no se unen a las compañías de MLM con la secreta esperanza de obtener millones. Se unen para descubrir un estilo de vida que satisfaga su sed de libertad y realización personal.

Actos nobles

Liberados del trabajo pesado por los nuevos sistemas y tecnología, los *networkers* de la *Ola 3* pueden enfocar sus energías en propósitos más nobles. Una máquina puede ser programada para ganar dinero. Una computadora puede llevar adelante un negocio. Pero sólo un ser humano es capaz de verdadera generosidad . Sólo un hombre o una mujer pueden disfrutar la profunda satisfacción que proviene de mejorar el mundo. Es en el reino de los actos nobles en el que la revolución de la *Ola 3* deja su marca más clara y pura.

Impacto residual

A través de su negocio de Network Marketing, los distribuidores obtienen algo mucho más poderoso que ingresos residuales. Logran lo que John Fogg llama "impacto residual".

"Cuando usted se ubica a la cabeza de una organización de 50.000 personas", dice Fogg, "y sabe que 50.000 hombres y mujeres allí afuera son más capaces, seguros y libres financieramente, y que sus vidas han cambiado gracias a usted, esto se llama impacto residual. Cuando se llega a ese punto, usted ya no puede quitarse ese sentimiento de encima. Ya no puede retirarse. Las personas que alcanzan ese nivel se hacen adictas, como a una droga, a cambiar las vidas de los demás para mejor. ¡No pueden parar nunca, nunca, nunca!"

El impacto residual le da algo más que sentimientos placenteros. Más que en cualquier otro negocio, la generosidad en MLM con frecuencia se traduce directamente en dinero contante y sonante.

Por ejemplo, después de donar u$s 150.000 a United Way en Reno, Mark Yarnell fue votado Filántropo del Año por Nevada del Norte. En la reunión en la que recibió su placa, una exitosa banquera se le acercó y se asoció a su red.

"Sólo en 1992, los esfuerzos de ella me proporcionaron más ingresos netos que los u$s 150.000 que doné a United Way", dice Yarnell.

¿LA RELIGIÓN DEL PRÓXIMO MILENIO?

"El Network Marketing puede ser la religión del próximo milenio", declara John Fogg.

Fogg señala que las cualidades de un gran auspiciador son similares a las que toda religión trata de inculcar a sus acólitos: integridad, honor, compasión, caridad. La compañía MLM ideal debería ser una hermandad de personas honestas y trabajadoras, cuyas vidas se centren no alrededor de una carrera corporativa de ratas, sino alrededor de la amistad, el servicio y la comunión con el prójimo, ¡no muy diferente de la iglesia ideal!

"Pero cuando se pasa la canasta para la limosna de caridad", bromea Fogg, "en vez de que usted deje caer dinero dentro, el dinero cae en su regazo."

Caridad Cristiana

Para Mark Yarnell, el Network Marketing demostró ser mucho más espiritual que su ministerio cristiano. Como ministro de una iglesia provinciana, Yarnell descubrió que pasaba más tiempo meditando sobre políticas locales, que en la gracia de Dios.

Siempre estaba intentando negociar en discusiones entre la representante de las damas, que querían hacer una "feria de tortas" y los jóvenes, que querían hacer limpieza de coches en el mismo día.

Como mencioné anteriormente, Yarnell fue rescatado después de diez años por el desastre económico que lo forzó a buscar, y eventualmente encontrar, su fortuna en el Network Marketing. En el proceso, Yarnell encontró algo que nunca había esperado: realización espiritual.

"Cuando estaba en el seminario, estudiando para sacerdote", dice Yarnell, "aprendí cuatro palabras mágicas: «Yo rezaré por ti». Ahora tengo otras nuevas: «¿Cuánto te hace falta?» Esta es la gran diferencia entre ser un sacerdote y ser un *networker* exitoso."

Yarnell ha encontrado su mayor satisfacción en el acto de dar a los necesitados. Luego de ver un informe sobre un oficial de policía inválido, cuyo departamento sólo había podido conseguir la mitad del dinero necesario para comprarle una silla de ruedas eléctrica, Yarnell rápidamente envió un cheque para cubrir el resto.

"Cuando era predicador", dice Yarnell, "habría visto ese informe y hubiera pensado, ¡pobre, espero que consiga el dinero! Pero ahora, no significa nada para mí hacer un cheque de u$s 1.800 para ayudar a alguien. Ahora puedo marcar una diferencia."

En el curso de sus trabajos benéficos, Yarnell ha hecho cheques por cantidades bastante más considerables que u$s 1.800. En una oportunidad realizó una donación sin precedentes a United Way, de u$s 150.000. Y cuando Patricia McCune, amiga íntima del entonces senador Al Gore, pidió ayuda a los Yarnell para fundar la Cruz Verde Internacional, ellos le ayudaron a pagar su viaje a la reunión cumbre sobre el medio ambiente, realizada en Río de Janeiro, para que pudiera encontrarse con Mikhail Gorbachov.

"Teníamos el dinero y el tiempo para ayudar a financiar ese proyecto, que tiene ahora mil nuevas sucursales con sede en 75 países", escribe su mujer, René Reid Yarnell, en "Should You Quit Before Youre Fired?" (¿Deberías irte antes de que te echen?).

La necesidad de predicar todavía le asalta a veces a Yarnell. Pero ahora, cuando es invitado como predicador a las congregaciones cristianas del mundo, Yarnell lo hace por amor, no por lo que le pagan.

Ganar bien haciendo el bien

Usted no necesita una red de 50.000 personas para tener impacto residual. Ni tampoco un saldo de seis dígitos en su cuenta corriente.

Incluso el *networker* menos especial puede tener un impacto muy especial en otras personas, ¡y recibir algún pago por ello!

Doris Wood auspició una vez a una mujer que, por una enfermedad incurable, sufría de un gran exceso de peso. La mujer tenía una timidez patológica, estaba deprimida, llena de vergüenza y ansiedad por su apariencia física.

Si la hubiera conocido en circunstancias normales, Wood no podría haber hecho nada por ella. Ni tampoco hubiera tenido ninguna razón para intentarlo. Pero Wood era distribuidora de MLM. Enseñó a la mujer las mismas lecciones que enseñaba a todos sus otros *downlines*: cómo vender, auspiciar y formar a los demás para que vendan, auspicien y formen. Estas simples lecciones hicieron un milagro en la vida de la mujer.

"¡Comenzó a salir de su caparazón!", recuerda Wood. "Superó su actitud fatalista."

La mujer nunca se hizo rica. Nunca se dedicó al negocio *full time*. Simplemente, se convirtió en uno de esos millones de distribuidores felices, que logran incrementar sus ingresos con unos cuantos cientos de dólares extra al mes. Pero para ella, ese pequeño logro le abrió las puertas de un nuevo mundo. Con la confianza en sí misma recién descubierta, la mujer decidió ir tras su sueño de convertirse en cantante.

Pasó a ser una de las cantantes más conocidas en clubes locales, dice Wood, actual presidenta de la Asociación Internacional de Marketing Multinivel (MLMIA) en Irvine, California. Cantaba en todas nuestras fiestas y entregas de premios. Era buena. Y ganaba una cantidad de dinero considerable como cantante de clubes nocturnos.

"Encontrar a alguien como ella, que ni siquiera era capaz de conseguir un trabajo", concluye Wood, "y darle la oportunidad que la ayude a alcanzar su potencial, es una emoción que tiene que vivirse para poder ser entendida."

LA LIBERTAD COMO META

Cuando Thomas Jefferson afirmó el derecho de todos los americanos a la vida, la libertad y la búsqueda de la felicidad, él tenía en mente una nación de granjeros, presidiendo cada uno, como un rey, su porción privada de la Tierra. Para Jefferson, la propiedad de la tierra era una medida clave de la libertad americana.

Hoy, pocos americanos son propietarios de tierras. Y, en el siglo XXI, aún menos tendrán esa oportunidad. Por lo tanto, nuestra libertad ya no será medida por nuestro control sobre la propiedad física, sino por el grado de control que ejerzamos sobre nuestro propio *tiempo*.

"El tiempo será uno de los grandes temas y una de las posesiones más valiosas en los años venideros", dice Jerry Rubin, distribuidor de Life Extension Internacional.

El Network Marketing es uno de los pocos métodos conocidos mediante los cuales las personas pueden adquirir el control sobre sus actividades diarias.

La revolución de la flexibilidad horaria

El mundo de los negocios ha estado hablando durante años de la flexibilidad horaria, la práctica de permitir a los empleados trabajar con horario flexible. Esto se logra con métodos tales como la división del trabajo, permitiendo que los empleados trabajen en sus hogares, o dándoles semanas laborales comprimidas, en las que cumplen sus obligaciones semanales a un ritmo acelerado. Muchas compañías han experimentado con la flexibilidad horaria. ¡Pero no albergue grandes esperanzas! La América corporativa no tiende a convertirse en un paraíso laboral en un futuro cercano. En realidad, la repercusión negativa contra la flexibilidad horaria, a veces utilizado como eufemismo por políticas de apoyo familiar, ya ha comenzado.

"Muchas compañías dicen que apenas pueden permitirse programas orientados a la familia en una era de alta competencia global", dice el número del 28 de junio de 1993 de *Business Week*. En especial en el caso de los pequeños negocios, las políticas de apoyo familiar pueden generar resentimientos entre los empleados a quienes les toca compensar. Y, por cada compañía que desarrolla un entorno laboral de apoyo familiar, hay otras tantas que sólo dicen que lo están haciendo.

El único horario flexible real es el que usted crea para sí mismo, por medio de autoempleo e ingresos residuales.

"El Network Marketing no te da necesariamente más tiempo", dice Terry Hill de Nu Skin, "pero le otorga flexibilidad a tu tiempo. Si te pierdes una reunión, no pierdes tu trabajo, o el cheque de ese mes. Puedes dar prioridad a otras cosas cuando es necesario, y tu negocio sigue funcionando."

El Retorno de la Familia

Hill señala la flexibilidad horaria del Network Marketing como el "pegamento" que mantiene a su familia unida.

"Es muy difícil estar casado en la actualidad", opina. "Especialmente si ambos cónyuges trabajan. El marido va por un lado, la mujer por otro. Pasas más tiempo con otras personas del que pasas con tu familia."

El Network Marketing proporcionó a los Hill una salida. Ambos renunciaron a sus empleos y trabajaron juntos en su negocio de MLM. Después de construir su red durante dos años, se tomaron libre un año entero para conocer más a sus hijos y conocerse mejor entre sí. Ahora, ambos han vuelto al trabajo. Pero cuando los niños vuelven del colegio cada día, encuentran a sus padres en casa.

"Podemos estar ocupados hablando por teléfono", dice Hill, "puede haber alguien en casa hablando sobre el negocio, pero estamos ahí. Esto hace una gran diferencia. Muchos de los amigos de nuestra hija regresan a casas vacías. O los más pequeños van a guarderías."

Como las familias pioneras de antes, los Hill trabajan unidos hacia un objetivo común, compartiendo sus sueños y luchas de cada día. Lo que logran, lo consiguen al unísono.

"Nada te acerca más", dice Hill, "que hacer sacrificios juntos y estar dedicados al mismo objetivo. Es como realizar un viaje juntos. Tus hijos se involucran. Usan los productos. Ven tu esfuerzo laboral. Te ven ponerte metas y ven cómo vas lográndolas."

"La gran diferencia entre nosotros y otras personas que están atrapadas en negocios tradicionales", concluye Hill, "es que tenemos un vehículo que nos permite ser una familia unida. Nosotros realmente le debemos todo en nuestras vidas a este negocio. Este negocio nos ha dado una estilo de vida que normalmente no habríamos tenido."

Una Nueva Extensión de la Familia: La Tribu

Al despojar al hombre de su herencia tribal, la sociedad moderna ha dejado una brecha que es como una herida. Las telecomunicaciones, la era del jet y el gobierno global, pronto pueden disolver lo que queda de nuestras fronteras nacionales, mientras las residencias y hospitales geriátricos acaban con la extensión de la familia, pero la

gente aún anhela la familiaridad y el sentimiento de pertenencia que
acompañaban los cantos nocturnos alrededor del fogón de un cam-
pamento.

En un mundo que se vuelve cada vez más extraño y solitario
minuto tras minuto, muchos encuentran en el Network Marketing el
sentimiento de comunidad que sólo puede ser llamado *tribal.*

"Este sentimiento llena el vacío en la vida social de nuestra
sociedad", dice Doris Wood. "La gente puede asistir a reuniones que
ofrecen oportunidades, ponerse de pie y dar su testimonio, y ser
recibido con los brazos abiertos, porque ellos son parte de ese grupo.
En esta sociedad, en la que las personas están «tan de paso» y no
tenemos grandiosos tíos o tías, ni hermanos o hermanas alrededor
nuestro, el Network Marketing prácticamente ocupa el lugar de la
extensión familiar."

Tribus globales

La metáfora de la tribu es quizá más apropiada de lo que parece a
primera vista. En su influyente libro, "Tribes: How Race, Religion
and Identity Determine Success in the New Global Economy" (Tribus:
cómo la raza, la religión y la identidad determinan el éxito en la nueva
economía global), el autor, Joel Kotkin, dice que el estilo tribal está
retornando. Argumenta que las redes personales íntimas que surgen
de la etnia, la familia y los vínculos religiosos pueden pronto reemplazar
a la nación-estado como la más formidable fuerza de la tierra. Kotkin
señala a grupos como los mormones, los chinos y los *jains* (una cerrada
secta de místicos hindúes que dominan los mercados globales de
diamantes), como ejemplos de tribus globales, cuyas creencias comunes y lazos sociales refuerzan su efectividad como bloques de poder
transnacional.

Aunque Kotkin no lo dice, las redes del Network Marketing a
menudo muestran ser proclives a las mismas tendencias de una organización mundial: respuesta global rápida y estrechos lazos personales,
al igual que las tribus de tendencia más familiar, como los chinos o
los *hasidim.* Si la visión de Kotkin llegara a ocurrir, las compañías de
MLM podrían parecer algún día estados transnacionales, cuyas teso-
rerías rivalizarían con las de las naciones poderosas, y cuyos ciudadanos
trabajarían al unísono en todos los continentes de la tierra, unidos
sólo por redes informáticas y una visión tribal común.

Dioses y héroes

Toda tribu, por supuesto, tiene su propio sentido del propósito, sus historias de dioses y héroes que dictan la misión particular de la raza. De la historia de Isis y Osiris, los egipcios obtuvieron su eterna fascinación por la vida después de la muerte. En la cabalgada nocturna de Paul Revere, nosotros los americanos, rememoramos el espíritu de rebelión que hizo surgir a nuestra nación.

Con respecto a esto, la compañía de la *Ola 3* se parecerá mucho más a una tribu que a una organización empresarial. Su misión será expresada, no en dólares y centavos, sino en términos de los ideales más altruistas.

Un Movimiento Revolucionario

"Amway es algo más que una compañía", dijo a Forbes el cofundador de Amway, Richard DeVos. "Es un movimiento."

Hace tiempo que Amway comprendió el poder de la visión tribal en la construcción de un negocio de Network Marketing. Sus seminarios multitudinarios se abren al son de las vibrantes notas de los temas musicales de las películas *Rocky o Carrozas de Fuego*. Allí se da importancia a las prédicas sobre vida familiar e integridad personal, presentados en teatros o salones adornados con estrellas y barras. Ningún distribuidor de Amway puede olvidar que su compañía representa algo más profundo que una oportunidad de negocios. Representa el Estilo de Vida Americano en sus más altas aspiraciones.

En su libro "Compassionate Capitalism" (Capitalismo Solidario), Richard DeVos describe la misión revolucionaria de su compañía, desde sus comienzos en 1959. Cuando DeVos y Jay Van Andel fundaron Amway, Fidel Castro disfrutaba de coberturas solidarias en la prensa americana. Algunos americanos empezaban a sospechar que Rusia iba en efecto a enterrar a América, como amenazó Kruschev más tarde. Y muchos se habían resignado a la perspectiva de un futuro socialista.

"En aquellos días", escribe DeVos, "el socialismo se consideraba la gran esperanza económica del mundo. La libre empresa estaba muerta. Al menos eso es lo que nos fue dicho a Jay y a mí... Rusia y China estaban unidas para... triunfar... «Este no es el momento de iniciar tu propio negocio», nos advertían algunas personas. «Esos días ya se han ido... El capitalismo ha fracasado y volverá a fracasar. El socialismo es nuestra única esperanza»."

No es necesario decir que DeVos y Van Andel dieron a esta advertencia la respuesta que se merecía. La ignoraron. Hoy, Amway predica sus principios de libre empresa en 60 países, a través de más de 2 millones de distribuidores. Las ventas se han duplicado en los últimos tres años, alcanzando u$s 4,5 mil millones en el ejercicio fiscal de 1993.[17]

En "Compassionate Capitalism", DeVos habla de una campesina mejicana, quien le dijo en un defectuoso inglés que el vestido simple que llevaba puesto era el primero que había podido comprarse en su vida, gracias a haberse involucrado en Amway. Cuenta cómo un joven padre de Alemania Oriental , con lágrimas en los ojos, agradeció a De Vos haberle dado la oportunidad de un nuevo comienzo, iniciándose como distribuidor de Amway, luego de la caída del Muro de Berlín. Un amargado afroamericano que había estado toda su vida negándose a ser aliado de la bandera, la saluda ahora de pie, con lágrimas en los ojos, en las convenciones de Amway, habiendo encontrado por fin una comunidad que lo juzga tan sólo por sus méritos: la comunidad de empresarios y propietarios de negocios, represenada por Amway, cuyo nombre mismo proviene de American Way.[18]

Los críticos de Amway a menudo se burlan de sus distribuidores por su fanática adhesión a la causa. Su devoción se señala a veces como "lavado de cerebro". Pero si los distribuidores de Amway sufren de falta de claridad en su juicio, lo intoxicante parece ser el idealismo. Los líderes de Amway descubrieron pronto que la mayoría de la gente dudará en dar su último aliento de fuerza en perseguir sus propios intereses. Pero por una causa mayor a sí mismos, apostarán sus propias vidas.

¡HAZLO DE NUEVO!

En 1968, el líder radical Jerry Rubin escribió y publicó un manual de bolsillo de rebelión juvenil llamado ¡Hazlo! El libro fue un *bestseller*.

"Iba a todas las universidades con mi cara pintada y una vincha en la cabeza, gritando, ¡Hazlo!", dice Rubin. "Le decía a la gente que podía ser libre, que podía ser como quisiera ser. No tenemos que encajar en el molde corporativo. No tenemos que tener la imagen que se supone tenemos que dar. No tenemos que ser personas producidas en masa."

Hoy, como distribuidor frontal de Life Extension International, Rubin se encuentra otra vez diciéndole a la gente ¡Hazlo! Cuando pone anuncios en los periódicos nacionales, el teléfono de Rubin no para de recibir llamados de profesionales desilusionados que buscan ingresos alternativos.

"Les pregunto, «¿Está ahí su jefe?»", dice Rubin. "¿Dice usted que está sentado ahí frente a usted? Levántese y dígale a su jefe «Oiga, está despedido». Todos se ríen cuando digo esto."

En Network Marketing, el espíritu de rebelión de los 60 se pone cara a cara con el propio corazón de América, y ¡se ha moldeado con él! Como los patriotas de 1776, los *networkers* ponen a la libertad por encima de la misma vida. Pero como los *hippies* del 67, buscan esa libertad a través de un estilo de vida, más que por la fuerza de las armas. Para muchos distribuidores de red, la corbata sigue siendo tanto un símbolo de servilismo como lo fue para los Yippies.

"Cuando salgo a contactar, llevo pantalones y camisa sport, y a veces un saco sport, pero nunca una corbata", dice Mark Yarnell. "Quiero dar la imagen de libertad. Quiero que entiendan que puedo llevar lo que quiera. Puedo hacer lo que quiera. No tengo que usar una corbata como ellos."

El florecimiento de América

Hoy en día, cuando tantos temas álgidos dividen a nuestra nación, el Network Marketing proporciona uno de los pocos lazos que unen. En su visión de una América autoempleada, Jerry Rubin ha encontrado una causa común con los portadores de banderas como DeVos y Van Andel.

Juntos, ellos y sus seguidores están reconstruyendo América. Y cualquiera sea la forma que América vaya a tomar, está destinada a parecerse mucho más a la nación que nuestros Padres Fundadores visualizaron, que a la América Corporativa burocrática a la que Carl Rehnborg desafió cuando comenzó con Nutrilite, tantas décadas atrás.

(17) Estas cifras se han incrementado significativamente al día de la fecha (N. del E.).

(18) *"Este párrafo cita parcialmente y parafrasea la reseña de Capitalismo Solidario que escribí en el número de junio de 1993, de la revista Success."* (Richard Poe).

Apéndice

PLANES DE COMPENSACIÓN: LA HISTORIA DESDE ADENTRO

"¡Profundidad infinita!"
"¡Pagos del 75%!"
"¡Potencial para expandirse masivamente!"
"¡Más dinero por delante!"

¿Cuál elige? ¿A quién cree? ¿Qué significa todo esto? Elegir un plan de compensación (o sea, una compañía MLM) puede ser un ejercicio agotador. El plan de compensación o *plan de marketing*, es el método por el cual una compañía de Network Marketing reparte las bonificaciones entre sus distribuidores. Este plan determina mayormente cuánto dinero usted puede ganar, y cuán rápido, en relación a una cierta cantidad de trabajo. *Cuando elija una compañía, preste atención al plan de marketing.*

Desafortunadamente, aún los veteranos del MLM, rara vez saben qué tener en cuenta en un plan de compensación. No existe área del multinivel más enturbiada con misterio, y más cargada de mitos.

"El diseño del plan de compensación es sin duda el aspecto del negocio más orientado por la intuición", dice Leonard Clement, editor de Market Wave. "Existen toneladas de formas de hacer aparecer un plan más lucrativo en un papel, aunque en realidad se pueda ganar lo mismo que en cualquier otro plan."

Las siguientes pautas para analizar un plan de compensación emanan de la sabiduría de reconocidos expertos como Leonard Clement, Corey Augenstein, Dr. Srikumar Rao, y otros:

SIETE CRITERIOS PARA ELEGIR UN PLAN DE COMPENSACIÓN

1. *Sencillez*: Cuanto más fácil de explicar sea un plan, más fácil resulta convencer a los nuevos prospectos para que firmen. Cuando las personas no alcanzan a entender cómo se calculan sus bonificaciones, tienden a sospechar que están metiéndose en un terreno resbaladizo. Y con frecuencia tienen razón. Tenga cuidado con los planes que parezcan innecesariamente confusos y complicados.

2. *Tamaño potencial de la organización*: Dos factores afectan el potencial tamaño de su organización: la anchura y la profundidad. Asegúrese de saber exactamente los límites que su plan de marketing pone a la anchura y profundidad de las organizaciones. Sólo los planes matrices ponen límites a la anchura, que es el número de personas que usted puede auspiciar personalmente. Pero todos los planes de compensación limitan la profundidad a un determinado número de niveles. La profundidad puede ser engañosa. Por razones que explico más adelante, un plan de seis niveles de escalones/ruptura puede permitirle obtener bonificaciones por dos veces el número de niveles que un plan de seis pasos y un solo nivel. Así que aunque ambos se llaman plan de seis niveles, de hecho uno tiene más profundidad que el otro.

3. *¿Extremo delantero o posterior?*: Ciertos planes poseen los porcentajes más altos de bonificaciones en el "extremo posterior", o sea, *después* que usted lo construye hasta sus niveles más profundos. Este plan puede ofrecer tan poco como el uno por ciento de comisión en el nivel uno, pero tanto como veinte por ciento en el nivel seis. Estos planes de extremo posterior resultan mucho más lucrativos a la larga, porque el crecimiento geométrico de su red pondrá un número grande de personas en los niveles más profundos, donde sus bonificaciones son más altas. Pero esto sólo funciona con distribuidores ambiciosos, enérgicos y perseverantes que trabajan mucho y muy duro para construir una organización lo suficientemente profunda como para lograr esas grandes bonificaciones.

Los profesionales de Network Marketing *part-time*, poco

comprometidos, quizá nunca lleguen a construir una organización
más profunda que de uno o dos niveles, y por tanto esos grandes
números en el extremo posterior no les sirven de nada. Generalmente, la elección se queda en esto: el extremo posterior significa
trabajo duro, gratificaciones postergadas y mayores recompensas
a largo plazo; el extremo delantero significa más dinero por
delante, con menos esfuerzo, pero menor potencial de ganancias
a largo plazo. La elección es suya.

4. *Potencial de rentabilidad*: Para estimar el potencial de rentabilidad
de un plan de compensación, el entrenador de MLM Dennis
Windsor recomienda el siguiente método: "Primero, observe el
descuento sobre ventas al por mayor que da la compañía por las
compras de productos que usted pueda realizar. Este descuento
variará de acuerdo a su nivel de logros en la compañía. Un
distribuidor que recién ingresa, puede obtener un descuento del
25 por ciento mientras que uno más calificado puede hacerse
acreedor a un 45 por ciento de descuento o más. Como en cualquier
negocio de venta al por menor, el *margen* de diferencia entre el
precio al por mayor y el precio al que usted vende el producto a
los clientes, representa su beneficio de venta." Al analizar un plan,
Windsor le recomienda expresar este precio de venta al por menor
como una escala deslizante, representando la gama de beneficios
que podrá disfrutar desde el nivel de entrada al nivel de logro
máximo en la compañía. Por lo tanto, se puede decir que el precio
minoritario va de 25 a 45 por ciento en una compañía en particular.
Este es el primer criterio para calcular el potencial de rentabilidad.

A continuación, calcule los beneficios sobre movimientos de
productos al por mayor. Este es el beneficio que se obtiene de
vender productos al por mayor a su red. Sus clientes mayoristas
estarán en niveles de logro más bajos y por ende tendrán derecho
a los descuentos menores que correspondan. Digamos, por ejemplo, que usted puede lograr un descuento al por mayor del 45
por ciento como Ejecutivo Tres Estrellas, y que los Ejecutivos
Dos Estrellas de su compañía consiguen un 35 por ciento de
descuento. Su margen en cualquier venta a un ejecutivo Dos
Estrellas es por tanto del 10 por ciento. Este es su beneficio sobre
ventas por mayor. Calcule entonces la gama de beneficios al por
mayor que puede lograr distribuyendo en los distintos niveles de

logro, disponibles en la compañía. Usted podrá ver que los beneficios al por mayor van del 10 al 35 por ciento. Y éste es el segundo criterio para calcular el potencial de rentabilidad.

En un plan de escalones/ruptura, existe un tercer criterio: el porcentaje de excedentes o regalías de las "líneas" que se separan. Este será un porcentaje de bonificación fija en la totalidad del consumo de cada rama separada. Este porcentaje es el tercer y último criterio para calcular su potencia de rentabilidad.

Este método le permitirá tan sólo un cálculo estimado de sus posibles ganancias, pero le dará un conjunto claro de cifras con el cual podrá comparar planes entre sí.

5. *Calificaciones*: Determine el volumen mínimo personal requerido en el plan que analiza. Esto es, la cantidad de productos que debe consumir o mover cada mes al por mayor para mantenerse como distribuidor activo. También analice si existe una cantidad mínima de productos a ser movida cada mes, para alcanzar cada nivel de calificación. Si los requisitos de volumen son demasiado altos, usted podría acabar acumulando más producto del que puede consumir o posiblemente vender. Si son demasiado bajos, su red puede tener poca motivación para efectuar su movimiento de productos, pues sólo tendrán que comprar suficiente cada mes para su consumo personal. De usted depende decidir cuál es el requerimiento de volumen realista y apropiado para sus necesidades.

6. *La letra pequeña*: Muchos planes de compensación en *networking* contienen "letra pequeña", estipulaciones importantes que se mencionan poco a los prospectos y que con frecuencia se excluyen de los videos y literatura de contacto, pero que, sin embargo, tienen un impacto importante en su negocio.

Siempre procure enterarse de cuáles son las penalizaciones por no cumplir las cuotas mensuales (en caso de existir). Algunos planes dan un período de gracia de varios meses para darle oportunidad de elevar el volumen de negocio antes de bajarlo a usted al nivel anterior. Otros planes lo bajan el primer mes que no cumple la cuota. Algunos planes no sólo lo bajan inmediatamente, sino que lo retroceden hasta el nivel de ingreso, sin importar cuán alto sea su nivel de logro actual. No hay nada malo en las penalizaciones duras. Si desea trabajar con un plan duro, depende de usted. Pero entérese antes de firmar el contrato.

Otra pregunta importante es cómo calcula el plan las cuotas mensuales. ¿Cuenta en la cuota el volumen total de su organización? ¿O sólo parte de él? Muchas compañías sólo cuentan el volumen no sobrecargado, es decir, el volumen de ventas de las personas en su grupo personal, no incluído en sus ramas separadas. ¡Esto puede hacer una gran diferencia! Otras compañías calculan las cuotas mensuales en términos del volumen de bonificaciones más que por el volumen de ventas real. El volumen de bonificaciones siempre es menor que el de ventas. Puede que haya movido u$s 1.000 en productos durante un mes, pero la compañía sólo considera que ha movido u$s 700 en volumen de bonificaciones.

Siempre determine si la compañía tiene una característica de espiral. Esto significa que si usted auspicia a un pez gordo, un *go-getter* (hacedor), en su red, y él lo sobrepasa a usted en rendimiento en un mes dado, sus posibilidades de bonificaciones pueden elevarse en espiral por encima de usted en la escala de la compañía. ¡Pierde a su pez gordo y a la totalidad de su organización! La espiral es una característica ventajosa para los líderes que quieran auspiciar mejores y más brillantes distribuidores en su línes frontal. Pero si usted es un hacedor o distribuidor perfil de bajo o moderado en una compañía de espiral, la única manera de mantener a un pez gordo en su organización es mover el suficiente producto cada mes para mantenerse en el nivel de logro de su *go getter*. De nuevo, no hay nada de malo en la espiral. Si su hacedor está generando u$s 15.000 al mes, y usted sólo tiene que generar u$s 3.000 al mes para mantenerse en el nivel de logro, usted aún está ganando "a lo grande". Pero usted no desea ser tomado por sorpresa. Pregunte siempre si la compañía tiene espiral.

Estos son sólo algunos de los ejemplos más comunes de letra pequeña que yacen escondidos entre líneas en muchos planes de compensación en Network Marketing. En general, examine cualquier estipulación que tienda a reducir las comisiones, elevar las calificaciones o descalificar porciones del volumen de movimiento de productos.

7. *Tipo de plan*: Usted debe entender los pros y contras de cada tipo de plan para poder elegir el que se acomode a sus necesidades. A

continuación, se encuentran análisis detallados de los tres tipos principales de plan de compensación en MLM: Escalones/Ruptura, Matriz y Nivel único. Aunque usted encontrará muchos más nombres para planes de compensación en MLM, todos entran en una de estas tres categorías. El plan binario, por ejemplo, es una variante del Matriz, y el plan australiano una variante del Nivel Unico.

EL PLAN DE ESCALONES/RUPTURA

Descripción: En un plan de escalones/ruptura, usted tiene éxito por ascender una escalera de niveles de logro. En cada escalón que usted alcanza, es recompensado con un diferente título honorario (tal como Ejecutivo Oro o Ejecutivo Tres Estrellas) y se le permite comprar productos de la compañía con un descuento progresivamente mayor. Cuanto más productos compra cada mes, más alto asciende en la escala y mayor será su bonificación.

A medida que usted asciende, también lo hacen las personas de su red. En cuanto sus distribuidores asciendan al punto en que están recibiendo los mismos descuentos que usted, se separan de su grupo personal. Usted ya no recibe una bonificación directa sobre el producto que les vende a ellos o a su red. Sin embargo, puede seguir recibiendo un excedente, derecho o regalía, una pequeña comisión residual, sobre el volumen total del grupo separado y sus líneas descendentes.

Ventajas de la escalera/ruptura:

Potencial ilimitado de ganancias: De todos los planes de compensación en MLM, el de escalones/ruptura proporciona la mejor oportunidad para que la gente pueda llegar a algo más grande. Esto es porque la característica de la separación le permite construir una organización más grande y cobrar bonificaciones de un mayor número de niveles de lo que es posible en otros planes.

Gama de pagos más profunda: Digamos que su plan sólo paga bonificaciones hasta el sexto nivel. En un sistema de nivel único o matriz, esto significaría que usted no puede obtener ingresos más allá del séptimo nivel. Pero en un plan de escalones/ruptura, un distribuidor del sexto nivel puede separarse, y usted comenzará a cobrar un excedente o comisión residual sobre el volumen del grupo de ese distribuidor. Si él tiene una organización de seis niveles, ¡esto significa que usted está obteniendo una bonificación de las ventas realizadas en su nivel 12! Algunos planes de separación le permiten obtener ingresos de hasta 20 niveles de profundidad, algo imposible de conseguir en otros tipos de planes.

Red mayor: El sistema de escalones/ruptura le ofrece una amplitud ilimitada. Usted puede asociar todas las personas que desee en su línea frontal, y ellos, a su vez, pueden auspiciar tantas como quieran. La profundidad puede limitarse a seis niveles más o menos. Pero usted puede extenderse en anchura tanto como desee, construyendo una enorme red de decenas de miles de personas potencialmente.

Estabilidad de la compañía: Las compañías con planes en escalones/ruptura tienden a tener una estadística mayor de supervivencia que otras, quizá debido a ganacias corporativas más elevadas. Las compañías más grandes y mejor establecidas, como Amway, Shaklee, Nu Skin, Quorum y otras, utilizan este sistema. Desde luego, Leonard Clements de Market Wave afirma que el 86 por ciento de todas las compañías MLM de siete años de antigüedad o más, utilizan el sistema de escalones/ruptura.

Desventajas

Gratificación postergada: Los planes en escalones/ruptura tienden a ser los más difíciles de hacer funcionar. La mayor parte del dinero viene del extremo posterior, de los niveles más profundos que sólo son asequibles después de haber pasado por una serie de rupturas. Esto significa que se debe trabajar mucho, esforzada y efectivamente antes de comenzar a ver dinero significativo. La gratificación postergada es la motivación de los sistemas de escalones/ruptura.

Cuotas mensuales más elevadas: La mayor parte de los sistemas en escalones/ruptura requieren el cumplimiento de un volumen mensual en orden de poder calificar en los mayores niveles de logro. Y cada vez que se separa una de sus "patas" o "líneas", el volumen de esa rama se descalifica en la suma de su volumen mensual. Debe ser

repuesto aupiciando a más personas. El resultado es que los distribuidores en este tipo de planes viven bajo una presión constante por
mover productos y asociar a más personas.

Complejidad: Los planes de escalones/ruptura tienden a ser muy
complejos y difíciles de explicar a los prospectos y nuevos asociados.

Distribución enfatizada de comisiones a los niveles superiores: Algunos profesionales del Network Marketing llaman al sistema de esca-
lones/ruptuura el plan republicano, porque tiende a canalizar más
dinero hacia los que tienen más logros y hacia la corporación. Con
frecuencia esto se entiende como una desventaja. Pero, ¿lo es? Los
planes socialistas desde luego distribuyen las bonificaciones de forma
más uniforme en las distintas categorías. Pero también parecen tener
un porcentaje de supervivencia estadísticamente menor. El problema
con el "socialismo", en el Network Marketing como en las naciones,
es que una porción igual del pastel no tiene gran valor si no hay pastel
que cortar.

Por todas las razones mencionadas, los planes de escalones/rup-
tura funcionan mejor para los profesionales del Network Marketing
serios y dedicados, que están dispuestos a sacrificarse, trabajar duro
y postergar sus gratificaciones. De manera que para los que se mantienen en esta vía, ofrecen la mejor oportunidad para construir ingresos
residuales sustanciales.

EL PLAN MATRIZ

Descripción: Al igual que el nivel único y el sistema de escalones/rup-
tura, el plan matriz limita la profundidad, o sea el número de niveles
sobre los que se pagan bonificaciones. Pero, a diferencia de otros
planes, el matriz también limita la anchura, o número de personas
que se pueden auspiciar en la frontalidad. Un plan matriz típico sería
un 2 x 12, que significa que se puede tener a dos personas frontales
y 12 niveles en la organización. No hay rupturas en un plan matriz.

Ventajas

Rebalsamiento: Cualquier auspicio que se haga dentro de un plan matriz por encima del número permitido para la línea frontal rebalsará en los niveles inferiores. Por ejemplo, si se tiene una matriz de 2 x 12 y se auspicia a seis personas, cuatro de ellas rebalsarán al segundo nivel. Teóricamente, esto significa que una persona puede sentarse en una organización matriz y no hacer nada, esperando a que una persona con mayores logros en su línea superior construya una red para él por medio del rebalsamiento.

Fácil de manejar: En los planes de nivel único y de escalones/ruptura, se puede en teoría tener hasta 100 personas o más en la frontalidad, personas por las que uno es directamente responsable de entrenar y patrocinar. En una matriz, sólo se tiene que patrocinar a las dos o tres personas de la primera línea.

Simplicidad: Los planes matrices son muy fáciles de explicar a los nuevos asociados.

Desventajas

Downlines **perezosos:** Los planes matrices tienden a atraer personas que no quieren trabajar: quieren que su línea de auspicio construya una organización para ellos a través del rebalsamiento.

El efecto sanguijuela: Los planes matrices tienden a ser socialistas en la distribución de las bonificaciones, premiando menos a los que tienen más logros, y más a los que tienen pocos logros. Los que tienen mayores logros obtienen menos beneficios en relación a su inversión de tiempo y energía, porque una parte importante de las comisiones es succionada, como por sanguijuelas, por las líneas inferiores llenas de perezosos y aprovechadores, producto del rebalsamiento.

Límites al crecimiento: Los planes matrices limitan el tamaño de la organización. En una matriz de 2 x 4, por ejemplo, nunca puede tener más que 120 personas en la red. Un plan de escalones/ruptura o de nivel único le permite tener esa misma cantidad sólo en su línea frontal.

Escrutinio del Gobierno: Debido al efecto de rebalsamiento, los planes matrices pueden jugarse casi como una lotería. Su excesiva confianza en la suerte ha despertado las iras del gobierno, que tiende a escrutar a estos planes más que a los otros.

EL PLAN DE NIVEL ÚNICO

Descripción: Como todos los planes de compensación, el de nivel único tiene una profundidad limitada, es decir, un número fijo de niveles sobre los que se permite cobrar comisiones. Como el de escalones/ruptura, tiene niveles de logro que pueden alcanzarse manteniendo un determinado volumen mensual. También como en los planes de escalones/ruptura, el de nivel único tiene una amplitud ilimitada. Usted puede asociar tantas personas como desee en su línea frontal. Pero el de nivel único no permite rupturas. Se puede pensar en el nivel único como en uno de escalones/ruptura, sin rupturas.

Ventajas

Simplicidad: Debido a que carece de rupturas, el sistema de nivel único es muy fácil de explicar a los nuevos asociados.

Amplitud ilimitada: Como en los planes de escalones/ruptura, el de nivel único permite asociar un número ilimitado de personas en su línea frontal.

Rebalsamiento: Los planes de nivel único, con frecuencia acumulan sus comisiones más altas en el tercer nivel. Por ejemplo, los dos primeros niveles pueden pagar un 1 por ciento cada uno y el tercer nivel un 50 por ciento. Por tanto los distribuidores pondrán tantos asociados como les sea posible en su tercer nivel. Puesto que el tercer nivel de todo distribuidor corresponde al primero de otra persona, esto significa que cada distribuidor con tres o más niveles en su organización está ayudando a construir la línea frontal de otra persona.

Fácil calificación: Dado que no hay rupturas, ni tampoco existe el concepto de volumen sobrecargado o no sobrecargado en un plan de nivel único, todo el volumen de ventas de su organización suma en sus cuotas mensuales siempre, sea cual fuere. Usted no pierde volumen cada vez que alguien se separa. No tiene que correr como loco cada mes para reponer el volumen perdido cuando alguien se separa, como ocurre tan a menudo en planes de escalones/ruptura.

Desventajas

Límites al crecimiento: Debido a la falta de rupturas, el plan de nivel único sólo paga sobre un pequeño número de niveles. En teoría, esto se puede compensar expandiendo la frontalidad, o sea poniendo un gran número de personas en su primera línea. Pero aunque los planes de nivel único no ponen límites al número de personas a las que se puede auspiciar personalmente, existen límites físicos al número que se puede patrocinar eficientemente. Si todos los otros factores permanecen iguales, una organización de nivel único tenderá a ser más pequeña que una de escalones/ruptura.

Pereza: Debido a que los planes de nivel único limitan el crecimiento, tienden a atraer a una raza de distribuidores menos ambiciosa, del tipo más interesado en ser un comprador mayorista que en construir una extensa red.

Nota: Todos los consejos y puntos de vista contenidos en este apéndice se basaron en entrevistas y escritos publicados por los expertos Leonard Clements, Corey Augenstein, el doctor Srikumar Rao y otros. Ninguno de estos expertos estuvieron de acuerdo en todos los puntos. Cualquier error de énfasis, hecho o juicio contenido aquí es sólo responsabilidad del autor.

(17) A modo de ejemplo citamos el "Bono de Liderazgo" de Amway. (N. del E.).

GLOSARIO DE TÉRMINOS DE NETWORK MARKETING

Acumulación de mercadería: Práctica de comprar y almacenar mayor cantidad de productos de la que realmente puede vender un distribuidor. Es el resultado natural de la *"carga frontal"*.

Alcance de pagos: Cantidad de niveles de la línea descendente de un distribuidor por los que recibe bonificaciones y comisiones residuales.

Amplitud o anchura: Número de personas asociados por un distribuidor en su línea frontal. Los planes de un solo nivel y de escalones/ruptura, generalmente permiten una amplitud infinita. Los planes matrices limitan la anchura, normalmente, a dos o tres personas.

Ascensión: Característica de algunos planes de compensación que permite que los distribuidores sean promocionados o asciendan por encima de sus patrocinadores en la jerarquía de la organización. En general, uno asciende cuando su volumen mensual excede al de su patrocinador durante un período de tiempo establecido, digamos dos meses. Luego de ascender por encima del patrocinador, éste ya no cobra comisiones sobre el volumen de ventas de su organización. Este método suele ubicar a las personas de mayor éxito juntos en la organización, donde pueden ayudarse más unos a otros. Por ejemplo, si usted es parte de un plan de seis niveles y tiene a un "hacedor" en el séptimo nivel, la única forma de cobrar comisiones por su volumen es si asciende más cerca de su nivel.

Beneficio de venta al público: Dinero ganado de la venta del producto directamente al cliente.

Beneficios: Cualquier forma de pago o compensación que obtiene un distribuidor por desarrollar un negocio de Network Marketing. Puede incluir bonificaciones, comisiones residuales, comisiones por ventas al por mayor y menor o gratificaciones y primas especiales.

Beneficios de venta al por mayor: Beneficios obtenidos de vender productos a los distribuidores de su línea descendente.

Bonificación generacional: Porcentaje del volumen generacional de un distribuidor independizado, que se paga en algunos planes de escalera/ruptura al patrocinador del independizado. Esta es una característica ventajosa, porque si se le paga una bonificación generacional sobre un independizado en su sexto nivel, está siendo pagado, en potencia, sobre las ventas hechas hasta 10 ó 12 niveles de profundidad.

Calificaciones: Niveles de logro que los distribuidores deben obtener para ascender a escalones o niveles de comisión más altos. Las calificaciones pueden tener la forma de cuotas sobre el volumen mensual del grupo o personal, e incluso de cuotas de asociación, provenientes del auspicio de un determinado número de personas para su línea frontal.

Calificadores: Estipulaciones o condiciones que dificultan al distribuidor el alcance del volumen mensual requerido. Un ejemplo de "calificador" sería una estipulación que limitara la cantidad de comisiones que se permite cobrar sobre los niveles inferiores, al número de ejecutivos calificados en su línea frontal.

Captación (reclutamiento): Acto de convencer a las personas de unirse a su red.

Carga frontal: Práctica de presionar a los distribuidores para que compren más producto del que son realmente capaces de vender. Normalmente, esto se hace fijando exigencias no realistas de volumen mensual. Existe una fina línea de separación entre la carga frontal, que es ilegal, y la fijación legítima de exigencias de volúmenes mensuales desafiantes. Las compañías éticas evitan la carga frontal ofreciendo reembolsos del 70-80 por ciento del costo del producto no vendido, y algunas veces, exigiendo que los distribuidores vendan un porcentaje fijo de su inventario antes de que se les permita comprar más.

Comisión: Beneficio de venta al por menor o mayor que gana un distribuidor de Network Marketing al vender productos a los clientes o a los distribuidores de su línea descendente.

Comisiones residuales: El pequeño porcentaje que recibe un distribuidor del volumen mensual del grupo de sus ramas de ruptura. También conocido como *royalty* (derechos de autor).

Comprador mayorista: Persona que firma como distribuidor con el único propósito de consumir el producto personalmente, al precio de mayorista, y que no se lo vende a otros. Los compradores mayoristas son una bendición para cualquier red, porque forman una base de clientes comprometidos y confiables.

Compresión: Característica de algunos planes de compensación, que permite a un distribuidor obtener comisiones por las ventas de personas de grandes logros, que están tan profundamente situados en la red del distribuidor, como para exceder el nivel normal de pagos. Por ejemplo, normalmente uno no puede deducir comisiones del nivel siete o inferiores. Pero un plan con compresión puede contar con sólo seis niveles de gran actividad (niveles sobre los cuales han calificado ejecutivos o independientes). Los niveles inactivos, en los que nadie vende, no cuentan. Por tanto, se pueden comprimir diez o más niveles en seis niveles activos, y cobrar comisiones de un sexto nivel, que puede, de hecho, estar a diez niveles por debajo de uno.

Cumbre o momentum: La fase más rápida de una compañía de Network Marketing. En esta fase las ventas y la captación son exponenciales.

Distribuidor: Representante comercial independiente de una compañía de Network Marketing.

Ejecutivo calificado: Otro nombre para distribuidor independiente.

Entrega de mercadería: Nuevo método de satisfacción de pedidos, en el que una compañía de Network Marketing se encarga de atender y satisfacer todos los pedidos de sus distribuidores, desde una locación central, normalmente a través de un número 0800. Este método libera a los distribuidores del pesado trabajo de administrar el stock, y del seguimiento y entrega de mercadería, permitiendo a los distribuidores concentrarse en la prospección.

Escalón: Ver Nivel de Logro.

Escalón/Ruptura: Tipo de plan de compensación en el que los distribuidores ascienden escalones o niveles de logro. Permite que los distribuidores rompan con el grupo de su patrocinador, después de alcanzar un determinado nivel de logro. (Ver Apéndice).

Exigencia de volumen mensual: Otro término para "calificadores".

Extremo anterior: Las primeras etapas, menos avanzadas, de un plan de compensación. Por ejemplo, se puede decir que un plan de ruptura paga menos en el extremo anterior, porque sus comisiones son más altas después de que un distribuidor se ha separado.

Extremo posterior: Las etapas finales, más avanzadas, que alcanza un distribuidor después de progresar en el plan de compensación. Por ejemplo, puede decirse que el plan de ruptura/separación paga más en el extremo posterior, porque se obtienen comisiones más elevadas luego de la separación. En otros planes, el extremo posterior corresponde a los niveles más bajos o profundos de un plan de compensación, como cuando un plan paga el 5 por ciento en el primer nivel, pero el 20 por ciento en el tercero, pagando por tanto un mayor porcentaje en el extremo posterior.

Fase de concentración: La segunda fase del desarrollo de una compañía de Network Marketing, situada entre la fase de formulación y la de cumbre o *momentum*. La frase viene del Sistema de Cuatro Fases del profesor Charles King.

Fase de estabilidad: La cuarta fase del desarrollo de una compañía de Network Marketing, según el Sistema de Cuatro Fases del profesor Charles King. La mayoría de las compañías nunca llegan a esta fase. Una compañía que sobrevive la fase de estabilidad, perdurará mucho tiempo.

Fase de formulación: La fase inicial de una compañía de Network Marketing. Las oportunidades de esta fase se consideran atractivas, porque dan a los distribuidores ocasión de obtener una posición más alta en la línea de auspicio de la compañía, antes de que ésta alcance la fase cumbre o *momentum*. Sin embargo, la gran mayoría de oportunidades de la fase de formulación nunca llegan a la cumbre y no sobreviven. El nombre proviene del Sistema de Cuatro Fases del profesor Charles King.

Fondo de bonificaciones: Dinero que reserva una compañía de Network Marketing de sus beneficios totales, para distribuir entre un pequeño número de distribuidores con máximos logros, como incentivo adicional.

Generación: Todos los distribuidores de una rama concreta u organización; dirigida por un distribuidor que se ha separado o conseguido alguna otra calificación establecida.

Grupo personal: Distribuidores de su organización que aún no se han independizado.

Línea ascendente: Personas por encima de un distribuidor concreto en la línea de auspicio. A veces utilizado como sinónimo de patrocinador, auspiciador o *upline*.

Línea descendente: Todos los distribuidores por debajo de usted en la línea de aupicio o red de una compañía de Network Marketing dada, es decir, las personas auspiciadas por quienes usted ha asociado, etcétera.

Llamada en tres direcciones o triple conferencia: Estrategia de contacto y entrenamiento en la que un distribuidor nuevo e inexperto invita a un prospecto a participar en una llamada telefónica con el distribuidor y su *upline*. El distribuidor inexperto escucha en silencio y aprende, mientras el auspiciante presenta el plan al prospecto.

Marketing de red: Cualquier forma de venta que permita a los empresarios independientes auspiciar a otros empresarios independientes y cobrar una comisión sobre las ventas de esos asociados.

Matriz: Tipo de plan de compensación que pone un límite al número de personas que se pueden asociar en la línea frontal (Ver Apéndice).

MLM / Marketing Multinivel: Término antiguo para Network Marketing. Muchos empresarios de red consideran los términos MLM y Marketing Multinivel obsoletos.

Nivel: La medida de profundidad a la que ha llegado un distribuidor en una organización, con relación a otro distribuidor. Por ejemplo, si el Distribuidor A recluta al Distribuidor B, esto significa que el Distribuidor B está en el primer nivel del Distribuidor A. Si luego el Distribuidor B asocia al Distribuidor C, esto significa que el Distribuidor C está en el primer nivel del Distribuidor B, pero en el segundo del A. Los niveles son fundamentales para entender los planes de compensación, porque todos ellos especifican un determinado número de niveles, en los que se basan para pagar. Un plan de seis niveles, por ejemplo, sólo paga comisión sobre los distribuidores que estén a seis niveles, o menos, por debajo de usted.

Nivel de logro: Posición en la organización de Network Marketing, que obtiene un distribuidor moviendo una determinada cantidad de producto al por mayor, en un mes dado. Cuanto más producto usted mueva, más alto será su nivel. Cuando más alto sea su nivel, mayores serán los descuentos sobre el precio del producto. En el plan de escalones/ruptura, los niveles de logro también se llaman escalones.

Nivel único: Tipo de plan de compensación en el que el distribuidor puede captar tantas personas como quiera en su línea frontal, pero que no tiene rupturas.

Oportunidad: Distribución de Network Marketing. Cuando un distribuidor vende la oportunidad en vez del producto, significa que está intentando atraer a nuevos distribuidores, y no vendiendo productos.

Organización: Distribuidores de su red que están dentro del alcance de su radio de pagos, es decir, dentro de los niveles por los que su plan de compensación le permite cobrar comisiones.

Pago: Porcentaje total de ingresos que una compañía de Network

Marketing paga a sus distribuidores en comisiones, regalías y bonificaciones. En teoría, el pago corresponde al porcentaje de beneficios que recibe cada distribuidor de su negocio de Network Marketing. El porcentaje de pago, se utiliza normalmente como estrategia de venta al presentar el plan, algo así como: ¡La Compañía X tiene un 85 por ciento de pago! En la práctica, es poco probable que una compañía pague más del 60 por ciento, sin reducir sus márgenes de beneficios peligrosamente. La mayoría de las compañías que ofrecen porcentajes más elevados, normalmente tienen trampas o calificadores ocultos, que hacen extremadamente difícil para el distribuidor llegar al pago completo. Esto es frustrante para los distribuidores, pero necesario para la supervivencia de la compañía.

Patrocinador o auspiciador: Persona que asocia a otra persona a una compañía de Network Marketing, y actúa luego como su mentor y entrenador, formándolo para vender, contactar, auspiciar y formar a otros para que hagan lo mismo. Puede usarse también como verbo: patrocinar o auspiciar a alguien.

Política de recompra: La política de una compañía de Network Marketing con respecto a reembolsos sobre mercadería que un distribuidor ha comprado, pero que no consigue vender. Todas las compañías de buena reputación realizan tales reembolsos, normalmente del 70-80 por ciento del precio al por mayor.

Primera línea o línea frontal: Distribuidores en el primer nivel de su red, a quienes usted auspicia personalmente.

Primera Ola u *"Ola 1":* La *Ola 1* en la evolución del Network Marketing, que duró aproximadamente hasta la década de los 80. Esta fue una fase de transición, en la que la nueva tecnología, como las teleconferencias, la mensafonía y la entrega de mercadería, provocó una explosión del número de compañías de Network Marketing. La mayor parte de las compañías de la *Ola 2* y sus distribuidores, sin embargo, no supieron entender el alcance total del uso de las nuevas tecnologías. Normalmente, era tan difícil para las personas comunes trabajar en compañías de la *Ola 2*, como lo fue en las de la *Ola 1*.

Profundidad: El número máximo de niveles del que un plan de compensación permite a un distribuidor deducir comisiones. Un plan con seis niveles de profundidad, permite cobrar comisiones tan sólo de seis niveles.

Profundidad infinita: Característica que algunos distribuidores prometen a sus asociados. La profundidad infinita implica que los distribuidores pueden recibir comisiones de un número de niveles infinito. En la práctica, es una ilusión, porque los planes de compensación que ofrecen profundidad infinita, normalmente rinden menos dinero cuanto más profundo se llegue.

Prospecto: Persona que se intenta auspiciar en la red.

Rama, pata o línea: La organización de un distribuidor en su red, particularmente de su línea frontal..

Rama del emancipado: La totalidad de la organización de un distribuidor separado o independiente.

Reunión de oportunidad: Reunión ofrecida por los distribuidores para presentar y vender la oportunidad a posibles nuevos distribuidores.

Royalty (Derechos de autor): Otro término para comisiones residuales.

Ruptura/separación: Distribuidor que ha roto con el grupo personal de su patrocinador, al alcanzar determinadas calificaciones en el volumen mensual. Normalmente, el volumen mensual de quien se separa, ya no cuenta como parte del volumen mensual del grupo de su auspiciante. Sin embargo, el patrocinador seguirá cobrando derechos de autor o comisión residual por el volumen de ventas de la organización del emancipado.

Saturación: Punto imaginario en el que una compañía de Network Marketing agota el mercado de posibles nuevos asociados, y se detiene el crecimiento. Como con otras industrias, el crecimiento de las compañías de Network Marketing disminuye a medida que maduran. Sin embargo, la saturación es prácticamente imposible de alcanzar y es, normalmente, un término peyorativo utilizado por la competencia para desanimar a los posibles distribuidores a que se unan a una compañía de la competencia, algo así como: "No te metas en la compañía X. ¡Ya está saturada!"

Segunda Ola u *"Ola 2"*: La segunda ola en la evolución del Network Marketing, que perduró duramente, durante la década de los '80. Esta fue una fase de transición en la cual las nuevas tecnologías, tales como teleconferencias y correo de voz, permitieron una explosión en el número de compañías MLM. La mayoría de las empresas de la *Ola 2* y sus distribuidores, fallaron, sin embargo, en entender el vasto alcance del uso de estas nuevas tecnologías. Las compañías MLM de la *Ola 2* fueron a menudo tan dificultosas para la gente común, como habían sido las de la *Ola 1*.

Tarifa de renovación: Pequeña tarifa de socio anual, que algunas compañías exigen a sus distribuidores. Está legalmente prohibido para las compañías de Network Marketing obtener beneficios de la venta de distribuciones. Pero pequeñas tarifas anuales están permitidas, con el propósito de deshacerse de distribuidores inactivos.

Teleconferencia: Herramienta de contacto de alta tecnología, que utiliza las telecomunicaciones. Los clientes llaman a un número determinado a una hora determinada, y escuchan una reunión de oportunidad que promueve una compañía de Network Marketing.

Tercera Ola u *"Ola 3"*: La *Ola 3* en la evolución de la revolución del Network Marketing, en progreso ahora mismo. Marcada por el uso sofisticado de sistemas y tecnologías de gestión que se desarrollaron anteriormente en la Segunda Ola u *"Ola 2"*. Recién ahora se están utilizando las nuevas tecnologías en su forma más simple, para facilitar a la gente común el desarrollo del negocio. Los sistemas y tecnologías de la *Ola 3* liberan a los distribuidores del pesado trabajo del papeleo y les permiten hacer lo que mejor hacen, interactuar con otras personas.

Venta directa: Cualquier tipo de venta que utilice representantes independientes, que trabajan a comisión. El Network Marketing es un tipo de venta directa, pero no el único. Sólo las compañías de venta directa que permiten a sus representantes asociar a otros representantes y cobrar comisiones sobre sus ventas, se llaman compañías de Network Marketing, propiamente dicho. Nota: Algunas compañías de Network Marketing sólo se refieren a sí mismas como compañías de venta directa, para ocultar el hecho de que utilizan una estructura de compensación MLM.

Volumen de bonificaciones: Valor, normalmente menor que el precio de venta al por mayor, que una compañía de Network Marketing asigna a los productos que compran sus distribuidores al por mayor. Algunas compañías calculan los derechos y comisiones sobre el volumen de bonificaciones, en vez de sobre el volumen de ventas al por mayor. Por ejemplo, si usted vende productos por un valor de u$s 100 al por mayor a su línea descendente y recibe una comisión del 5 por ciento, este 5 por ciento se deducirá de su BV, que puede calcularse en unos u$s 80, en lugar del volumen total de ventas mayoristas de u$s 100. Cuando se inicie en una compañía, siempre pregunte si las comisiones se calculan sobre el BV (VB), en vez de sobre el precio de venta al por mayor. A veces llamado volumen de puntos (VP) o volumen de negocio (VN).

Volumen de la organización: El volumen mensual de producto movido por la totalidad de su organización, incluyendo las ramas de ruptura.

Volumen de puntos: Otro término para volumen de bonificaciones.

Volumen de sobrecarga: Volumen de ventas mensual descalificado para ser contado como parte del volumen mensual de su grupo y que no puede ser utilizado por usted para calificar en un determinado nivel de logro. Normalmente, el volumen se considera de sobrecarga porque proviene de un grupo o rama dentro de su organización que se ha separado, o está a punto de hacerlo, de su grupo personal. Por ejemplo, digamos que todos en su grupo personal tienen que comprar un valor total de u$s 3.000 en productos al mes, para que usted califique en un determinado nivel de logro. Si en un mes dado, uno de sus distribuidores se separa, el volumen de ese distribuidor ya no cuenta para su total de u$s 3.000. En el momento en que se separe, su volumen se considera sobrecarga. Si su volumen es de u$s 500, significa que tendrá que obtener esos u$s 500 de alguna otra forma, ya sea comprando u$s 500 en productos usted mismo, o haciendo que uno de sus distribuidores que aún no se haya separado, lo compre.

Volumen de ventas del grupo: El volumen mensual total de movimiento de producto de su grupo personal, formado por los distribuidores de su organización que aún no se han independizado.

Volumen generacional: El volumen mensual de ventas procedente de una generación concreta o rama generacional.

Volumen no retenido: Volumen de ventas mensual que se permite contar como parte del volumen de su grupo, normalmente porque viene de un distribuidor o distribuidores que todavía no se han separado de su grupo personal. Ver Volumen de Sobrecarga.

Volumen personal: El volumen de producto que usted mueve personalmente en la compañía.

Volumen personal de ventas: El volumen de producto que vende personalmente.

La Espiritualidad del Éxito
Hacerse rico con integridad
Vincent M. Roazzi

¿Por qué no ha logrado usted aún el éxito que desea?

Aquí exponemos tan sólo algunas razones:

- El éxito no es lógico.
- El fracaso es una habilidad aprendida
- El éxito no es una condición de vida; es un estado de la mente.
- La falta de éxito no se debe a una carencia de habilidades.
- La mayoría de las personas violan inconscientemente las rígidas y universales leyes del éxito.
- El éxito no es algo que usted hace; el éxito es algo que usted es.
- Para lograr el éxito, usted debe ver y pensar de la manera que la gente exitosa lo hace.
- Las estrategias de fijación de objetivos en el día de hoy, crean obstáculos para lograr el éxito.

"Los secretos del éxito están aquí en este libro fáciles de comprender."

Dennis y Niki McCuistion, Fundación para una Televisión Responsable

CHARLES W. KING
JAMES W. ROBINSON

"Los Nuevos Profesionales"
El Surgimiento del Network
Marketing como la Próxima
Profesión de Relevancia.
Una fuente de información actual,
escrita con autoridad, acerca del
estado del Marketing Multinivel
en el inicio del siglo XXI.

DESCUBRA LA NUEVA CARA DEL NETWORK MARKETING, Y SU PROMISORIO FUTURO.

Cada año, miles de hombres y mujeres dejan carreras ya establecidas y lucrativas en busca de nuevas oportunidades en la floreciente industria del network marketing.

"Los Nuevos Profesionales" es el primer libro que examina, tanto la tendencia de personas provenientes de profesiones o actividades empresariales más tradicionales volcándose al MLM, como la manera en la cual este fenómeno está cambiando definitivamente la cara del marketing multinivel.

James W. Robinson, autor de "Imperio de Libertad- la Historia de Amway y lo que significa para Usted" y "El Fenómeno Excel", y Charles W. King, profesor prominente que imparte el único curso de Estados Unidos a nivel universitario sobre network marketing, nos presentan a estos nuevos profesionales, personas que han superado su escepticismo inicial para recibir con entusiasmo las recompensas de una actividad como la distribución por redes.

El lector conocerá aquí a diversas personas que han logrado sobrepasar el prestigio y el nivel de ingresos de sus profesiones anteriores, para triplicar sus ingresos, tener libertad para ejercer sus profesiones originales, o bien tiempo libre para estar con sus familias o desarrollar las actividades de su preferencia.

Este libro definitivamente ofrece un cuadro realista y absolutamente optimista de una industria con un futuro excitante y en constante expansión.

Especial para quienes hayan perdido la visión de por qué están en este tipo de negocio.

A mi mujer, Marie

OLA 4
el Network Marketing
en el Siglo XXI
Richard Poe

En su innovador libro *"OLA 3"*, Richard Poe nos reveló de qué manera el nuevo mundo de la informática liberó al marketing multinivel de sus humildes comienzos, para llevarlo a poder ofrecer una oportunidad profesional sin precedentes, que permite a las personas obtener independencia financiera.

Ahora en *"OLA 4"*, Poe muestra cómo la conjunción de Internet y el contacto de persona a persona acelerarán el crecimiento de esta actividad.

El autor predice que esta corriente, guiada por las nuevas tecnologías, impulsará a millones de personas a considerar al marketing multinivel como una opción más que interesante. Además, explica cómo Internet y el cálido toque humano siempre vigente revolucionarán la venta directa, y de qué manera la demanda de nuevos productos y servicios se expandirá más allá de toda frontera, a través de estos sistemas de comercialización.

Vivimos en una época excitante. Millones de personas alrededor del mundo están soñando con iniciar su propio negocio. *"OLA 4"* les mostrará cómo el MLM en el siglo XXI los podrá ayudar a alcanzar enormes logros financieros, pero con la posibilidad de tener tiempo libre para disfrutarlos.

"Espléndida lectura, no sólo para networkers, sino también para todos aquellos deseosos de introducirse y triunfar en esta nueva posibilidad de la economía, con base en los hogares."
***Dr. Stephen R. Covey*, autor de "Los 7 hábitos de la gente altamente efectiva"**

Sobre el autor: *Richard Poe es un periodista reconocido y autor, entre otros libros, del* best seller *"Ola 3, la Nueva Era en Network Marketing". Ex director editorial de la revista* Succes, *y columnista de* Network Marketing Lifestyles.

¡Cómo el poder subyacente en la lectura puede enriquecerlo a usted en todas las áreas de su vida!

Burke Hedges

Autor de ¿Quién Robó el Sueño Americano?

"Lea y Hágase Rico"
¡Cómo el poder subyacente en la lectura puede enriquecerlo a usted en todas las áreas de su vida!
Burke Hedges
"No tengo tiempo para leer", dice la gran mayoría de la gente. Lo que realmente quieren decir es que han elegido ocupar su tiempo en hacer otra cosa —como mirar televisión— porque no aprecian realmente el valor de la lectura.

"Lea y Hágase Rico" expone ese valor, de forma tal que luego de leerlo las personas comenzarán a buscar excusas... *PARA* leer, en lugar de excusas *PARA NO* leer.

Este libro ilustra acerca del poder latente en la lectura, y contiene una recopilación de testimonios de personas famosas (y personas promedio) que han transformado su vida a través del hábito de leer.

Esto es lo que usted aprenderá leyendo este libro:

• Cómo se puede leer facilmente 12 libros en un año (¡120 en 10 años!)... con sólo leer 15 minutos al día.

• Por qué quienes leen llegan a ser *"los que tienen"*, y quienes no leen acaban po-

sicionándose como *"los que no tienen"*.

•Por qué el libro correcto en el momento apropiado puede cambiar su vida (con un gran número de historias de famosos que "leyeron y se hicieron ricos").

• Por qué la lectura sigue siendo la tecnología más poderosa que se haya inventado hasta hoy... y de qué manera puede enriquecer todas las áreas de su vida.

• Cómo leer un libro aprendiendo más y reteniendo la información por más tiempo.

"Lea y Hágase Rico" contiene más de 100 citas de filósofos, poetas, escritores, inventores y líderes de fama mundial de distintas áreas, acerca del poder subyacente en la lectura.

Una Vida Emprendedora
Una Autobiografía
Jay Van Andel

"...Este libro es más que la historia de Amway. Ya se ha escrito mucho sobre el éxito único de nuestra empresa y sobre la gente que ha logrado mayor seguridad financiera y realización personal gracias a ella. Aunque les contaré muchas historias que no escuchamos antes, este libro es en realidad sobre ideas, los principios que permiten que esfuerzos empresariales como Amway florezcan. Si lo único que rescato de este libro son los hechos de mi vida y la historia de Amway, usted no habrá captado el sentido. Para mi es menos importante que usted sepa lo que hice, que por qué lo hice".

"...Una historia sobre el potencial de cada ser humano que tiene la fortuna de vivir en libertad, que está dispuesto a trabajar duro, que no tiene miedo al fracaso, que permite que Dios lo guíe y que tiene la suficiente humildad para aceptar una mano que lo ayude. En pocas palabras, esa es la historia de éxito verdadero. Es posible que no siempre

termine en riqueza material, pero siempre traerá felicidad y paz interior".

Jay Van Andel

" No contento con ser un brillante empresario, estadista económico, visionario global y deboto hombre de familia, Jay Van Andel ahora nos da una gran historia americana: la historia de un hombre de negocios que hace mucho descubrió que el verdadero significado del éxito se debe encontrar en los negocios de humanidad. Apropiadamente para un hombre de fe, las memorias de Jay son un legado al liderazgo que tiene inspiración y es inspirador. Los lectores se sentirán conmovidos, entretenidos y elevados".

Gerald R. Ford, trigésimo octavo presidente de los EE.UU.

" La visión de negocios de Jay Van Andel ha abierto oportunidades para millones de emprendedores y sus familias en todo el mundo. Además de eso la devoción de Jay por su familia, sus amigos, su pais y su Dios, nos da a todos nosotros una lección inspiradora. Y su coraje para enfrentar los desafíos intimatorios del pasado y del presente ilustran el verdadero caracter de un hombre destacable. Pocos han vivido una vida como la de Jay Van Andael y solo uno puede contar de verdad la historia. Jay ha hecho algo tan hermoso de este libro!.."

Thomas J. Donahue, presidente y CEO de la cámara de comercio de los EE.UU.

Se terminó de imprimir
en el mes de enero de 2004
en Grafinor S.A., Lamadrid 1576,
Villa Ballester, Buenos Aires, Argentina.